国家社会科学基金项目"陕甘宁边区司法传统中的理性与经验研究"（11XFX008）的主要成果

2018年度西北大学哲学社会科学繁荣发展计划优秀学术著作出版基金项目资助

陕甘宁边区
司法传统的认同研究

潘怀平　著

SHANGANNING BIANQU
SIFA CHUANTONG DE RENTONG YANJIU

人民出版社

目　　录

第 一 章

绪 论

司法传统既关照司法的过去,又面向司法的未来。司法传统是沟通司法制度的历史理念与当代实践的纽带。司法传统是法律文化的重要部分。司法的实践本性使得司法传统成为极具"活性"的法律文化。陕甘宁边区①司法传统中的"坚持党的领导、从实际出发、群众路线、依法审判、保障人权"的核心精神,已被当代中国司法制度和司法文化所继承和延续。

司法传统基于认同而形成。从字面意义上来讲,认同是指承认、认可或者共识。认同是基于人之间的相互学习或者模仿形成的承认、认可或者共识。认同是一个心理学概念。认同是一种相互认可的心理态度或者行为表现,主要表现为亲切感、归属的愿望。心理学的认同表现为角色认同、身份认同等。目前对认同概念的理解呈多元化,对认同的学术研究呈多学科化。② 传承传统首先要认同传统。司法传统认同的本质是"自我

---

① 本书对于"陕甘宁边区"术语的运用,除引用原文、特指以及特意强调外,简称"边区"。陕甘宁边区因横跨陕西、甘肃、宁夏三省交界的部分地区而得名。一般意义上,陕甘宁边区包括陕西的北部、甘肃的东部和宁夏的东南部。随着政权的发展,陕甘宁边区的范围逐步扩大,还包括关中分区、晋绥分区以及陕南行署,乃至新中国成立前青海、新疆一度受陕甘宁边区领导。陕甘宁边区已不是简单的地理或区域概念,而被赋予政治概念或政权标志。

② 认同的子概念在不同学科中得到了不同程度的丰富和发展,如自我认同、性别认同、身份认同,社会认同、集体认同、公众认同、文化认同、思想认同、意识形态认同、制度认同、法律认同、法治认同,民族认同、国家认同、政治认同、政党认同等。参见卢建军:《法治认同生成的理论逻辑》,法律出版社 2014 年版,第 10—21 页。

文化认同"。司法传统认同是文化自觉、文化自信的题中之义,是获得文化自觉、文化自信的重要途径。边区司法传统的认同是对边区司法的历史合理性的承认、认可或者共识。司法传统的认同主要涉及政治认同、社会认同和制度认同。

司法传统的传承与发展始终面临反思、批判和塑造。一段时期以来,理论与实务界存在边区司法传统的认同危机问题。如何看待和认同边区司法传统中所体现的政治化、治理化与正规化问题,是边区司法传统研究的重要课题。如何理性分析边区时期中西方法律文化的碰撞与融合,如何破解"西方中心主义"与"本土中心主义"的二元对立,构建具有中国话语特色并能够得到普遍认同的学术体系,成为研究边区司法传统面临的重要学术问题,并成为破解边区司法传统认同危机的重要切入点。认同问题关乎司法传统的惯性力的持续和发展。研究边区司法传统的认同,有利于科学地认识中国特色社会主义司法制度的源流与演进,从而促进更好地坚持和发展中国特色社会主义司法制度。

第一节　研究背景与价值

区域史对中国历史体系有整体效应。陕甘宁边区司法传统属于区域史研究的范畴,本质上属于中国共产党局部执政史的研究。局部执政史最能反映执政党政权建设的制度初衷和未来目标。陕甘宁边区是中共中央率领中国工农红军经过长征到达陕北后,在陕甘边和陕北两块革命根据地的基础上建立起来的。边区曾是党中央的所在地,是党在局部执政时期的重大方针政策的策源地和施行地。边区及其首府延安被誉为"抗日的灯塔"和"革命的圣地"。[①] 边区时期是中国共产党领导新民主主义革命,创建人民民主政权,建立社会主义新中国的特殊历史阶段。边区虽然处在革命战争年代,但是执政党治国理政的法治思维已经初步形成。为了实现国家独立、民族解放和民主自由,陕甘宁边区施政纲领将司法制度建设纳入施政的重要内容之中。"按照历史主

---

① 李忠全:《陕甘宁边区的历史地位和作用》,《人文杂志》1987 年第 6 期。

义的理解,各个时代和各个民族的人是最为深刻不同的,也就是说,因为它们深深打上了它们对传统即历史的思维和价值观念的烙印。"①边区这种打有红色印记的"革命司法传统",彰显了中国共产党的政治胆略、民主艺术、法律智慧,其历史价值隽永、现实意义深远。边区司法传统成为具有中国特色社会主义司法制度"话语特征"或者"话语体系"的重要论题。

一、研究背景

共识与危机并存是陕甘宁边区司法传统认同研究的重要背景。目前学术界和实务界对于边区司法传统的形成以及现实意义已经凝聚了共识。但是,现实中依然存在不认同边区时期的司法制度的观点和看法,很大程度上实际演化并升级为认同危机。

(一)选题基础:边区司法传统的共识

董必武指出,从井冈山的革命政权开始,中国共产党逐步形成了"服从党的领导、贯彻群众路线、结合生产劳动、为党和国家的中心工作服务"的人民政法工作优良传统。② 刘全娥从董必武的"人民政法工作优良传统"的思想,引申出了"政法传统"的概念。刘全娥认为,"'政法传统'是一种相对具有共识性的认识"。③

目前国内外学者已经认为边区形成了司法传统。美国学者李侃如指

---

① [德]H.科殷:《法哲学》,林荣远译,华夏出版社2002年版,第26页。

② 1959年5月16日,董必武在全国公安、检察、司法先进工作者大会上作了题为《实事求是地总结经验,把政法工作做得更好》的报告。董必武指出:"我们党从井冈山建立革命政权的时候起,就有了自己的政法工作。人民政法工作和军事工作、经济工作、文教工作一样,在党中央和毛主席的领导下,从民主革命到社会主义革命,逐步积累起丰富的经验,形成了自己的优良传统。这就是服从党的领导、贯彻群众路线、结合生产劳动、为党和国家的中心工作服务。这十分鲜明地概括了我们人民政法工作的优良传统。为了做好当前的工作,为了发扬我们的优良传统,就需要经常认真地、实事求是地总结实践经验。"董必武在报告中对实践经验的认识为,"一切知识来源于实践,所谓理论就是实践经验的总结,把经验条理化、系统化,加以提高,就成了理论,理论形成之后,又对实践起着指导作用。我们党的一切路线、方针、政策,包括我们政法工作的路线、方针、政策,都是从革命和建设实践中产生的"。参见《董必武政治法律文集》,法律出版社1986年版,第544—546页。董必武所讲的人民政法工作优良传统既是经验的传统,又是实践理性的传统。"服从党的领导、贯彻群众路线、结合生产劳动、为党和国家的中心工作服务",这就是人民政法工作的实践理性的传统。

③ 刘全娥:《陕甘宁边区司法改革与"政法传统"的形成》,人民出版社2016年版,第3页。

出:"延安时期的遗产对后来的中共历史至关重要。"①强世功认为,"新中国的法律传统形成于陕甘宁边区政府时期"②。美国学者柯恩认为,中国共产党的调解是在1949年取得国家政权之前的20多年的偏远解放区的革命根据地执政中建立的传统。③汪世荣等认为,"边区曾被当作新中国的'试验田',是新中国的雏形。这一直接的渊源关系使得边区的某些法律理念、机构设置甚至审判方式成为一种经验和传统,在新中国得以延续和发展。"④学术界对边区司法传统所达成的共识为:当代中国的司法制度与边区时期的司法传统有着千丝万缕的关系,边区司法传统成为新中国司法制度的基本根脉。

对于边区司法传统的认可不仅仅来自学术界,更重要的是来自最高人民法院的认同。2009年的最高人民法院工作报告曾强调,要继承和发扬"马锡五审判方式"。最高人民法院的司法解释多次要求,推行"巡回审判"。法学界不断掀起"马锡五审判方式"以及巡回审判的研究热潮。2012年8月31日修改的《民事诉讼法》将多年来提倡和推行的"巡回审判"进行了法律化,"巡回审判"成为法定化的民事审判方式,当然并非普遍化的方式,而是根据案件和实际情况需要采用。贾宇认为,2015年"最高人民法院设立巡回法庭"有力证明边区"巡回审判"传统的延续性。⑤

最高人民法院的巡回法庭与边区时期高等法院分庭有着很大的历史契合点。巡回审判方式在最高人民法院的适用,改变了"马锡五审判方式"只适用基层落后地区法院的偏见,证明了边区司法传统的现实生命力。边区司法传统以不同形式体现在了当代中国的司法制度之中,并且不断成熟和延续。

---

① [美]李侃如:《治理中国:从革命到改革》,胡国成、赵梅译,中国社会科学出版社2010年版,第56页。

② 强世功:《权力的组织网络与法律的治理化——马锡五审判方式与中国法律的新传统》,《北大法律评论》2000年第2期。

③ Jerome Alan Cohen, *Chinese Mediation on the Eve of Modernization*, California Law Review, Vol.54, No.3, 1966, pp.1201–1226.

④ 汪世荣等:《新中国司法制度的基石——陕甘宁边区高等法院(1937—1949)》,商务印书馆2011年版,第4页。

⑤ 贾宇:《陕甘宁边区巡回法庭制度的运行及其启示》,《法商研究》2015年第6期。

(二)问题意识:边区司法传统的认同危机

认同危机是中国法治建设的一个历史与现实难题。在"推进国家治理体系和治理能力现代化"的改革当中,难免出现传统与现代的价值冲突和价值困惑。在司法改革领域里,我们不容忽视司法传统的认同危机问题:理论界和实务界依然存在的以所谓的"司法独立"质疑"党对司法工作的领导"、以所谓的"司法规律"抵触"司法为民"理念、以所谓的"司法权威"抵制"中国特色社会主义调解制度"、以所谓的"司法现代化"批判"马锡五审判方式"等观点,并且质疑司法的"政治效果、法律效果与社会效果统一"的关系问题,这对坚持和发展中国特色社会主义司法制度是极为不利的。① 这些严重问题集中体现为政治认同、社会认同与制度认同的危机。

司法传统体现了司法的理念和制度的实践历史。认同危机的发生是由于"历史虚无主义"所导致。由于不明历史真相,现实中存在"边区的法律是国民政府的法律,如何形成司法传统"的疑问。有人认为,中国共产党在边区没有建立国家哪有法律;边区的立法不是国家立法范畴,边区的司法不具有国家性。竟然也有认为,边区政府不是合法政府。去伪存真,是破解边区司法传统认同危机的根本途径。因此,我们必须正视这些典型的"历史虚无主义"的极端认识,必须摆正学术立场和理论研究方向,高度重视和重点维护司法领域的意识形态安全。在推进中国司法现代化的进程中,维护和弘扬优秀司法传统(特别是革命司法传统),就显得尤为重要。

二、研究价值

对边区司法传统的认同,不仅仅是情感层面的心理认同,而且应是思想层面的理论认同,更重要的是实践层面的方法认同。研究陕甘宁边区的司法传统,探寻中国特色社会主义司法制度的思想理论体系及法律文化发展脉络,总结中国特色社会主义司法制度的伟大历史经验,旨在树立中国特色社会主义司法文化的高度自觉和高度自信,增强对中国特色社

---

① 潘怀平:《城市化与乡土化:基层司法权力运行机制实证研究》,《法学》2013 年第 9 期。

会主义司法的政治认同、社会认同和制度认同。本书以实践理性为研究对象有助于提高边区司法传统的现代认同度。

（一）有助于构建中国特色的社科法学学术体系

中国法治建设中不容忽视的严重问题在于，从一个极端走向另一个极端。黄宗智认为："现代中国的立法和法学，先是拒绝了传统法律而采纳了西方法律，而后是拒绝了西方的法律而主要采用了民间的调解惯习和非正式（和半正式）的正义体系，加上一些从苏联引进的法律，而后又再次采纳全盘引进西方法律。"①因此，如何正确对待中国的法制传统尤其是革命法学传统与移植的外来法律文化，成为中国法学研究的重要问题。

目前学术界将法学的研究视阈或者学科关注点分为社科法学与法教义学。社科法学是从实践出发的法律科学。研究边区司法传统中的政治化、治理化与正规化的实践理性问题，就是要以"中国问题"为"问题导向""理论导向"与"实践导向"，从中国革命法学传统和实践中提炼政道法理，摆脱"西方现代化范式支配"的研究模式，进行"中国司法理论"和"中国司法制度"的主体性建构，从而在中国传统法律文化资源的集体认同的基础上，探寻破解中国法治难题的答案。② 本书以社科法学视阈，从社会实践的历史出发，探索边区的现实主义法学理论，为构建中国特色的社科法学理论体系添砖加瓦。

（二）有助于掌握"自我文化"的话语权与解释权

边区司法传统中的理性因素有其科学性，并发展成为中国特色社会主义司法理论的核心部分。把边区司法传统中的理性和经验转换为司法理念或者司法精神，形成司法理论。研究边区司法传统，旨在将司法理论与历史社会的司法实践紧密连接，养成一种"既不迷信普世理论，又不迷信自己的感性认识"③的理性学术传统；掌握超越"西方中心主义"的逻辑和方法，建构中国学术话语体系④。

———————————

①　Philip C.C.Huang, *Our Sense of Problem: Rethinking China Studies in the United States*, Modern China, Vol.42, No.2, 2016, pp.115-161.

②　郑永流：《"中国问题"及其法学辨析》，《清华法学》2016年第2期。

③　［美］黄宗智：《连接经验与理论：建立中国的现代学术》，《开放时代》2007年第4期。

④　叶险明：《中国学术话语体系超越"西方中心主义"的逻辑和方法》，《中共中央党校学报》2015年第4期。

增强边区司法传统的现代认同,一方面要掌握自我文化的解释权;另一方面要增强自我文化的理论说服力。中国特色社会主义司法制度建设必须从自我的司法文化中寻找历史逻辑,必须从自我的司法文化中总结中国式的司法理论,必须从自我的司法文化中提炼普遍性的司法方法。

(三)有助于理性地推进当代中国的司法体制改革

黄宗智认为,历史与社会这两大维度对于理解中国今天的法律具有不可或缺性;唯有看到法律的历史社会背景和变迁,才有可能真正认识到法律在今天的含义;唯有考虑到法律"从哪里来",才有可能对法律发展"到哪里去"的问题进行符合实际的思考。[①] 发掘传统就是要发现"哪些是自己的,哪些是拿来的"。研究边区司法传统,就是要搞清中国几千年传统司法制度的近代化和现代化的演进过程,那些是具有现代性的并且符合司法规律的优秀传统,就应该保留和坚持;那些是不适应时代发展要求并且违背司法规律的落后传统,就应该不断改革和完善。

司法传统的认同不是简单意义上的文化认同,而是具有国家司法体制改革的目的。这一目的并非功利主义或者现实主义,而是司法发展规律的内在要求。司法体制改革的核心是如何正确处理立场、原则和方法问题。司法体制改革的关键是如何处理司法与政治的关系、司法与社会的关系、司法与规范的关系问题。边区司法传统中的实践理性为当前司法体制改革坚持正确的政治方向和遵循司法规律,提供了历史借鉴。本书研究的实践价值在于,有助于中国司法改革方案更加"接地气",剔除改革时期移植域外形式主义法律给当代中国带来的诸多弊端。[②]

第二节 国内外研究现状和研究动态分析

目前国内外学者对边区司法传统的相关性研究和专门性研究均取得了一定成果,既为本书奠定了深厚的理论基础和积累了丰富的研究资料,

---

① [美]黄宗智、尤陈俊主编:《历史社会法学:中国的实践法史与法理》,法律出版社 2014 年版,第 2 页。

② [美]黄宗智:《建立"历史社会法学"新学科的初步设想》,《文史博览(理论)》2012 年第 8 期。

又为笔者研究提供了一定的学术增长和创新空间。需要特别说明的是，本书对研究现状的梳理与述评，只能根据著作的设计需要针对一些具有代表性的论著，不可能囊括既有的所有相关研究成果。

一、国内研究现状

边区司法传统以司法制度、司法理念、司法方式为核心内容。学术界对边区司法传统的研究主要集中在司法制度发展史、司法思想发展史、司法行为发展史三个方面。这三个方面是交织在一起的，只是研究中各有侧重。当然，只研究司法制度，不研究司法思想或者司法行为，其成果会缺乏生命力的，而只研究司法思想不研究司法制度或者司法行为，司法思想就成为无源之水、无本之木。边区司法传统的研究成果可以分为以下几个方面。

（一）边区司法制度史研究

边区司法制度史的研究成果为研究边区司法的整体状况和发展脉络提供了主要参考。关于边区司法制度史的研究主要表现为通史和断代史。目前通史方面的研究主要以专著形式体现，断代史研究主要以论文形式体现。断代史的研究成果数量要远远高于通史。

马锡五的《新民主主义革命阶段中陕甘宁边区的人民司法工作》（1955）一文是涉及边区司法制度史的最早文献。马锡五身为边区司法制度的伟大实践者、新中国司法制度的伟大奠基人，他开启了边区司法制度史研究的先河。该论文系统地总结了边区司法制度从苏维埃政权到抗日民主政权再到人民民主政权和新中国成立前夕的历史演进全貌，全面分析了不同历史时期边区司法的任务，重点论述了抗日战争时期边区法院的组织制度、司法政策以及审判工作制度等。

杨永华、方克勤所著的《陕甘宁边区法制史稿（诉讼狱政篇）》（1987）成为学术界第一部全面、系统研究边区诉讼制度史的著作。该著作以"边区诉讼制度"为主线，采取"史论结合，以史为主"的方式论述了边区诉讼立法的任务、指导思想、司法组织的设置、具体诉讼制度以及狱政管理等，特别对边区的调解制度进行了全面的论述。

焦朗亭主编的《陕西省志·审判志》（1994）问世之后，甘肃省地方史志编纂委员会编纂的《甘肃省志·审判志》(1995)和宁夏审判志编纂委员会编的《宁夏审判志》(1998)相继出版。这三部审判志分别涉及了陕甘宁边区所辖的陕西、甘肃、宁夏三个省的司法制度史,对全面地研究边区时期的司法制度提供了较为翔实的史料。特别是榆林地区中级人民法院编撰的《榆林地区审判志》(1999)和延安市中级人民法院审判志编委会编撰的《延安地区审判志》(2002)的先后出版,对深入研究边区时期的榆林和延安的审判史提供了可资借鉴的史料。这些审判志虽然具有地方性,但边区司法传统聚集了各个地区的地方性司法知识的历史共性。因此,陕西、甘肃、宁夏三省审判志及其地区审判志,成为边区司法传统的有力佐证。

张世斌主编的《陕甘宁边区高等法院史迹》(2004)以"图文并茂"的形式记录了边区高等法院的组织机构、主要司法领导人、重要审判制度以及审判大事记等。该书虽然属于史料宣传画册,但是其中关于边区司法传统折射的"延安精神"以及对于"延安光荣的优秀司法传统"的赞誉,充分体现了边区司法传统的精神力量和现实生命力。

侯欣一的《陕甘宁边区司法制度、理念及技术的形成与确立》(2005)一文,成为继《新民主主义革命阶段中陕甘宁边区的人民司法工作》之后的全面、系统地论述边区司法制度史的有力之作。该论文深入分析了边区司法制度、司法理念、司法技术的历史成因和时代特色,特别指出了边区司法理念的形成受到了苏联模式、共产党的创新、中国传统文化以及西方近代法治主张的影响。

高海深、艾绍润编著的《陕甘宁边区审判史》(2007)一书,成为继《陕甘宁边区法制史稿(诉讼狱政篇)》之后的全面、系统地梳理和总结边区审判史的著作。由于该著作使用的大量文献和资料没有一一引注,学术界对该著作的引用率较低。但是客观地讲,该著作一方面丰富了边区审判史的主要内容;另一方面为研究边区司法传统提供了重要线索。据了解,目前研究边区司法制度的学者绝大部分熟知该著作,虽然研究中很少加以引用,但对其或多或少予以了实际参考。

汪世荣等人合著的《新中国司法制度的基石——陕甘宁边区高等法院(1937—1949)》(2011)以断代史的形式,运用大量的原始档案资料和判例,对边区司法机构的设置和特点、边区高等法院的职能和院长更迭以及审判制度等方面进行了全面系统的研究。该著作最大的贡献是对边区司法档案目录的整理,为研究边区司法制度打开了方便之门。

刘全娥的博士学位论文《陕甘宁边区司法改革与"政法传统"的形成》(2012)以"政法传统"为中心论题,运用大量的原始档案资料,从边区司法的正规化改革、马锡五审判方式、诉讼模式、审级体制等方面,深入地论述了边区政法传统的形成逻辑,成为当前以司法传统的视阈来研究边区司法制度史的代表性论文。需要特别说明的是,该论文于2016年正式出版,成为专门研究边区司法传统的专著,具有开创性。

(二)边区司法理念研究

边区司法理念体现了边区司法的精神追求和价值目标。目前学术界关于边区司法理念的研究有两个层面。一是以边区司法的政治属性的视角,研究司法的政治化和民主化,体现为司法为政权服务、司法为人民服务的理念。二是以边区司法的法律属性的视角,研究以事实为依据、以法律为准绳的司法原则,体现为实事求是、司法公正的理念。

侯欣一的《陕甘宁边区高等法院司法制度改革研究》(2004)一文,通过分析和总结1943年边区高等法院"司法审判规范化和司法人员专业化"改革失败的原因和经验教训,指出了规范化、专业化的司法理念不符合特殊历史时期的社会状况。侯欣一的著作《从司法为民到人民司法——陕甘宁边区大众化司法制度研究》(2007)以及论文《陕甘宁边区司法制度的大众化特点》,紧紧围绕边区"大众化司法"主题,论述了边区司法从"司法为民"到"人民司法"的民主化理念的发展逻辑。

汪世荣、刘全娥的《黄克功杀人案与陕甘宁边区的司法公正》(2007)一文,以边区司法的法律属性为研究视角,以产生重大影响的"黄克功杀人案件"为切入点,重点论述了边区司法公正的理念,体现了边区司法的效率、民主、人权保护的要求。李娟的《革命传统与西方现代司法理念的交锋及其深远影响——陕甘宁边区1943年的司法大检讨》(2009)一文,以边区重要的司法人员所主张的边区革命司法传统理念与西方司法理念的激烈争论为题,一方面论述了边区革命司法传统的政治属性,边区司法理念必须适应边区的政治原则要求;另一方面论述了西方司法理念对边区的实际影响。

高运飞的硕士学位论文《抗战时期中国共产党在陕甘宁边区的司法实践——以审判工作为中心的研究》(2010),论述了党领导下的边区审判工作的原则与实践,指出了边区政治化、民主化的司法理念及其运行机制的优缺点。祁娜娜的硕士学位论文《马克思主义革命者的司法实践》(2011),论述了边区的"大众化司法"与"职业化司法"的理念冲突与协调。李喜莲撰写的《陕甘宁边司法便民理念与民事诉讼制度研究》(2012)一书,以边区民事诉讼制度为研究视角,重点对边区司法的便民理念的内涵、成因及其实践等进行了论述。

(三)边区司法方式研究

边区司法方式最能体现边区司法传统中的理性与经验。边区司法方式的研究成果主要集中在以下两个方面。

1."马锡五审判方式"的研究。边区时期,"马锡五审判方式"就得到了广泛关注和普遍推崇。1944年1月,边区政府工作报告中要求"提倡马锡五同志的审判方式,以便教育群众"。1944年3月13日,在延安的《解放日报》上发表的《马锡五同志的审判方式》一文,通过对马锡五同志办理的一件"婚姻案件"和两件"土地纠纷案件"的分析,总结了马锡五"深入调查""依靠群众""简易诉讼"的审理风格。虽然该论文论述了"作为个体"的"马锡五审判方式",但是实际上起到了将"马锡五同志的审理方式"推广为"马锡五审判方式"的历史作用。新中国成立后,"马锡五审判方式"也受到了一定程度的重视。特别是十一届三中全会之后,学术界掀起了以"马锡五审判方式"为视角研究边区司法传统的一股热潮。杨永华、方克勤的《陕甘宁边区审判方式的一个范例》(1980) 文,以评剧《刘巧儿》为切入点,将"马锡五审判方式"的特点进行了具体总结,全面体现了"马锡五审判方式"是边区司法方式的典范。张希坡的《马锡五审判方式》①(1983)成为第一部系统研究"马锡五审判方式"的专著。该著作采取"史论结合,以论为主"的方式论述了边区司法的背

---

① 张希坡对著作《马锡五审判方式》增补了2/3的内容,2013年5月以《马锡五与马锡五审判方式》为书名正式出版,该书成为一部集"马锡五人物"和"马锡五审判方式"于一体的权威著作。

景、特点、典型案例等,对边区司法传统所蕴含的"实事求是""方便群众"的基本精神进行了较为全面的分析和总结,成为学术界迄今对边区司法传统研究非常有分量的作品。

范愉的《简论马锡五审判方式——一种民事诉讼模式的形成及其命运》(1999)一文,论述了"马锡五审判方式"是边区时期比较系统的民事诉讼模式,指出了"马锡五审判方式"成为新中国和当代中国的民事诉讼模式的合理构成。强世功的《权力的组织网络与法律的治理化——马锡五审判方式与中国法律的新传统》(2000)一文,以"马锡五审判方式"为切入点,论述了共产党调解政策所体现的权力组织化与法律的治理化使得边区司法形成了新的传统。

李娟的《马锡五审判方式产生的背景分析》(2008)一文,专门对"马锡五审判方式"产生的历史背景进行了较为深入的研究,特别是从档案资料出发,揭示了边区面临的"生存困境"和"司法困境"是"马锡五审判方式"的主要历史原因。王立民的《也论马锡五审判方式》(2009)一文,分析了"马锡五审判方式"在司法形式、司法过程和司法结果上满足了边区人民群众的需要,论述了"马锡五审判方式"从马锡五同事的接受和运用发展到整个边区乃至广大革命根据地的司法机关的形成路径。肖周录、马京平的《马锡五审判方式新探》(2012)一文,指出了"马锡五审判方式"是边区的一种新型诉讼方式,提出了"继承马锡五审判方式就是要继承其神而不是其形"的观点。梁洪明的《马锡五审判与中国革命》(2013)一文,通过对边区时期志丹县审判员奥海清与马锡五的审判方式的比较,分析了以"马锡五"命名的审判方式的来龙去脉,指出了马锡五审判对中国革命的纠纷处理、社会控制以及革命建国的不同层面的构成性意义。陈洪杰的《人民司法的历史面相——陕甘宁边区司法传统及其意义符号生产之"祛魅"》(2014)一文,以"马锡五审判方式"为主题论述了边区司法权力向基层下沉的历史原因,指出了革命时期的"人格魅力"型司法增强了司法权威,并且特别指出了当代中国司法贯彻"党的司法群众路线"与推广"马锡五审判方式"的现实结合点。胡永恒的《马锡五审判方式:被"发明"的传统》(2014)一文认为,"马锡五审判方式"在边区时期并未得到广泛推广;"马锡五审判方式"不是一种全新的审判方式。贾宇教授的《陕甘宁边区巡回法庭制度的运行及其启示》（2015）一文认为,边区巡回审判制度是随着"马锡五审判方式"的推广和应用成熟起来;边区巡回审判制度对当今最高人民法院设立巡回法庭有重要的启示。

2. 调解方式方面的研究。注重法院调解,全面普及民间调解,是边区司法的主要特点。目前关于边区司法传统的研究成果大部分涉及了边区的调解方式。但是专门研究边区调解制度的成果不是很多。

杨永华、方克勤的《陕甘宁边区调解原则的形成》（1984）一文,论述了边区的调解的"自愿""依法并照顾善良习惯"和"调解不是诉讼的必经程序"的三大原则的历史形成,指出了新中国的人民调解制度对边区调解原则的完全继承。杨永华、方克勤的《陕甘宁边区调解工作的基本经验》（1984）一文,总结了边区调解工作的依靠群众、说服教育、加强领导、公正调解等基本经验。侯欣一的《陕甘宁边区人民调解制度研究》（2007）一文,论述了边区人民调解制度的基本内容及其产生原因,指出了边区人民调解制度的历史作用。侯欣一的《对陕甘宁边区人民调解制度的几点共识——来自抗战时期陕甘宁边区的实践》（2011）一文,论述了边区人民调解运动的产生原因和调解的特点,指出了促进调解公正的共识性机制。

（四）边区司法政策研究

边区的司法政策体现了边区的司法精神、原则和策略。边区的司法政策弥补了立法不足的严重缺陷,确保了司法过程正确执行党的政策。目前关于边区司法政策的研究,主要包括边区司法落实党的政策以及司法政策的制定与适用。如:

杨永华、方克勤的《抗日战争时期陕甘宁边区司法工作中贯彻统一战线政策的几个问题》（1984）一义,论述了边区司法贯彻"三三制"精神、司法如何对待地主和富农以及国民党政府法律在边区的适用等问题。杨永华、肖周录的《黄克功事件始末》（1997）一文,论述了边区司法贯彻"法律面前人人平等"原则,指出了边区采取群众公审的司法政策的教育意义及其社会影响力。汪世荣的《陕甘宁边区高等法院对民事习惯的调查、甄别与适用》（2007）一文,论述了边区高等法院在司法政策上重视民事习惯,并且指出了边区高等法院适用民事习惯起到了边区司法与民间社会的有效互动的历史效果。汪世荣的《陕甘宁边区高等法院推行婚姻自由原则的实践与经验》（2007）一文，论述了边区高等法院对婚姻自由原则采取了保护与限制相结合的司法政策，指出了边区司法在维护公益与保护私益方面的平衡策略。刘全娥的《镇压与宽大相结合政策在陕甘宁边区的解释与适用——基于〈陕甘宁边区判例汇编〉的分析》（2008）一文，以《陕甘宁边区判例汇编》所整理典型刑事案例为视角，论述了边区司法中适用和发展"镇压与宽大相结合"的刑事政策，并指出了该政策所体现的惩罚与教育功能、弥补立法和司法缺陷的历史价值。刘全娥的《论陕甘宁边区司法机构对疑难案件的处理——以一桩窑产争执案为例》（2010）一文，以边区三级司法机关前后共计五次处理的一桩窑产争执疑难案为例，论述了边区司法机关对于"无法可依"或者"利益冲突"较大的案件所采取的革命利益优先和兼顾统一战线政策的司法策略，指出了司法人员对革命政治全局正确把握的重要性。胡永恒的《1943年陕甘宁边区停止援用六法全书之考察——整风、审干运动对边区司法的影响》（2010）一文，通过对1943年陕甘宁边区停止援用六法全书的司法政策的分析，指出了边区"整风、审干运动"引起了司法作风的历史性转变。胡永恒的《陕甘宁边区民事审判中对六法全书的援用——基于边区高等法院档案的考察》（2012）一文，以边区高等法院档案中记载的司法案例为视角，论述了边区司法中适用国民政府的"六法全书"的司法政策的缘由及其政策的调整，并且指出了党在司法中的阶级立场。胡永恒著的《陕甘宁边区的民事法源》（2012）一书，全面论述了边区司法中对制定法、习惯法、情理、法理和判例的适用政策，指出了边区民事审判承载着治理的历史使命。

（五）边区司法判例及裁判文书研究

边区的司法判例或者裁判文书折射了边区司法的理念和司法方法。边区的司法判例或者裁判文书成为研究边区司法传统的重要依据或者切入点。目前学者们除了间接研究边区的司法判例或者裁判文书之外，已经开展了具有针对性的直接研究。如：李立刚的《陕甘宁边区判决书理由的写作技法》（1987）一文，概括了边区判决书"抓住要害，一语道破""有的放矢，论驳兼济""紧扣论点，高度概括""长于论理，周密严谨"的特点,体现了边区司法注重"以理服人"的实质正义理念。王长江的《边区法院两则判决书的特点及启示》(2003)一文,主要论述了边区司法重视证据裁判、裁判论理和"情、理、法"的沟通及其当代借鉴。汪世荣的《陕甘宁边区刑事调解判例判词点评》(2007)一文,分析了边区早期的刑事调解实践及其历史价值。汪世荣、刘全娥的《陕甘宁边区高等法院编制判例的实践与经验》(2007)一文,论述了边区高等法院编制判例的原因、经验和边区判例的历史作用。

(六)边区司法人物和法官队伍研究

边区重要的司法人物尤其是司法工作的主要领导人的司法思想集中反映了边区司法传统中理性与经验。边区的重要司法人物有:谢觉哉、董必武、雷经天、马锡五等,他们的司法思想成为边区司法传统研究的重要内容。法官队伍是司法制度的重要组成部分。同样,边区的法官队伍成为边区司法传统研究的必不可少的内容。目前涉及边区司法人物的研究成果主要以谢觉哉、雷经天、马锡五为代表。董必武担任边区高等法院院长时间较短,目前的研究成果以新中国成立后为主,于是本部分不加叙述。鉴于马锡五的司法思想在前文"马锡五审判方式"研究部分已做阐释,本部分不再赘述。

黄栋法的《谢觉哉延安判案记》(2000)一文,论述了谢觉哉在延安时期司法中的讲法律、讲平等、讲证据、重程序、重人权、重调解等司法思想。何正付的《谢觉哉司法思想简论》(2003)一文,论述了谢觉哉坚持依法司法、注重教育改造罪犯、主张司法独立的司法思想及其实践,指出了谢觉哉司法思想对边区乃至新中国成立后司法制度建设的重大影响作用。侯欣一的《谢觉哉司法思想新论》(2009)一文,重点论述了谢觉哉的司法半独立、司法为民的思想,指出了谢觉哉司法思想在中国共产党人的法律思想中占有突出地位。朱玲芝的硕士学位论文《陕甘宁边区政府时期谢觉哉的人民调解思想研究》(2011),重点论述了谢觉哉的人民调解思想与边区社会建设的关系。

赵金康的《试论雷经天的司法思想》(2008)一文,重点论述了雷经天关于边区司法制度的性质、司法和政治的关系、审级制度、改造犯人等思想,指出了雷经天对新民主主义司法制度的重要贡献。刘全娥的《雷经天新民主主义司法思想论》(2011)一文,通过对雷经天的司法思想的渊源、内容和特点的论述,反映了党在新民主主义革命时期司法的理论与实践特色。

律璞的《陕甘宁边区法官队伍建设》(2006)一文是目前专门探讨边区法官队伍建设的论文。该论文主要论述了边区注重法官队伍的道德、业务素质建设,指出了边区法官专业化建设的历史性尝试与当代意义。

二、国外研究现状

目前对边区司法制度有一定研究的国外学者,主要集中在美国、日本和德国的研究中国法的几位学者。美国的学者黄宗智、李侃如、丛小平等。日本学者主要有宫坂宏、高见泽磨、小口彦太、铃木贤等。德国学者主要是何意志(Robert Heuser)等。上述学者主要从司法的意识形态、调解的政策功能、司法的治理功能等方面进行研究。

黄宗智以实践历史的研究方法,在其论文《认识中国——走向从实践出发的社会科学》(2005)、《悖论社会与现代传统》(2005)、《离婚法实践——当代中国民事法律制度的起源、虚构和现实》(2006)、《中国民事判决的过去和现在》(2007)、《中国法庭调解的过去和现在》(2007)、《中国法律的现代性》(2007)、《连接经验与理论——建立中国的现代学术》(2007)、《中国法律的实践历史研究》(2008)以及著作《过去和现在:中国民事法律实践的探索》(2009)中,对中国共产党在革命运动时期形成的司法传统进行了多角度的论述。

李侃如在其著作《治理中国:从革命到改革》(2010)中,对中国共产党在延安时期治理根据地的历史经验进行了较为系统的梳理。

丛小平是当前重点研究边区司法制度尤其是"马锡五审判方式"的国外学者之一。丛小平的《左润诉王银锁:20世纪40年代陕甘宁边区的妇女、婚姻与国家建构》(2009)一文认为,边区婚姻案件的审判反映了妇女与国家政权的互动关系;妇女在立法与司法中的地位体现了地方社会与国家权力间的博弈关系。丛小平的《从"婚姻自由"到"婚姻自主":20世纪40年代陕甘宁边区婚姻的重塑》(2015)一文认为,边区行政与司法合一的司法体系有助于婚姻制度在乡村社会的推行;边区婚姻法律的实践改变了 20 世纪中国的婚姻与家庭关系。丛小平的《"马锡五审判方式":1940 年中国革命中的村庄、群众和法制建设》(2014)一文,主要以国家与社会的互动作用视角,论述了"马锡五审判方式"所体现的群众参与的现代司法结构关系,特别指出了法官与群众之间的互动与制约作用对当代中国司法制度改革的重要启示。丛小平的《陕甘宁边区司法体系的革命:程序与技术的革新》(2016)一文认为,边区吸收了混合司法传统,建立了混合司法体系,这一司法体系对新中国有一定的影响;程序与技术的革新,其策略是以社会改革为主要目标的;"马锡五审判方式"是对乡村社会建设的一种积极回应。

20 世纪 90 年代,宫坂宏在革命根据地法制研究领域中取得了显著成果,特别对司法制度进行了专门研究,如《抗日根据地政权时期的司法原则与调解制度》《抗日根据地的司法原则与人权保障》。[①] 小口彦太等著的《中国法入门》(1991)一书中认为,革命时代民主化的审判程序是建立在共产党司法政策的根基之上。高见泽磨在著作《现代中国的纠纷与法》(2003)中论述了抗战时期中国审判制度不断简化的原因。铃木贤在论文《中国审判独立的现状和特征》(2007)中认为,陕甘宁边区政府审判委员会继承了苏维埃时期的裁判委员会的传统。

何意志在其著作《法治的东方经验——中国法律文化导论》(2010)中从历史和区域的角度论述了延安时期以及新中国成立前夕的中国共产党领导的边区司法制度,并且专门论述了统一战线司法政策和国民政府六法全书的废除问题。

三、研究动态分析

从学科定位来看,目前边区司法传统问题的研究成果涵盖了法学、历史学、中共党史、社会学、政治学等不同学科领域。例如,张希坡、韩延龙

[①] 林明曾经对日本的学者和学术组织关于中国法制史的研究资料进行了系统梳理。他发现,宫坂宏的《抗日根据地政权时期的司法原则与调解制度》《土地革命时期根据地的财政经济法制》《抗日解放区的国民教育政策与法令》《抗日根据地的司法原则与人权保障》等系列论文,从多个角度比较客观地介绍、评价了不同时期根据地的审判制度、司法原则、人权保障、刑事政策、教育制度、财政经济制度等法制状况。参见林明:《日本对中国法制史研究的现状与特色》,《烟台大学学报》(哲学社会科学版)1998 年第 4 期。

主编的《中国革命法制史》是研究中国共产党领导新民主主义革命中的一部立法通史,这部著作至少涉及了法学、历史学、中共党史等学科。仅法学学科而言,涉及边区司法传统问题的研究成果涵盖了法律史学、法理学、诉讼法学、司法制度、法律文化等不同层级学科。可以肯定地说,目前对于边区司法传统的研究不存在单一学科的研究,即便是法学学科领域的研究也是学科间交叉研究。例如,杨永华、方克勤所著的《陕甘宁边区法制史稿(诉讼狱政篇)》就是一部以法律史学为基础的多学科研究的典范。而对边区司法传统问题的研究进行学科定位,目前学术界的偏好是法律史学和司法制度。本书也赞同这两种分类。因为,毕竟边区司法传统问题的研究是以边区这段特殊历史时期为根基,可以说,法律史学是边区司法传统研究的基础学科。从目前的研究现状来看,边区司法传统的研究基本上没有脱离或者不能脱离法律史学这门基础学科。当然,边区司法传统研究的核心问题是"司法",所以将边区司法传统研究定性为司法制度这门学科也比较合理。

从研究者群体来看,目前专门研究边区司法传统的学者队伍的规模还是很小,并且主要是国内学者。具有代表性的学者是张希坡、韩延龙、杨永华、方克勤、强世功、侯欣一、肖周录、汪世荣、艾绍润、刘全娥等。张希坡、韩延龙、杨永华、方克勤四位老前辈是边区法律史学界的泰斗,他们应堪称为边区司法传统研究的第一代领军人物。1961 年生的侯欣一教授和 1965 年生的汪世荣教授成果卓著,他们的学术品质成为年轻学子的楷模,理应成为边区司法传统研究的第二代领军人物。后起之秀的领头羊刘全娥和脱颖而出的青年才俊李娟、李喜莲、祁娜娜、胡永恒、马京平等,成为研究边区司法传统的主要骨干。而国外的学者主要是美国学者丛小平。她成为国外专门研究边区司法制度的主要学者。

纵观国内外学者对边区司法理念、制度、方式等方面的研究,目前尚存在以下问题。

1. 从研究领域来看,目前的研究对象主要集中在"马锡五审判方式""边区诉讼制度""边区调解制度""边区高等法院""边区裁判文书""边区主要领导人的司法思想""重要司法案例"等领域。这些研究基本上能反映边区司法制度的全貌和特征。但研究内容多停留在制度史层面,而从思想史层面的研究有所不足。可以说,从司法传统层面研究边区司法问题的深度和广度还是不够。这给后来的学者留下了创新发展的学术研究空间。

2. 从研究方法来看,目前将中西方法学理论结合起来系统研究边区司法传统的成果比较缺乏。由于缺乏中西方理论的凝聚共识,这也是边区司法传统在理论方面存在很大的学术争议的原因之一。对于边区国共合作时期,边区司法传统应是中国古代传统、西方法学传统与革命法制传统(苏维埃政权司法传统)的有机融合。本书试图运用中西法学理论探寻边区司法传统中的普遍化正义与中国特色司法理论的结合点,以破解理论认同危机。

3. 从研究内容来看,目前边区司法的理念、制度和方式的研究居多,而从司法传统层面研究的相对比较缺乏。这也是目前理论与实务界时不时有人会质疑"边区是否形成了司法传统"或者"边区有没有司法传统"。一是主要侧重司法技术方面的研究,而深入司法体制方面的研究需要加强。这样造成对边区司法制度存在误解,引起了"边区属于地方政权,怎么会形成司法传统"。如果抛开司法体制,只从司法技术层面研究,边区司法的局限性就越凸显。这样边区司法认同危机就会加剧。二是对于边区社会治理的研究,从依法治理层面揭示边区法治社会构建的研究不够深入,这样就造成了边区属于"政策治理"的偏见。三是对边区司法的正规化研究的成果不足。加强边区司法正规化的研究,有助于认同边区司法的程序正义发展趋势。本书试图从边区司法体制、功能和规范展开研究,对边区司法的政治属性、社会属性以及法律属性进行承认、认可或者共识,希望能够破解边区司法传统的政治认同、社会认同与制度认同的危机。

第三节　研究内容、具体思路与研究方法

对于边区司法传统的研究,必须以边区司法的本来面目为历史事实,即尊重历史。但是,我们只能以今人的研究视角和分析方法来再现边区司法传统,这是不能否认的现实问题。因而,我们肯定难以摆脱当代司法

的理论框架和价值考量。当然,我们挖掘边区司法传统是为了继承和发展,那么,我们以当代司法的眼光来研究边区司法传统也就赋予了边区司法传统新的生命力。对边区司法的政治属性、社会属性以及法律属性进行承认、认可或者共识,这就是本书所要论述的司法传统的认同问题。本书主要研究边区司法与政治的关系、司法与社会的关系、司法与规范的关系,这三层关系分别指向边区司法的政治认同、社会认同与制度认同。期望本书对边区司法传统的总结、提炼、升华,能和边区司法传统的"原始"价值目标和"未来"价值理想相吻合,达到研究目的。

一、研究主线

本书的研究主线是从认识论到方法论,逻辑结构为总论—分论—总论。可以运用图表的形式说明本书的研究路径与逻辑结构,如图 1-1 所示。

二、主要内容和具体思路

本书侧重于司法理念与司法方法的研究,对检察制度尚未论及,仅涉及边区的审判制度,且在结构和内容安排上没有从刑事审判和民事审判两个方面进行具体分类研究。本书以政治化、治理化、正规化为逻辑次序,发掘边区司法传统的历史社会特征及其具有时代价值的精华因子,在此基础上提出边区司法实践理性的认同路径:政治认同、社会认同与制度认同。其中,政治认同表现为司法与政治的实践关系的认同;社会认同表现为司法与社会的实践关系的认同;制度认同表现为司法与规范的实践关系的认同。本书共七章,主要内容如下。

1. 第一章:绪论。概述边区司法传统的研究背景及研究价值,梳理国内外的相关研究现状和研究动态,评析当前研究中存在的不足之处和可突破的研究空间,提炼本书的学术问题和研究对象,介绍本书的研究思路、内容框架、研究难点和主要创新点。

2. 第二章:司法传统的基本维度及其认同机理。本章主要从理性与经验的产生以及形成司法传统的主要机理进行论述,在此基础上,揭示出了司法传统中的理性与经验的历史转换与孕育新传统的惯性规律,扎实

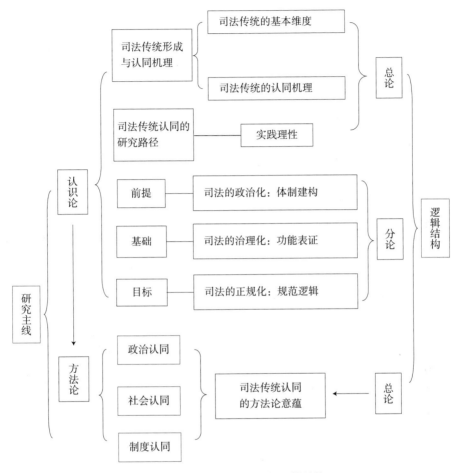

图1-1 本书的研究路径与逻辑结构

边区司法传统的持续认同的理论根基。

3. 第三章：边区司法传统认同的实践理性进路。本章分析了司法的实践理性的研究进路的基本框架，构建了司法与政治、社会、法律的关系的学术分析框架，为边区司法传统的认同提供了研究路径，起到了承上启下的作用。在此基础上，分析了司法的实践理性的价值取向，从而阐明了研究的问题导向和现实价值。

4. 第四章：边区司法的政治化的实践理性认同。本章首先探寻了司法的初始政治化与运行政治化的基本原理，以此为理论基点论述了边区司法政治化内涵。其次,分别从统一战线政策和民主集中制政权原则论述了边区司法体制的实践理性。再次,提出了边区司法与政治的实践关系所体现的意识形态、政权属性、党领导司法、政治改善司法的政治理性,将其作为边区司法传统的政治认同的理由和根据。

5.第五章:边区司法的治理化的实践理性认同。本章首先论述了边区司法治理封建迷信、婚姻习俗、烟毒祸患、"二流子"等社会问题的功能表现。其次,以"调解型司法"为切入点,论述了边区司法体现的多元规范的协调共治与多元主体的互动合作的治理模式。再次,论述了边区治理化司法经历了从战场到法场、从法庭到家庭、从监狱到社会的多层次宽领域的治理空间转换。最后,提出了边区司法与社会的实践关系所体现的司法改造社会心理、司法塑造法治社会、司法与社会互动的社会理性,将其作为边区司法传统的社会认同的理由和根据。

6.第六章:边区司法的正规化的实践理性认同。本章首先论述了边区司法的正规化是在对旧正规化的接受与批判的基础上建立的新型正规化。其次,论述了边区司法的正规化必须坚持民主集中制的政权原则、坚持法律适用的自主性原则、坚持从实际出发的原则。这就是边区司法正规化的三项原则要求。再次,论述了边区司法的正规化发展的实践路径。最后,提出了边区司法与规范的实践关系所体现的独立化司法、专业化司法、城乡结合司法、规范化司法的规范理性,将其作为边区司法传统的制度认同的理由和根据。

7.第七章:边区司法传统认同的方法论意蕴。本章将边区司法传统认同落脚到了方法论层面,认为对边区司法传统的认同重在方法论。本章对边区司法的政治化、治理化、正规化所对应的政治认同、社会认同和制度认同,进行了方法论层面的总结。

三、研究方法

对于一项关于司法传统的法学研究来说,涉及如何选择和运用多种适当的研究方法。司法传统是历史的产物,充满着历史的元素。研究边区的司法传统,历史的方法是必须主要采用的方法。司法传统是对司法制度发展史的认知与建构,这是一个理性化的过程。单纯采用历史方法是远远不够的。体系方法对司法传统的研究至关重要。边区处于革命政权建设时期,传统与现代、国内与国外多种文化与思想激烈碰撞,必须采用比较和交叉的方法,才能凸显边区司法传统的优势与现实价值。

(一)历史方法

搜集和整理原始档案文献资料(如法律文件、司法档案、当事人日记等)是本书研究的基础性工作。但是处于战争年代的边区,许多宝贵的史料已经遗失、污损,这给史料的收集整理带来了难度。梁启超认为,历史研究的首要目的是"求得真事实",而要获得真事实,可以采取"钩沉法"和"正误法","钩沉法"就是让没有史料记载的事实恢复重现(如访谈当事人的方法),"正误法"就是对现有的"史料"进行考证和校正。①

基于革命根据地时期的法律文件、回忆录、领导人的论著等有一定的"出入",张希坡认为,"不要盲目迷信名家,不要为图省事轻信二三手转引的史料,应自己动手去核实一下,尽量查到准确可信的原始文献,然后作出有根据的判断"②。当然,这不是说二手文献根本不能使用,只要经过反复核实,能够相互印证,不出现矛盾,就可以采用。其实,鉴别二手资料也是研究史料的必须工作。诚如梁启超所言,"譬诸纺绩,直接史料则其原料之棉团,间接史料则其粗制品之纱线也。吾侪无论为读史为作史,其所接触者多属间接史料,故鉴别此史料方法,为当面最切要之一问题。"③

本书注重"钩沉法"和"正误法",尊重"史源学"的要求,慎重第二手资料的运用。在占有翔实、稀有、珍贵史料的基础上,深入陕甘宁三省的省(区)地(市)县档案馆室及国家档案馆、延安革命纪念馆等处,走访全国各地原陕甘宁边区老革命、老法官,以获得更多的第一手资料。针对目前大量存在的第二手资料,一方面可以以此为线索找到第一手文献;另一方面如果确实难以找到第一手资料,只有采用相关的第一手资料佐证后,才可以采用,并予以特别说明。

---

① 梁启超:《中国历史研究法》,人民出版社 2008 年版,第 123 页。
② 张希坡:《革命根据地法制史研究与"史源学"举隅》,中国人民大学出版社 2011 年版,第 283—284 页。
③ 梁启超:《中国历史研究法》,人民出版社 2008 年版,第 74 页。

（二）体系方法

体系方法赋予了法律史学的生命力和恒久价值。梁启超认为,历史研究的目的,除了"求得真事实"之外,更重要的是"予以新意义""予以新价值"。① 法律史的研究不能停留在文献的搜集与整理,应注重发掘史料中的法律思想,并形成理论体系。这就是体系方法对法律史学的要求。"体系方法的核心就是将既有的素材通过理性加工,使其形成一个统一体"。② 一般认为体系方法是集合演绎与归纳、公理与观察、分析与综合以及实证的多元方法。当然,体系方法一方面容易导致先入为主,即先定理论框架,后填充史料,违背了"论从史出"的研究规律;另一方面容易造成"缩小历史"或者"放大历史"的研究结果,违背了"尊重历史"的研究规律。所以,"体系方法"与历史方法容易形成冲突。但这种冲突的存在不能作为排斥"体系方法"使用的理由,而应该找到两者的契合点。"体系方法"的运用,必须以史料为基础,坚持"论从史出""史论结合"的原则,达到历史与现实紧密结合。本书既注重边区的特殊历史特征,又注重结合现实逻辑分析,概括出中国特色司法制度的发展规律。

（三）比较方法

边区司法传统的形成是基于中国古代优秀司法传统的延续、西方法治理论的启迪、苏联司法制度的借鉴、国民政府司法制度的影响、中国共产党的创新等多种因素聚合而成,因而必须采用比较的方法,才能总结出边区司法传统的发展轨迹与自身特色。运用比较方法纵向分析边区司法传统的形成与发展脉络,横向分析边区司法对国民政府以及国外司法制度中的理性成分的吸收与借鉴。

（四）交叉方法

法学是开放性的学科体系,"具有多科学知识的交叉性和运用性"③。王利明认为,法学学科要融入社会科学系统发展,必须要加强内外学科的

---

① 梁启超:《中国历史研究法》,人民出版社 2008 年版,第 125—126 页。
② 谢鸿飞:《法律与历史:体系化法史学与法律历史社会学》,北京大学出版社 2012 年版,第130 页。
③ 胡德胜主编:《法学研究方法论》,法律出版社 2017 年版,第 20 页。

知识融合和体系关联。① 本书采用交叉学科研究的方法,即综合法学、哲学、历史学、党史、党建、政治学、伦理学、社会学等学科理论,进行交叉、跨学科的开放式研究,形成逻辑较为严密的理论体系。以社会科学的视角跨学科研究法学问题,是社科法学的显著特点。边区司法传统体现的法学理论具有社科法学的特色。边区的司法理论不是单一的法学理论,社科法学理论和研究方法最能体现边区司法传统的本来面目。本书系统运用社科法学的研究视角、方法及其方法论,对边区司法传统所体现的政治、社会、法律的结合点进行综合性研究。

本书认为以黄宗智为代表的历史社会法学属于社科法学的范畴。历史社会法学是融合法学、历史学和社会学的交叉学科,其融合或者交叉的目的在于历史中的法律与现实社会的关联点。历史社会法学将历史与社会(传统社会和现代社会)有机结合,能够揭示中国革命法制传统与中国古代法制传统、中国现代法制传统的连贯性,从而建构中国式法学理论的历史成因。本书系统运用历史社会法学的交叉研究方法,将边区司法传统中理性与经验进行历史的、社会的、法学的方法的连接。历史社会法学注重从实践的角度分析法律与社会同步发展的规律。历史社会法学揭示的法理是一种实践理性。边区司法传统作为中国革命法制传统中的重要历史篇章。历史社会法学虽然追求历史的客观性,但是不应刻意排斥(实际上无法排斥)法律的意识形态性,从而丰富和发展历史社会法学的研究视域和学术观点,有助于增强司法传统的认同性。

第四节　研究难点与创新之处

边区处于新民主主义革命时期,司法的革命传统受制于革命战争年代的历史社会背景,因此要探寻一般性的司法规律具有相当大的难度。目前学术界对边区司法制度的研究成果颇丰,有关本课题的论题诸多学者或多或少亦有所涉猎,因而要实现创新本身就需要很大的学术勇气和

①　王利明、常鹏翱:《从学科分立到知识融合——我国法学学科 30 年之回顾与展望》,《法学》2008 年第 12 期。

担当精神。从历史史料发掘社会变迁中司法发展规律,只能进行多学科的研究,既要将边区的司法传统放置于法学研究视阈,又要跳出法学研究的框架约束,才能有所突破。

一、研究难点

一是边区的历史背景复杂,如何实现特殊环境下的司法制度与当代中国司法体制的连贯与对接,成为本书的难点。边区的政权属于地方政权,边区司法要实现国家性建构存在体制性障碍,因而如何将统一战线政策指导下的地方司法制度转换为新中国的国家化司法制度存在理论难题。当然,这也是本书要破解的"认同危机"难题。

二是本书充满了意识形态的政治话语特征,这就受到了中国近现代化中"以西方法学理论"占主流的学术批评和质疑。因而本书必须坚持中国化的马克思主义法学立场,突破西方法学理论的藩篱,将政治线路与技术线路进行有机结合,这样才能提高理论说服力。论证当中存在政治学论理与法学论理的冲突与协调问题,最重要提出司法归司法、政治归政治的主张和理论建构。

三是第一手资料稀缺是本书研究中的难题。特别是司法机关的判决资料以及批示的文件,很难直接看到。本来档案资料的查阅与整理不应成为难题,但是目前的边区司法档案的归口管理和查阅手续较为复杂,成为史料研究的一大障碍。目前研究边区司法史料的学者,应该深有同感。

二、创新之处

本书注重司法的本体论和方法论,从而揭示边区司法传统中的规律性问题。本书主要创新点有以下四个方面。

一是以实践理性为进路,通过系统分析边区司法传统的认同机理,提出了"司法传统惯性力"理论,为破解司法传统的认同危机奠定了理论基础。

本书以实践理性为进路的研究之所以作为创新之处,是因为既有的研究侧重于边区司法的经验研究,而对边区司法的实践理性涉猎较少。目前学术界对于司法传统的形成机理尚未建立系统性的理论。本书将理性与经验归结为司法传统的基本维度。本书认为,理性与经验的历史转换,是经后人的修正而转换,而不是直接转换。传统是发展的,而不是一成不变。连接历史与现实的纽带就是认同。司法传统的实践理性与经验保持传统的惯性力并孕育新传统。传统的惯性力促使司法传统的认同成为一种文化自觉。司法传统的惯性力保持了传统的规范性、稳定性,从而使司法传统中的实践理性向制度转化。革命的司法传统不仅仅是一种精神层面的情感认同或者身份认同,更重要的是制度认同,从而持续在当代中国的司法制度之中。这就是"司法传统惯性力"理论的基本要义。司法传统惯性力的存在抵御了历史虚无主义,维护了边区司法的实践理性的历史合理性,从而破解了司法传统的认同危机。

二是以政治化、治理化与正规化为逻辑次序,通过破解"司法与政治、司法与社会、司法与法律关系"的学术问题,建构了新的学术论证框架,形成了法教义学与社科法学的结合点。

本书系统运用历史社会法学的交叉研究方法,将边区司法传统中的政治化、治理化与正规化进行历史的、社会的、法学的方法的连接。本书以司法的初始政治化的核心理论,以司法的依法治理的法治精神,以司法的正规化的正义理念,链接了法教义学与社科法学的结合点,从而形成优势互补的理论,这样才能获得更加普遍的认同。

三是通过考证边区参议会及其参议员对审判工作的整体监督与个案监督,发掘了边区由乡村司法向城市司法转型以及司法职业化的历史轨迹。

从微观层面研究,边区司法传统中有很多闪光点。本书通过梳理史料考证谢觉哉作为边区副参议长对审判工作的监督,从而发现参议会不直接干预案件,而是建议有权处理的机关纠正案件。新中国成立之后,新政权面临接管城市,乡村司法必须向城市司法转型,从而司法的正规化程度要求愈来愈高。文献史料显示,边区对未来城市化司法已有所预见和打算。边区司法人员是新中国司法队伍一支骨干力量和宝贵财富。边区的司法职业保障的政策规定稳定了司法队伍。文献史料显示,边区司法人员的职业化格局已经初建,并持续到新中国司法队伍建设之中。对以上史料的考证和发掘,将更加充实边区司法传统的历史佐证,增强边区司法传统的认同度。

四是通过深入探究边区司法传统中具有普遍化的正义理念与法治价值的契合性,拓宽了边区司法传统研究的国际视野,凝聚了边区司法传统认同的中西方理论共识,从而聚焦了边区司法传统的政治认同、社会认同与制度认同。

目前学术界对于边区司法制度的研究多是从中国的理论阐释,而缺乏对国外的理论的引证。本书论证中引用了西方法学经典著述,这和边区时期强调司法的政治化和马克思主义法学立场并不矛盾。因为,经典马克思主义者把法学视为一门社会科学,不绝对反对西方的司法文明成果。运用西方法学经典著述引证的目的,就是为了更加说明边区司法传统的历史说服力和现代认同性。

第 二 章

司法传统的基本维度及其认同机理

　　传统是人类不断认识和持续实践的产物。"传统不是历史的文本，而是从过去发展到今天依然在控制着人们的思维方式和行为方式的实践元素。"①从历史的实践视野来看，边区司法传统的生命力在于不断地实践创新，实践的目的是追求实质正义，探寻实现正义的可行性方案。实事求是的思想与群众路线的方法的紧密结合，一方面破解了"形式主义法学"的实践困境；另一方面对历史社会法学进行了有益尝试。革命的历史实践中的政治路线与司法实践相结合，探索一种适合历史社会实际的革命司法传统。本章通过对司法传统的基本维度的分析，旨在揭示边区司法传统中的历史合理性与历史惯性力，提出边区司法传统认同机理。

第一节　司法传统的基本维度

　　司法传统是一定历史时空内形成的具有传承特质的思维理性与经验模式。司法传统是历史上经过不断总结和完善形成的，以司法理性与经验为主要维度的，能够得到流传并具有时代精神的司法观念形态和司法行为范式。范忠信认为："所谓中国司法传统，就是古代中国数千年司法

---

　　①　武建敏：《传统与现代性法治的纠结与整合——兼及法治思维的实践转向》，《浙江大学学报》（人文社会科学版）2015 年第 4 期。

活动中业已形成的代代相'传'之'统'(特征)。"①某种司法传统之所以能够代代相传,是因为它所形成并蕴含的理性和经验为后代所继承或者发扬;换句话说,理性和经验是司法传统的基本维度。理性的持久性与经验的反复性,使得传统具有了规范性特征。传统的规范性使得传统中的理性与经验向制度层面转化。法律传统所具有的制度传统就是一种典型形式。澳大利亚的罗德里克·奥布莱恩律师认为:"中国法律传统持续并间接地影响着中国现代法律制度的发展。"②

一、理性的维度

司法现象或者司法活动的产生本身就是人类理性的表现。司法传统的形成更离不开理性因素。司法作为实施法律、维护权益的重要方式,更应具有公平、正义的价值要求。司法的理性是司法制度和司法活动存在与发展的合理所在。司法过程中形成的具有普适性和永续性的理性因素(如公平、正义、良善、和谐等),发展成为司法传统的重要构成部分。司法传统中蕴含的理性并非某个司法人员的个人理性而是一种公共理性。

理性是由一定主体(包括个人、国家、社会、集体、组织等)享有的认知能力和应对能力。理性是主体能够自我认知、自我协调和自我控制的心理状态和行为范式。

按照西方哲学对于"理性"含义的阐释和发展,"理性"经历了由"个人理性"向"公共理性"的演进过程。这一过程既反映了人类的思维模式与行为方式在不断适应社会文明演进的步伐和要求,又体现了人类认知能力和应对能力的不断提高。

个人理性是人类理性的本源。个人理性体现了人类的内在自由性的无限追求和外在制约性的有限控制。"在古希腊的智者派那里,理性主要是指自然本性;在柏拉图哲学中,理性是指'理念';在赫拉克利特那里,理性是'逻各斯';亚里士多德所讲的理性主要是指逻辑性;在笛

---

① 范忠信:《专职法司的起源和中国司法传统的特征》,载陈金全、汪世荣主编:《中国传统司法与司法传统》(上),陕西师范大学出版社 2009 年版,第 5 页。

② Roderick O'Brien, *The Survival of Traditional Chinese Law in the People's Republic of China*, Hong Kong Law Journal, Vol.40, 2010, pp.165-173.

卡儿那里,理性是人的'思'和思想;在培根那里,理性是人的知识和经验;在康德那里,理性不仅包括纯粹的知性理性,也包括实践理性、历史理性,而且在实践领域,人的理性主要就在于具有道德性,知性理性是指人的知识的确定性和可知性,历史理性是指历史的规律性;而在黑格尔那里,理性是'思想与存在的同一'"。① 纵观上述这些西方哲人关于"理性"的认识,主要是指"个人理性"。当然,随着社会的发展,人们对"个人理性"的认识,已经从人的自然理性向实践理性发展,这也反映了理性的产生并非只是在原始的个体身上,必须产生在人与人之间以及人与外界事物之间。也就是说,个人理性并非"自我理性",而是一种"有他理性"。这种"有他理性"就是尊重他人以及尊重自然的理性。"有他理性"获得了自我的安全。"有他理性",既利他又利己。一言以蔽之,个人理性是个人认知能力(对知识、技能的掌握以及对美好事物的向往)的扩张力与外在风险(受到外界伤害、给外界造成伤害)的控制力的协调程度。

人类的生产、生活并非个体性,人类要生存和发展必须形成共同体。基于共同体的产生,公共理性的存在也就非常必要。面对强大的自然界和复杂多样的社会情况,个人理性是有限的,因而必须形成统一的"尺度"予以协调和控制。这一认识的产生使人类理性的层次得以提升,从而"公共理性"应运而生。公共理性曾被赋予了公众性标准和服从公众的意愿,或者规则理念,或者信息的公开、公正的传播,或者公共运用。如霍布斯认为,公共理性是主权者为了支配公众的行为而与公众在公共问题上达成普遍一致性的理性或者判断;卢梭认为,为了防止官员腐化或者变为独裁者,官员必须遵守的唯一规则是公共理性,即法律;杰斐逊认为,政府行政依据的原则是信息传播,在公共理性的法庭上对一切滥用职权的行为进行审讯;康德认为,人理性的公共运用必须是自由的,要给人类带来启蒙,而在一定公共职位或者职务中的个人理性的运用仍然是私人运用②。又如,黑格尔认为,人们的生活是要受理性支配的,而法律是增

---

① 李容华:《有限理性及其法律适用》,知识产权出版社 2007 年版,第 2 页。
② [美]劳伦斯·B.索罗姆:《建构一种公共理性的理想》,陈肖生译,载谭安奎编:《公共理性》,浙江大学出版社 2010 年版,第 36—39 页。

强和保护"被理性地尊重的人格和权利"的主要手段之一。[①]

马克思以批判的立场指出了古典哲学家以个人理性构建国家的落后性,同时又指出了现代哲学家以整体观念构建国家的进步性。现代哲学家认识上的进步表现为:国家必须实现法律的、伦理的、政治的自由;国家的法律可以等同于人类理性的自然规律。马克思所认同的对于"国家法律"认识的落脚点,是人类理性的自然规律,并非个人理性,而是公共理性或者被抽象为人类理性。[②] 公共理性的价值在于形成有序、有效的公共治理。公共理性是个体理性上升为集体理性并形成为公共规则或者道德规范的重要依托,公共理性是公共规则或者道德规范的内在要求。从个体理性的自我控制、自我约束发展到公共性的相互控制、相互约束,这是达成公共治理的基本前提。公共理性的构建,绝不能忽视个体理性的重要性。公共治理需要个体理性与公共理性的协同,其内在逻辑为:以个体理性的提升推进公共理性的发展,以公共理性启迪个体理性的萌生。

理性是形成传统的重要因素。当人们用"理性"评价自身或者要求自身的时候,人与人之间、人与外界之间就会形成相对理智或者相对和谐的状态。当人们发现理性对个人和社会均有益的时候,理性就会受到人们的普遍推崇。有学者认为:"理性产生了普遍性,而普遍性又产生了稳定性。"[③]个人理性并非特定的个体所具有的理性,而是被普遍化了的合理的、稳定的人为理性。这种理性是一种普遍性认知。普遍性认知的稳定性是理性成为传统要素的重要原因。希尔斯指出:"理性和科学知识纲领的发展必然会演成深厚的传统。"[④]理性要成为传统必须具备延续的必要性、集体的接受性、规范指导性、自觉接受性、群属认同性、有用有利性、适时性。[⑤] 这些要求基本吻合了理性的自身特性。

---

① [美]E.博登海默:《法理学:法律哲学与法律方法》,邓正来译,中国政法大学出版社1998年版,第87页。

② 李光灿、吕世伦主编:《马克思、恩格斯法律思想史》,法律出版社2001年版,第74页。

③ 朱富强:《经济学是一门科学吗?——基于科学划界标准的审视》,《福建师范大学学报》(哲学社会科学版)2009年第3期。

④ [美]爱德华·希尔斯:《论传统》,傅铿、吕乐译,上海人民出版社2009年版,第23页。

⑤ 叶启政:《"传统"概念的社会学分析》,载姜义华、吴根梁、马学新编:《港台及海外学者论传统文化与现代化》,重庆出版社1988年版,第3—18页。

　　用文明表达理性已成为人类的共识和追求。法律之所以成为人类制度文明的典型形式,是因为法律的理性在于制止人类自相残杀或者防止复仇行为,并且能够用司法审判和法律制裁代替武力手段。庞德认为:"法律制度设计的初衷在于,就是能够让被害人放弃血亲复仇行为,确立能够认定事实的固定化审讯方式,通过审判来协调关系并最终制止人与人之间的战争。这种维持和平的制度理念,在被赋予更多的职能后,持续存在。"①这种维持和平的制度理念,体现了马克思早期关于"法是人类理性的自然规律"的认识。法律制度所承载的和平功能的持续性、稳定性,正是和谐理念成为传统的重要原因或者动力。和谐的司法观念和司法方式,发展成为代代相传的司法传统。

　　理性代表一定的价值取向。人们相互认同理性,就会形成价值趋同。例如,中国古代的"慎刑""恤刑"思想是刑法理性的表现,它代表了"以人为本"的价值取向。传统之所以能够得到留存,就是因为后代对前代的价值取向的认同。后代如果认为前代的价值取向是理性的,就予以延续,否则,前人的价值取向将在后代予以终结。"慎刑""恤刑"思想从古代一直流传至当代中国的刑事立法和司法之中,从而成为中国法律的传统。

　　随着人类认识能力的提高和价值追求的递进,传统在不断被修正或者被创新,但是作为传统的理性内核是稳定的。法律能够得到普遍遵从和信仰的原因在于,法律是一种理性,法律的价值核心是公平、正义。根据马克思对法律的阶级性的分析,不同历史类型的法律有着不同的阶级本质,但是作为法律所最追求的公平正义是永恒的。虽然不同历史时期、不同国家的法律在体现和实现公平正义的形式和路径上有所不同,但是不同历史时期、不同国家所形成的法律传统均在不同程度上体现了公平正义。

　　理性不仅仅是一种人类的情感表达,更重要的是一种内心制约,所以说理性具有天然的内在规范性。而这种规范性是长期的和较为稳定的,否则理性将自动丧失。当然,理性所具有的规范性应是一种自我服从性

① Roscoe Pound, *Social Control Through Law*, New Brunsck and London: Transaction Publishers, 1997, p.21.

或者自我接受性。规范性是理性形成传统的动力源泉。为了使人类理性保持长期性和稳定性,必须设置外在的规范来加固理性或者防范理性偏离。这正如水和渠的关系,必须用渠引导和保护水流。人类创制的法律所具有的规范性正是人类理性的规范性的公共表达。可以说,法律是对人类理性的补强。当人类把法律由外化转变为内化,由他律转变为自律,人类理性将会得到极大的增强。当守法变为一种自觉的习惯,法律不仅仅是一种文本式的制度传统,也会成为一种精神信仰。法律传统包括司法传统主要体现在精神层面。因为传统不仅仅是一种行为模式,更重要的是一种理念范式。恰恰是,人类的行为持续是短暂的,而精神信仰是比较持久的。所以说,最具有代表人类理性的法律所形成的法律传统主要是法律的精神信仰范式,这也是法律的核心价值目标之所在。

二、经验的维度

没有经验的司法制度,不可能发展为成熟的司法制度。没有教训的司法制度,更不可能发展为成熟的司法制度。司法传统之所以能够代代相传,是因为形成了有益的经验和具有启示的教训。

经验是实践的产物,尤其是人的实践的产物。经验是人对外界的反复认知而获得的行为范式或者行为习惯。经验区别于理性的关键在于,理性是思维层面的认知,经验是实践层面的认知。《辞海·语词分册》对"经验"的解释是:"①经历、体验。②泛指由实践得来的知识或技能。也指由历史证明了的结论。③哲学名词。通常指感觉经验,即感性认识。是人们在实践过程中,通过感觉器官(眼、耳、鼻、舌、身)直接对客观事物的表象的初步认识。是一切认识的起点。它的本原和内容都是客观的。"①

一次感受或者经历,不可能形成牢固的经验。经验的形成必须经过多次的感受和经历。经验来自重复性的相同活动。不同的感受或者经历,不可能形成相同的经验。人类重复性的生产、生活实践既使人们对相同或同类的事物产生了深刻的经验,又使人们亲身经历获得的经验不断

---

① 夏征农主编:《辞海·语词分册》,上海辞书出版社1988年版,第1054页。

得到强化和巩固。

人类的生产、生活是群体性的,人与人之间对信息的沟通和传递也具有群体性,这样经过群体性认同的经验也会直接或间接地传递给没有亲身经历过经验的人。基于生产、生活实践的重复性,接受经验的人也有机会去检验经验的可靠性,从而相信经验、传递经验。经验的传递不但发生在同代人群之间,而且更重要的是发生在前代与后代之间。这样,经验在代际之间的传递和保留,就逐渐演化为传统性成分。正如庞德指出,构成法律体系之一的"传统性成分是经验的产物。"①

经验是人的主观意识对客观事实的深刻影响,经验是以事实为载体的。经验事实是对客观事实的主观反映,经验事实是对客观事实的加工和整理。经验是以经验事实为存在的。经验事实具有群体认同性和反复性。个体之间相互交流活动会将同样的经历和感受总结为具有群体认同性的经验事实。经验事实是经过人们反复的实践证明客观存在的事实,并且未来还会以相同形式或者不同形式发生的事实。经验事实所具有的描述性,使得经验会形成"经验故事"在人们之间流传。这就是说,经验所形成的传统是以"事实"为载体的并为人们信以为真的信息,并非空洞无物的抽象。经验的这种实在性使得经验具有实用性。经验的实用性使得经验拿来往往就能被应用,但是绝不能照搬,否则就成为"拿来主义"。其实"拿来主义"的本质是"经验主义"。经验和经验事实必须相对应,如果拿来的"他人经验"或"前人经验"与现有的客观事物不匹配,那么,拿来的经验就不能在现有的事实中所应用。对此情况,不能说明经验传统过时了或者被现代所抛弃,因为当经验传统遇到了现实中同样或者相近的事实,它就会复活,经验传统的这种现实生命力是确保经验事实具有规律性的基本动力。

经验会形成一种思维习惯或思维定式。经验是有益的。俗话说:"熟路好走。"运用现成的经验(这种经验在一定时期被反复证明是可行的)是一种捷径。善于总结经验,善于运用经验,善于学习经验,这是人

① Roscoe Pound, *Social Control Through Law*, New Brunsck and London: Transaction Publishers, 1997, pp.2-3.

类智慧的表现。经验被反复总结、反复运用、反复学习,使得人们的思维形成了一定的习惯或者定式。经验只有在人们的头脑中形成了习惯或者定式,经验才会是稳定的。并且,这种稳定是具有普遍性的。因为,经验所形成的思维习惯或者思维定式,并非个体性的,而是群体性的认同。这种认同使得经验所形成的传统更加稳固。群体性的思维习惯或思维定式,是不容易改变的。要真正改变,除非"旧经验不管用、旧经验不能用"。可以说,经验所形成的传统是一种"习惯"的力量。

经验会形成一种行为范式。这种行为范式可以表现为具体的技术和方法。经验的传授本质上是技术和方法的传授。技术和方法革新并非凭空产生,必须建立在既有的技术和方法的基础之上。经验所形成的技术和方法,可以称为经验技术和经验方法。技术和方法是人类行为范式的内在规定性。技术和方法的掌握具有时间性,技术和方法的掌握具有持久性。正如希尔斯所言:"人们关于范型的知识,关于物质(物质将按照范型制作成形,并成为范型的一部分)特性的知识,关于工具和机器的知识,关于思想和身体运动的知识,既有变化,同时又是稳定地,一代一代地向后传递。"[1]

经验会转化为法律规则,或者成为制定法律规则的重要依据。法律规则源于人类对经验事实的理性反思。法律规则从自律性的道德规范分离出来,由公共权力来制定,并赋予强制力,其目的是让人恢复自我约束的理性。良好的规则会形成良好的秩序。遵守规则成为习惯,遵守规则也会形成传统,即规则之治的传统。法律之所以能够发展成为传统,就是因为法律来自经验。

经验会形成"经验法则"。经验法则不同于法律规则。经验法则的形成逻辑是从具体到一般,经验法则的适用逻辑是从一般到具体。人们针对相同或者相近的经验事实,会自觉不自觉地适用经验法则。总结、运用和学习"经验法则",也会成为人们的生产生活习惯,最终形成为"经验法则"的传统。

司法传统中的经验不是司法实践中的独立创造,它本源自实际生活。

---

① [美]爱德华·希尔斯:《论传统》,傅铿、吕乐译,上海人民出版社 2009 年版,第 88 页。

不论是司法人员还是当事人,或者当事人以外的人,他们在生活当中均直接或者间接感知和运用经验。可以说,司法传统中的经验具有自身的社会认同性。而这种社会认同性来自生活实践。中国传统的调解制度是"和谐"理念在司法中的创造性转换。调解成为中国司法传统的主要构成之一,并在世界司法传统视阈中被誉为"东方经验"。我国古代的调解不仅仅是民间和官府解决纠纷的一种良好方式,而且是人们和谐社会关系的生存法则。作为调解本身就是一种生活经验。中国的调解之所以具有旺盛的生命力,是因为它具有"生活实践性"。来自生活、走向生活的调解制度满足了人们生活的实际需要,符合人类和谐生活信念的要求,进而调解就成为一种"生活传统",并上升为"文化传统"。调解制度已经成为中国的司法文化传统。

司法传统中的经验具有整体性,能够转化为具有可操作性的司法政策,或者能够发展成为司法模式。"马锡五审判方式"不仅是马锡五本人的审判经验,而且是全边区的审判经验,乃至发展成为全国性的审判制度。否则,边区的司法就成为某个人的司法,而不是制度性的司法。波斯纳认为,如果审判中法官个人的因素和政治因素凸显,那么这个国家将会成为法官的统治,而不是法律的统治,法官变了,法律的效果也就变了。[①]

司法的公共性决定了司法活动中的经验具有普遍认同的发展趋势。司法是一项群体性的活动。司法经验是一种共识的经验。正如,以马锡五冠名的"马锡五审判方式"是边区司法工作者集体智慧的结晶。[②] 司法人员虽然在承办具体的个案当中获得的司法经验具有个体性,但是由于司法的程式化使得不同司法人员在不同的司法案件中获得的司法经验具有同质性。这种同质性的司法经验是司法活动本身所具有的,其本质是"司法技术"。"司法技术"会在司法人员当中相互传递,发展成为"司法技术"传统。如果司法人员运用了新的审判方法,取得了较好的司法效果,这就产生了"司法技术"的革新,从而个体性的司法经验随之产生。个体性的司法经验和以往的"司法技术"传统相比较,如果能够显现它的

---

① Richard A.Posner, *How Judges Think*, Cambridge, Massachusetts, and London, England: Harvard University Press, 2008, p.1.

② 梁洪明:《马锡五审判与中国革命》,《政法论坛》2013 年第 6 期。

优势,就会扩展为群体和地方性经验,然后得到社会普遍认同(如被司法机关、当事人、社会公众和决策者所认同),最后经过不断总结和弘扬(如国家政策引导、付诸实践、理论提升),就会成为新的司法传统。① 这种新的司法传统的本质是"司法方法"传统。

第二节　司法的实践理性与经验的关系

随着社会的发展,人们对个人理性的认识,已经从人的自然理性向实践理性发展。实践理性反映了理性的产生并非只是在原始的个体身上,必须产生在人与人之间以及人与外界事物之间的实践活动之中。司法活动是一种公共性的实践活动,司法中的理性既是一种公共理性,又是一种实践理性。法律的公平正义价值在具体的司法实践中得以体现和实现。而要实现法律的公平正义价值必须设计和实施理性的程序方案。司法之所以能够在实践中进步和成长,是因为司法的实践性使得司法中的理性表现为实践理性。不论是形式理性还是实质理性,均体现在司法实践中,即为实践理性。司法的实践理性就是司法要符合司法裁判的实体与程序要求。司法的实体标准就是查明真相、确定法律关系。司法的程序标准就是规范司法、正确适用法律规则。司法的实践理性就是要达到实体正义与程序正义的统一。

司法的实践理性来自司法经验的总结。虽然古希腊哲学家推崇理性,认为理性认知能形成普遍真理,经验不可靠,但是他们已经认识到了经验是来自实践的一些知识。近代理性主义者没有否认经验是对"人类普遍知识"的追求。相对应的经验主义哲学认为,"经验是关于世界的知识的优先源泉"②。司法经验是司法的实践理性的源泉,司法的实践理性是司法经验的升华。司法经验是司法的实践理性的原初形态。司法的实践理性是司法经验的高级形态。司法的实践理性与司法经验是相统一的。

① 范愉:《诉讼调解:审判经验与法学原理》,《中国法学》2009 年第 6 期。
② [德]施米特:《现代与柏拉图》,郑辟瑞、朱清华译,上海书店出版社 2009 年版,第 174 页。

一、经验源自实践认知

纵览古今中外哲学家、社会学家对经验概念的阐释,都没离开"实践"这个话语系统。由于哲学家黑格尔所指的经验是"通过一种意识本身的转化而变成的"[①],这样就容易陷入"纯抽象"的困境。经验不是预设在外在世界的客观存在。经验是人类对外界实践活动的反应,既非纯意识的思维活动,又非客观事实的镜面成像。经验不是偶然的感知,而是反复实践的结果。经验必须以客观实践为普遍联系,这样经验才会具有持续生命力。经验不是个体的发明和创造,而是人类群体智慧的结晶。如果经验仅存在于个体,将不会对整个社会有益。马克思主义唯物论的观点是,经验是认识的源泉。经验分为直接经验与间接经验。直接经验来自亲身体验和自我认识。间接经验来自学习和借鉴。间接经验和直接经验是相对而言的,对自己是直接经验,对他人有可能是间接经验,也有可能是直接经验。直接经验和间接经验是相互印证的。直接经验与间接经验的普遍联系会形成普遍性经验,从而获得普遍认同而得到广泛传播。谢觉哉认为,"我想我们几年来的司法工作,积累了许多经验,作了许多事,这些事是怎么处理的,那也就是经验"[②];"经验也只有在实际工作中,才能积累得到"[③]。

可靠的、普遍的、稳定的经验不只停留在"感性认识"层面,否则会导致"经验论"。经验是一个反复认识的实践过程。只有反复实践,经验才会变成可靠的真理。经验既包括了人们对胜利成果的总结,又包括了人们对失败教训的反思。多次经验提高了人们获取成功并避免失败的可能性,反复经验使得人们掌握了事物的内在规定性,即规律性。当然,经验的获得受制于一定的内外在条件,随着社会情况的复杂多变和时空的不停转换,经验也会不牢靠,经验也会过时。过分的依靠经验或者单靠经验,就会导致"经验主义"。因而,必须理性地对待经验,既不能忽视经验,也不能迷信经验。也只有这样,才会有新经验产生的契机。

---

① ［德］黑格尔:《精神现象学》(上),贺麟、王玖兴译,商务印书馆 2009 年版,第 69 页。
② 《谢觉哉文集》,人民出版社 1989 年版,第 1013 页。
③ 《谢觉哉文集》,人民出版社 1989 年版,第 1001 页。

　　司法传统中的经验一部分是成功的审判经验(如马锡五审判方式),另一部分是一些错误的教训。边区的司法制度的不断成熟归功于对司法工作中的弊端的革除与教训的总结。1944年9月30日,边区高等法院曾经指出:"自去年冬进行过一次比较深入的检查后,发现了问题,总结了经验,如派员到绥德、延川等地检查,发现坏分子孙敬毅办的案件,偏袒坏人冤屈好人,发现了延川县裁判员王××办案糊涂,主观主义。同时各县实行检查司法工作,使司法工作的实际情形能得到全面的彻底的反映,因而使边区政府能根据这些实际反映,做出了改善司法工作的新方针。这方针解决了历年来许多纠缠不清的巨大问题——审级问题、调解问题、法律根据问题、审判人员观点问题、审判方式问题、二流子型的罪犯问题、犯人的劳动与教育重点问题。这是几年来司法工作经验的宝贵总结,是新民主主义司法的实际内容,在这正确的方针指导之下,确使司法工作的面貌为之一新:调解逐渐普及了,马锡五审判方式广泛推行了,审判人员观点转变了,办案公平合理了,群众呼声变好了。这说明正因为过去检查很少或不深入,不善于总结和积累经验,因而使工作未得到应有的进步。但一经深入检查取得经验之后,便有飞跃的进步。我们今年陆续派员到志丹、富县、延安、安塞、固临、清涧、绥德、延长一带,或检查工作,或就地解决案件,实行马锡五方式。"①同时,边区司法干部的成长归功于对司法干部的教育提高,当然包括批评教育和自我反省。1944年11月5日,习仲勋指出,司法干部"对处理案件,应从历史上全面地分析,获得经验教训,克服主观主义、教条主义,这对于自己,那就是很好的锻炼"②。

　　司法的经验来自司法的过程,司法的经验最终体现于司法的结果之中。作为裁判结果的"判例"是司法经验的具体体现。"遵循先例"成为英美法系国家的司法传统。卡多佐认为:"几乎毫无例外,普通法系的法官第一步工作就是要考察和比较先例。如果先例与在办案件相匹配,那么法官就没有必要去做更多的事了。遵循先例至少是法官每天工作的基本规则。"③遵循先例就是运用裁判的经验成果。由于"过去的判例经过

①　《1942至1944年两年半来工作报告》,陕西档案馆档案,全宗15—193。
②　《习仲勋文集》上卷,中共党史出版社2013年版,第30页。
③　Benjamin Cardozo,*The Nature of Judicial Process*,USA:Feather Trail Press,2009,pp.8-9.

了理论和法律的论证,并且经受了时间的考验,被证明是成功的事例。于是按照过去的事例来解决当下的问题就是一种可取的方法,这就像我们从过去的成功事例中学到了经验,接下来我们还会按照过去的成功事例去行为是一样的道理。这当然是一个经验的过程,是一个从个别到个别的行为方式"。① 遵循先例正是为了达成"相似的有关情况应当产生相似的法律后果"②。

传统中国乃至现代中国固然和英美法系的司法模式不同,但是我国从古到今的司法实践中已有重视"案例"编撰和"间接"运用案例的历史传统。在传统中国,"宏观的历史和经验思维与微观的经验思维在思维方式上是一致的,古代的司法官吏虽然在其实践中不得不按照国家权力所设定的条文化的判例法模式进行司法审判,但他们对于成例的自觉思考,对于具体案件环境的深思熟虑无不同他们所坚持的儒家思想的经验化思维息息相通"③。在现代中国,对案件性质、具体案由的分类和相应的审理方式的设置,以及裁判文书的格式化,无不是对具体案件审理经验的提炼和总结。纵观中国从古至今,相同历史时期相似案件的判决风格均有形似之处。中国和英美法系的"判例"的运用思路的主要区别在于,中国是从个别到一般再到个别,而英美法系国家是从个别到个别。但是不论区别多大,成功的审判"事例"是司法人员乃至民众有价值的参照和参考。"判例"成为古今中外司法传统中的经验因子。援引先例成为英美法系国家的一项传统的司法艺术,先例成为一项公开的司法经验。④

边区高等法院非常重视审判案例以及司法经验的搜集和总结。边区将审判案例和司法经验进行了区分。因为,判例和司法经验不能直接等

---

① 武建敏:《司法理论与司法模式》,华夏出版社 2006 年版,第 178 页。
② [英]麦考密克、[澳]魏因贝格尔:《制度法论》,周叶谦译,中国政法大学出版社 1994 年版,第 257 页。
③ 武建敏:《司法理论与司法模式》,华夏出版社 2006 年版,第 184—185 页。
④ 庞德认为,"先例原则不是由类推加以发展的,也不是推断判决理由的权威性前提。它绝不是像一个规则或原则那样的简单事物。它也根本不是一个法律规范。它是一项传统的司法判决艺术;一项传统的参照过去的司法判决来对手中的案件作出判决的技巧;一项传统的以公开的司法经验为基础形成特定案件的判决依据的技巧,就像民法学家有一套传统的创制法律文本和形成发展借以作出司法判决的依据的技巧一样"。参见[美]庞德:《法理学》第 2 卷,封丽霞译,法律出版社 2007 年版,第 89 页。

同。判例可以表达或者反映司法经验,判例可以上升为司法经验。边区政府关于改善司法工作的指示信中要求,"搜集审判经验。每个分庭,每个司法处,每个地方法院,均须将自己的审判经验用具体判例作为材料写出来,寄给高等法院"①。边区各级司法机关对判例的总结,并非将判例作为以后判决的直接依据,而是为了积累司法经验,以弥补法律适用不足的缺陷。② 以司法经验指导司法实践,以司法经验推动立法,成为边区司法的重要传统。边区司法中的判例可以作为司法的指导或者参考③,这种判例运用模式保持了传统中国司法与大陆法系国家司法的裁判特征。

二、实践理性高于经验

司法传统形成于长期的司法活动之中。司法的实践理性要成为司法传统,必须经过长期的反复认知和反复求证的实践过程,而这一过程恰恰也是经验的积累和提升的过程。司法知识的形成不是简单地源自书本或者课堂,而是来自丰富的司法实际工作。边区时期的《司法政策与任务》(1949)中指出:"司法工作要像个医生,刑事案的犯人,就是有病的人,对一个刑事案件的判决,就是给他们治病,在判决与执行中间,就要有侦察战斗的性质,教育当事人,改造人犯即是改造社会的责任。要做好这项工作,就得有很好的技术,长期的专门经验,才能完成任务。"④边区司法干部队伍的成长逻辑为:边干边学,在具体的司法实践中学习,由外行变内行;互帮互学,相互传递司法经验,达到共同提高;集体学习,举办司法训练班,提高专业素养;兼收并蓄,吸收外来的政治可靠的司法人才,整合司法力量。如,1944 年的《陕甘宁边区司法概况》中总结为:"边区的司法干

---

① 《红色档案——延安时期文献档案汇编》编委会编纂:《陕甘宁边区政府文件选编》第 8 卷,陕西人民出版社 2013 年版,第 69 页。

② 1944 年 1 月 6 日,林伯渠在边区政府工作报告中要求,"司法机关的法律依据,必须是边区施政纲领及边区政府颁布的各种现行政策法令。边区现行法令不足,一方面应根据历年经验,将好的判例加以研究整理,发给各级司法机关参考"。参见《红色档案——延安时期文献档案汇编》编委会编纂:《陕甘宁边区政府文件选编》第 8 卷,陕西人民出版社 2013 年版,第 23 页。

③ 边区高等法院编制判例的目的在于,"将历年所处理较典型的判例选出一些,以教育我们的司法工作干部,供其了解工作中,应如何掌握政策、判断案件的一些参考"。参见汪世荣等:《新中国司法制度的基石——陕甘宁边区高等法院(1937—1949)》,商务印书馆 2011 年版,第 113 页。

④ 艾绍润、高海深编:《陕甘宁边区法律法规汇编》,陕西人民出版社 2007 年版,第 363 页。

部,大多是经过革命斗争从群众中产生出来的,不限于学历及文化程度,……至于法律的知识与司法工作的经验,即在实际工作的过程中培养训练出来,使成为一个更合格的司法干部。过去法院曾办过三期司法训练班,现在延安大学设有司法系,即是专门培养训练边区司法干部的学校。外来学过法律的知识分子,只要愿为边区的司法工作服务,一样的可以充当边区司法干部。"①边区时期,根本没有条件来培养专家型的法院院长,只能使外行变内行。谢觉哉认为:"事业要专家,对的。我们早说过:专家学识要和实际经验结合;有实际工作经验的人要研究理论,把自己的经验上升到理论。专家是非专家成的,内行开始总是外行,某种工作做了几年,纵不是专家,总应该不是外行。"②

　　"马锡五审判方式"是一种经过一定范围内的认知、总结和推广的集体性司法经验。范愉将审判经验分为三个层次,其中第一层次为个体性经验;第二层次为群体性经验和地方性经验,第二层次的经验是由第一层次的经验扩展和影响而成;第三层次的经验是在对前两个层次经验的基础上,通过提升和总结为能够影响全局的司法政策,并且可以发展成为具有本土特色的司法模式或者司法传统,如"马锡五审判方式"就属于第三层次的经验。③当然,司法传统中的经验要转化为司法政策和司法模式,必须经过官方的高级决策层决定才能得以普遍推广和社会认同。"马锡五审判方式"来自以马锡五为代表的司法工作者的实践,归功于中国共产党主要领导人的高度关注和边区高等法院的总结推广以及传播媒介的大力宣传。

　　司法传统中理性的侧重与取舍成为一个时期、一个国家司法传统的主要标志。中国传统司法具有复杂的面相,属于理性与非理性交织的状态。总体而言,中国传统司法注重追求实质理性、实践理性,同时一定程度上体现了形式理性。国家理性、道德理性既是中国司法传统中理性的集中表现,又是中国法律传统中的"家国同构"特质的重要体现。中国传统司法中情、理、法的兼顾正是实质理性与形式理性结合的体现。

---

①　高海深、艾绍润编著:《陕甘宁边区审判史》,陕西人民出版社 2007 年版,第 270 页。

②　《谢觉哉日记》下卷,人民出版社 1984 年版,第 932 页。

③　范愉:《诉讼调解:审判经验与法学原理》,《中国法学》2009 年第 6 期。

德国著名社会学家韦伯认为,司法中的理性既可能体现在形式方面,又可能体现在实践方面①;司法的形式理性就是将法律规则以及法律原则应用到个案中去②,司法的形式理性具有双重性质,即正式的法律规则具有最严格外在特征的形式主义和经过意向阐释而成的法律原则具有逻辑抽象的形式主义③;司法的实质理性会考虑引入伦理性的规范、采纳具有功利主义性质的积极因素,或者优先选择适当性的规则,或者把握政治原则要求,从而实现"外在特征的形式主义"和"逻辑抽象的形式主义"的双重突破④。根据韦伯的观点,规则理性为形式理性,国家理性、社会理性、民主理性、政党理性、道德理性可归结为实质理性。当然,这里需要强调的是:对韦伯将"形式理性"作为判断"理性的司法"标准的观点应批判的认识。因为,韦伯已经看到了"现代法律发展中的反形式主义的趋势"。当然,反形式主义是为了弥补形式主义的缺陷,并非否定司法的形式理性,而是要实现形式理性与实质理性的统一。

人类理性最大的特征或表现是反思行为或者心理。不论是个体理性还是公共理性,均能够在实践中被不断修正而获得提升,可以称其为反思理性。反思理性应属于实践理性的范畴。作为公共理性范畴的司法理性包括了司法人员自身的反思以及旁观者的良好批评意见。这些反思和意见是对实践中的司法行为是否符合国家理性、社会理性、政党理性、法律理性的衡量与评价,这就是实践理性的体现。作为司法者对司法活动的自我认识,以及旁观者对司法活动的评价,这是有利于司法的成长与发展。一方面,边区司法制度和司法方式有一个从不成熟向成熟、从不规范向规范发展的历史过程;另一方面,说明边区司法领导人认识到了边区司法的薄弱环节。⑤ 边区司法领导人的认识就是实践理性的具体表现。

---

① [德]马克斯·韦伯:《经济与社会》下卷,林荣远译,商务印书馆1997年版,第17页。
② [德]马克斯·韦伯:《经济与社会》下卷,林荣远译,商务印书馆1997年版,第13—14页。
③ [德]马克斯·韦伯:《经济与社会》下卷,林荣远译,商务印书馆1997年版,第17页。
④ [德]马克斯·韦伯:《经济与社会》下卷,林荣远译,商务印书馆1997年版,第17页。
⑤ 1943年5月17日,时任边区副参议长的谢觉哉同志曾对边区司法工作的弱点进行了深入反思。他认为,"和其他工作一样,首先要在思想上搞通,高干会后,颇感到以前司法弱点了。但可能走到另一偏向。比如强调婚姻自由,农民不愿意,于是强迫要离婚的女子回家;误解宽大政策不杀土匪,致农民不敢捕匪,于是只要是匪就杀;司法太独立不好,于是回到司法行政全不分"。参见《谢觉哉日记》上卷,人民出版社1984年版,第469页。

三、实践理性与经验的统一

以培根为代表的经验主义倡导者认为,只有将感性经验和理性认识结合起来,人类的认识才能取得进步。理性与经验相统一。"理性"不是一种"纯粹"的精神,而需要经验来感知和作用。"经验"不是一种"固化"的模式,而需要理性来提升和发展。只讲理性不讲经验,或者只讲经验不讲理性,都不会形成代代相传的优秀司法传统。只讲创新不讲传承,或者只讲传承不讲创新,同样都不会形成代代相传的优秀司法传统。

只有经过"经验"反复考验过的"理性"才具有稳定性。一项传统要代代相传,必须经过反复证明对人类社会有益,否则将被人类社会抛弃。法律的价值只有在法律运行当中才能得以体现和完善。司法作为法律运行的重要方式,司法所形成的经验是确保司法理性地运行的动力源泉。如同庞德所言,"像过去一样,法院必须保持通过经验来发现并通过理性来发展调整关系和安排行为的各种方式,从而以最少的阻碍和最少的浪费给予整个利益方案最大效果"①。

形成传统的理性是在历史局限的克服中得到成长的。理性受到人类认识能力的根本制约,所以说,理性具有有限性。人类的认识能力的发展规律是从初低到高级,理性的发展规律也应该是从初低到高级,可以说,理性具有增长性。理性的有限性与可增长性催生了人们对理性的不断认同。人们普遍认为,法律是一种理性。但是,从良善的标准衡量法律,人们又将法律分为"良法"和"恶法"。良法可视为理性的法律,恶法可视为非理性的法律。恶法应该被全面取缔或者及时修正,良法应该得到普遍遵从和稳定实施。一般情况下,具有理性的良法能发展成为法律传统,同时具有理性的良善司法就成为司法传统。

但是,人类一开始不可能形成美好无缺的理性的法律。可以说,人类的法律是从恶法向良法演进的过程,这也是非理性向理性转变的过程。当然,恶法的产生的初衷并非要去做"恶",恶法一定程度上也是以"某种

---

① Roscoe Pound, *Social Control Through Law*, New Brunsck and London: Transaction Publishers, 1997, p.134.

理性偏向"（比如,工具理性偏向）为体现的,这也是人类初级理性的局限反映。理性的有限性和可增长性也就容忍了恶法在一定时期内的存在,所以说"恶法亦法"就不足为奇了。在一定的历史时期,非理性的法律也会形成历史性的"传统",但这种传统是短暂的,不会成为具有恒久性的传统。也就是说,非理性的法律所形成的"传统"是假传统,并非真传统。例如,中国古代的"父母之命,媒妁之言"的婚姻"传统",从近代开始逐渐受到批判,而被"婚姻自主"的理性传统所置换。希尔斯认为,基于非理性所形成的传统属于"实质性传统","为了人类的权益,理性传统已经成了实质性传统的主要对抗者。"①其实,一旦所谓的"实质性"传统被后人所抛弃,就成了"死传统",这样就不是传统了,只能是过去的东西了。而传统必须是能够"活着"的,能够从昨天流传到今天乃至明天。或许"实质性传统"会得到一些苟延残喘的存活空间,或许"死去"又会死灰复燃,但是这并非长久的,而是历史时空处于向社会进步方向迈进的基本宽容。因为理性对非理性的抗争是一个艰难的过程,这一过程有时会很漫长,但最终理性会占据上风。

司法传统中好的经验被传承下来,成为具有示范性的经验。司法传统中不好的经验被渐渐取缔,成为具有汲取性的教训。中国古代司法传统具有深厚的经验传统。中国传统司法对真相的获得方式大多数是来自经验。例如,"传统司法证据中包含了很多科学的因素,比如验尸技术等,但这种技术并不是通过西方式的科学解剖来进行的,完全是司法人员在实践中积累的经验的运用"②。而作为经验产物的"刑讯"曾经在古代长期存在,并且被制度化。由于"刑讯"丧失程序理性,往往导致"屈打成招"而"口供失实"。因而"刑讯"必须被取缔,而不能作为"传统"。

司法中的经验可以起到修正法律甚或创制法律的。边区的判例以及审判经验不是直接适用的法律渊源,但是极大地促进了新民主主义法律的不断完善。司法工作不同于立法工作,但是司法当中可以发现现有的法律的不足,尤其是边区时期法律制度不很健全,司法所具有的或者需要

---

① ［美］爱德华·希尔斯:《论传统》,傅铿、吕乐译,上海人民出版社 2009 年版,第 24 页。
② 武建敏:《传统司法行为及其合理性》,中国传媒大学出版社 2006 年版,第 58 页。

的立法作用更加凸显。谢觉哉指出："司法要兼做立法工作——从经验中创建法律。"①谢觉哉对司法和立法关系的认识不但非常符合当时法制状况的需要,而且具有现代价值。需要强调的是,谢觉哉并非将司法与立法混淆,而是认为法律来自司法实践,尤其是要将和平建设时期大量的司法实践中的经验上升为法律,这是具有普遍价值的。根据我国现行《民事诉讼法》的规定,《民事诉讼法》的制定结合了民事审判工作当中的经验。现行《民事诉讼法》的立法模式是中国共产党从革命根据地时期形成的立法经验,并且是经历史与现代实践证明比较科学的立法经验。

法律只有在反复的法律实践中才能获得持久的生命力。在法的历史性建构之中,司法传统是能够体现法的价值的连续性的最活跃的因素。司法传统中的理性一定程度上体现司法的精神和理念,司法传统中的经验一定程度上体现司法的技术和方法。司法传统中的理性使得司法具有了思想性,司法传统中的经验使得司法具有了实践性。司法传统中的理性与经验确保了司法符合公平正义的原则要求,促进了司法符合经济社会发展的价值需求。

传统中的理性是一种普遍性的认知。中国调解之所以能成为东方经验,并走向世界,因为它成为一种普遍的认知。理性与经验的有机结合确保了司法传统的源远流长。理性与经验成为司法传统生命力的逻辑纽带。

第三节　司法传统的认同机理

顺应现代性发展的"一种普世性的转换每一个体、每一民族、每种传统社会制度和理念形态之处身位置的现实性力量"②,"新传统"的应运而生体现了"传统的惯性力量"。社会变迁,法律制度随之变迁。政权更替,司法制度也随之更新。司法传统与司法制度有着紧密的联系,但又区别于司法制度,它是一种相对固化了的司法观念形态和司法行为范式。

---

① 《谢觉哉日记》上卷,人民出版社 1984 年版,第 469 页。
② 刘小枫:《现代性社会理论绪论》,上海三联书店 1998 年版,第 2 页。

传统属于"活着的过去",具有持续到现在甚至未来的长久的社会趋势。①
这种趋势附随着司法传统的惯性力量。边区司法传统之所以在当代中国
的司法制度和司法实践中持续存在,就是因为边区司法传统保持着某种
惯性。这种惯性的持久性正是司法传统中的实践理性与经验的惯性力
所在。

一、实践理性与经验的历史转换

司法传统的形成与发展,"只有在尊重传统的基础上超越传统,在尊
重社会历史规律的基础上对传统进行创造性的转换,才能适应现代,赋予
传统永久的生命力和现代意义"②。理性与经验的历史转换,使得司法传
统具有了持续的生命力。

当中国睁眼看世界的时候,世界早已睁眼看中国了。自 16 世纪以
来,西方人就非常关注中国传统司法的过程,一些来华的西方人士直观甚
至亲历了中国传统司法中官员的廉洁品性、公开审判、证据模式、依法判
决的正面表现,予以赞赏,但同时也看到了黑狱、重刑、枉法滥刑等负面形
象,予以抨击。18 世纪,理性主义的代表者和总结者孟德斯鸠抨击了中
国古代君主政体的专制特性和中国传统司法的非理性因素。近代"分
权"学说以及西方理性主义法学成为中国法律传统近代转型的"催化
剂"。在风云变幻的近代中国,西学在西方坚船利炮掩护和助推下以不
同形式传播和渗透,近代中国人"迷失了自我""失去了自我"。晚清政府
师夷变法,民国时期法律制度的"全盘西化"使得几千年自成体系的封建
法律制度分崩离析。

倡导民主共和,反对封建专制,是新民主主义革命的基本理念和重要
任务。中国传统帝制特别是封建专制和边区的民主政权是格格不入的。
面对几千年形成的中国法律文化传统,中国共产党的态度和做法并非全
面抛弃,而是遵循历史文化发展规律,去其糟粕,取其精华,创造性转化为
新民主主义政权的司法传统。

---

① 高志刚:《司法实践理性论:一个制度哲学的进路》,上海人民出版社 2011 年版,第 117 页。
② 夏锦文主编:《传承与创新:中国传统法律文化的现代价值》,中国人民大学出版社 2011 年版,第 13 页。

　　古代中国的国家权力结构的总体特征是集权,行政与司法合一,行政官员与司法官员合一,上至中央下至地方的司法活动成为治理国家和管理社会的重要内容。有学者认为:"中国传统社会司法与行政的合一,虽然为学者们所诟病,亦被后人责之为司法难以实现公正的根源,但是中国传统社会的政府存在司法职能却从未招致质疑和否定,这是对中国传统司法所形成的共识,也为研究中国传统司法提供了必要的对话基点。"①

　　边区高等法院受边区政府领导、高等分庭设置于专员公署内以及县长兼县司法处处长的司法体制是否沿袭了中国传统社会的"行政与司法合一"的传统。一方面,"行政与司法合一"的司法体制顺应了中国几千年来"行政与司法合一"的传统观念,迎合了边区老百姓革命成功后"大小事"依赖于政府解决的传统心理;另一方面,边区的"行政与司法合一"的司法体制是以民主集中制为政权原则的,边区"行政与司法合一"的体制以其民主性的权力架构及其运行机制实现了对中国司法传统的超越。

　　儒家思想在中国传统社会占据主流地位。传统司法以儒家伦理思想为指导,司法过程一方面注重对人的道德内化,促使人向善发展;另一方面更加注重和谐秩序的维护与恢复。中国传统道德哲学是中华民族几千年文明的结晶,它成为中国法制的深厚文化底蕴,它塑造了中国法制的自身特征的理念体系。中国法律的道德维度不会因为现代化而消失。② 外来文化是难以打破这一根深蒂固的理念体系的。中国共产党面对具有浓厚乡土特征的边区社会,在贯彻新文化、新思想反对不平等的封建礼教的同时,积极弘扬传统法律文化中"道德教化"与"和谐伦理"的积极因素。边区大力主张以调解方式解决民事纠纷和强抢杀人以外的妨害私人利益的刑事案件,全面推行民间调解方式解决民间纠纷。

　　中国的调解传统之所以能在边区发扬光大,其主要原因是传统"调解"的民主性和边区的民主政治建设有着紧密的契合度。调解是群众程序上自愿参与、实体上自主处分权益的民主性的解决纠纷机制。倡导调解,尤其是推行民间调解,旨在唤醒边区民众自觉的民主觉悟,让边区群

---

　　① 沈国琴:《中国传统司法的现代转型》,中国政法大学出版社 2007 年版,第 25 页。

　　② Philip C.C.Huang, *Morality and Law in China*, *Past and Present*, Modern China, Vol.41, No.1, 2015, pp.3-39.

众在参与调解纠纷中亲身感受到"人民的主体地位"。中国传统调解的"民主合力"（和谐社会关系）与"民主张力"（实现人民当家作主）成为边区司法传统中的惯性力。

边区在实现中国古代优秀司法传统的历史转换的同时,必须实现西方法学理论占主导向马克思主义法学理论占主导的历史转换。现代意义上的"司法"的概念或者语词来源于西方似乎成为近代以来中国学术与实务界认同的事实。"一般认为,是西方自由主义政治理论所提出的三权分立的主张,以及在此理论下的西方政治制度的实践所显示的强大的制度力量,影响了中国近现代司法改革的进程,至少其在中国近现代初期是这样的"①。清末司法改革以西方为参照物,企图走西方的以"司法独立"为核心的正规化司法发展道路,建立了不适合中国国情的现代法院制度。不论是北洋政府时期,还是南京国民政府时期,西式的法院制度在旧中国的司法制度中占据主导地位。但是绝不能错误地认为共产党领导的新民主主义司法制度是西方司法文明的产物。新中国的司法制度只有从共产党领导的新民主主义革命历史中才能找到对应物。

边区新民主主义的法律是以共产主义意识形态为统领的。边区司法所执行的新民主主义法律代表了无产阶级的利益,反映了人民的意志,是多数人进行统治的工具。边区司法是推翻帝国主义、封建主义和官僚资本主义的统治,实现无产阶级专政,建立民主政权的有力工具。边区司法以保护革命群众利益为天职,体现了马克思的"国家制度、法律、国家本身,就国家是政治制度来说,都只是人民的自我规定和人民的特定内容"②的民主法制思想。总之,边区司法传统充分体现了马克思主义关于法的阶级意志观、人民主权观等法律思想。

马克思主义法学的阶级分析理论揭示了法的意识形态本质。统治阶级意志论揭示了阶级社会法的意识形态本质。公平正义是自然法的普遍价值。但是阶级社会的统治阶级对待公平正义的态度和实现途径与本阶级的立场和取向密不可分。所以,阶级社会法律的平等性难以实现。马

---

① 程春明:《司法权及其配置:理论语境、中英法式样及国际趋势》,中国法制出版社 2009 年版,第 177 页。

② 《马克思恩格斯全集》第 3 卷,人民出版社 2002 年版,第 41 页。

克思主义法学的要旨就是将法从统治阶级意志引向人民意志的发展道路。列宁对社会主义国家的法律制度的探索与实践,就是要建立民主集中制的民主政权的国家法律制度。

革命理论、阶级斗争学说、政党理论引入政权建设实践,这是马克思主义的建党、建国的理论的重要组成与实践的必经过程。中国特色社会主义司法制度伴随着中国共产党建党、建国的过程而成长。中国特色社会主义司法的意识形态蕴含了丰富的革命理论、阶级斗争学说和政党理论。而在发展中国特色社会主义司法制度的过程中决不能否定革命理论、阶级斗争学说和政党理论。革命理论、阶级斗争学说是政权初创时期必须具有的意识形态,而在政权的建设和发展期中和平与发展理论、社会矛盾学说成为主流的意识形态。中国特色社会主义制度的实践中出现过"极左"和"极右"的意识形态偏向,其历史教训相当深刻。但是,不能否定马克思主义的革命理论与阶级斗争学说的本身。

立法确保国家政治、经济、社会和文化生活的合法性,司法确保国家政治、经济、社会和文化生活的正当性。如果一个国家或者政府能够"在事情上诉诸于法的实现,用正确的新法取代不正确的旧法,特别是创造出正常的处境"[①],这就为法治国家理想的实现准备了必要的条件。合法性与正当性是中国共产党建立法治的人民民主政权国家的基本理性与经验。要实现新旧政权的更迭,必须实现合法性与正当性话语的历史性转变。新中国成立前夕,中国共产党废除国民党"六法全书"意义在于实现新法与旧法的历史转换,这就要求将边区政权建设中积累的立法、司法经验转换为有利于新中国的法制建设的重要资源。基于民主集中制政权原则的要求,新中国必须坚持实现立法型国家、司法型国家、政府型国家的有机统一,以体现"议行合一"政权体制的基本特征。

二、实践理性与经验造就传统

传统的形成必须以既有事物为前提,新传统的形成必须以既有传统

---

① ［德］卡尔·施米特:《合法性与正当性》,冯克利、李秋零、朱雁冰译,上海人民出版社2015年版,第106—107页。

为基础。因为新传统中有老传统的"影子",只有这样才会形成代代相传的传统。首创性事物不是传统,但前人有进步意义的首创将指导后人思维模式和行为范式的形成,基于此现实,能够反复适用并能发展前进的首创是生发传统的"种子",并且具有开拓性的首创是孕育新传统的"种子"。不管这些首创性的"种子"是自我培育还是外来引进,只要播入合适的"土壤"就能够生根发芽并茁壮成长,从而不断繁衍生息,这就形成了新的传统。边区司法传统是以中国的法律文化资源为根本,积极弘扬中国古代优秀司法传统,有鉴别地吸收西方法律文明的有益成果,同时以共产主义意识形态为统领,以毛泽东思想为指导,紧密结合边区具体的司法实际,将马克思主义法律观中国化,创造性形成的新司法传统。

边区形成了革命司法传统。学者们将中国 19 世纪末期作为"古代中国的法律传统"与"现代中国的法律传统"的历史分界期①。19 世纪末期,由于西方法律文化已经渗入中国的政治体制之中,并引发了中国的法制变革包括司法改革,从而中国的传统法律理念和法律制度被打破。现代中国的司法传统的形成开端于晚清司法改革。中国司法从近代到现代的转型期内所形成的司法传统相对于古代的司法传统,应是一种新型的司法传统。边区时期处于中国现代司法传统的形成期内,这一时期形成的司法传统当属"新司法传统"。新中国的法律传统发端于苏维埃政权时期。这一时期的法制建设是以马克思列宁主义法律思想为指导,已经初步具有了社会主义法制建设的基本轮廓。新中国的法律传统发展于陕甘宁边区时期,成熟于新中国成立前后。以此来讲,新中国的司法传统发端于苏维埃政权时期,发展于陕甘宁边区时期,成熟于新中国成立前后。李侃如认为,中国共产党在"延安时期的许多政策都是在瑞金最先尝试、并逐渐发展成熟的办法"②。

边区时期处于西方法学理论与马克思主义法学理论交锋的激烈期。面对"清末法制改革到中华人民共和国成立之前,西方现代法律制度与司法理念成为中国法学教育的主流与主导思想"的现实状况,中国

---

① 喻中:《乡土中国的司法图景》,中国法制出版社 2007 年版,第 232 页。

② [美]李侃如:《治理中国:从革命到改革》,胡国成、赵梅译,中国社会科学出版社 2010 年版,第 56 页。

共产党只有坚持以马克思主义法学理论为指导,才能保持苏维埃政权民主集中制的政权属性。边区司法传统不仅仅是在马克思主义法律观的指导下形成的,更重要的是在毛泽东思想整个理论体系的指导下发展的。毛泽东思想包含了中国化的马克思主义法学。毛泽东的法律思想具有社科法学的属性。边区司法传统集中体现了毛泽东思想中"实事求是"和"群众路线"的精神要求和价值取向。罗伯特·F.尤特指出:"毛泽东思想为革新解决纠纷的旧制度提供了世界观和议事日程。"①柯恩认为,中国共产党的调解传统将毛泽东思想中的"人民内部矛盾"的处理原则以及"批评与自我批评"的方式贯彻到了纠纷处理当中,起到了良好的效果。②

坚持实事求是,就是要一切从实际出发,注重调查研究。司法干部下基层搞调查研究,就是要通过"听真话、实话、普通群众的话"来了解社会实际、掌握案件实情。司法干部下基层听不到真话、实话、普通群众的话,并不是知情的群众不想说、不愿、不敢说,而是作风不深入、方法不对头。"马锡五审判方式"之所以受到广泛推崇和群众的欢迎,是因为一切从案件事实出发,一切为群众考虑。黄宗智认为,"马锡五审判方式"是毛泽东主义法律制度形式的简称。③

坚持"实事求是"的态度对司法工作进行反省式的自我检查,是边区司法的优良传统。边区司法工作是在以"实事求是"的态度进行"批评与自我批评"。纵观有关边区司法工作的总结报告或者心得体会,多以"批评与自我批评"见长。李维汉曾回忆道:"林伯渠说,过去政府对法院关心不够,每年讨论司法工作最多一次,法院成了一个独立的山头,做好做坏凭自己;这两年抓得紧,有方向,帮助很大,但缺少经常检查。他还说自觉性差的人容易产生自流现象。我说,经常检查少,这是事实,我是秘书长,有责任。我对司法工作缺乏研究,经验也不足,因职务关系,有时也过

---

① Justice Robert F.Utte, *Dispute Resolution in China*, Family Court Review, Vol.28, No.1, 1990, p.66.

② Jerome Alan Cohen, *Chinese Mediation on the Eve of Modernization*, California Law Review, Vol.54, No.3, 1966, pp.1201-1226.

③ Philip C.C.Huang, *Divorce Law Practices and the Origins, Myths, and Realities of Judicial "Mediation" in China*, Modern China, Vol.31, No.2, 2005, pp.151-203.

问,时断时续,有正确的,有糊涂的。"①边区高等法院经过检查和总结发现:"过去本院只忙于内务,流于事务主义,对县司法工作情况不熟悉,从来很少或者派人下去检查巡视,一月单凭一纸的报告,很形式的,不能发现问题。而下面的司法工作者都有'人皆有上级我独无'之感。就是说,县上其他各科都经常有上级派人来,下级有什么问题能得到讨论和解决,这样能提高他的工作信心,但裁判员哩? 心里感觉到的问题没处谈,和县长谈吗? 县长那样忙就是谈,县长还是叫咱看着办,工作的对不对自己也不清楚,这怎么能提高他的工作信心? 这是在领导一元化以前的情形。领导一元化后情形当然好些,但'政府不研究不讨论司法工作,而司法工作干部对本身工作采取马虎态度',还是常事。"②

　　正是基于实事求是的批评精神,边区司法工作才日趋完善。边区司法制度建设处于成长期,不可能有成熟的一套司法理论体系作为指导,只能将马克思主义法律思想与边区的司法实践相结合,运用毛泽东思想作为指导,从日常的司法工作中积累经验,逐步总结新中国的司法理论。

　　群众路线的理念和方法在司法工作中的贯彻,使得边区司法工作具有了新创造、新气象。马锡五认为:"陕甘宁边区政府时期,审判制度建设成就之一,就是树立了群众路线的审判方法和作风。这是人民司法机关区别于旧社会的法院的一个显著标志。"③习仲勋认为,贯彻司法工作的正确方向就是要"替老百姓服务",必须做到四点:一是"把屁股端端地坐在老百姓这一面";二是"不当'官'和'老爷'";三是"走出'衙门',深入乡村";四是"有出息"。④ 上述四点要求的核心就是群众路线。只有坚持群众观点,走群众路线,司法工作才会有出息、有成绩、有创造。习仲勋指出:"新的创造要在老百姓中找寻。"⑤传统是在历史实践中被创造或者发明的。"马锡五审判方式"就是在老百姓中找寻的新的创造,成为新中

---

　　① 西北五省区编纂领导小组、中央档案馆:《陕甘宁边区抗日民主根据地(回忆录卷)》,中共党史资料出版社 1990 年版,第 34 页。

　　② 《1942 至 1944 年两年半来工作报告》,陕西档案馆档案,全宗 15—193。

　　③ 马锡五:《新民主主义革命阶段中陕甘宁边区的人民司法工作》,《法学研究》1955 年第 1 期。

　　④ 《习仲勋文集》上卷,中共党史出版社 2013 年版,第 28—30 页。

　　⑤ 《习仲勋文集》上卷,中共党史出版社 2013 年版,第 30 页。

国司法传统中的典型代表。马锡五将边区的群众路线的审判方式总结为：就地审讯、巡回审判、公审、人民陪审、调解。①

群众的力量是无穷大的，群众的智慧是最高超的。群众是法律和政策的实施者和维护者，群众是司法工作的参谋和助手。任何高傲自大、孤军作战的脱离群众的司法方法，是极其危险的。"马锡五审判方式"产生的动力源泉就是能够密切联系群众实际，虚心听取群众意见，从群众的实际出发。

边区司法传统融合了"古代的、现代革命的和西方移植的三大传统"②。边区司法传统中颇具特色的因素，既具有中国传统司法的特征，又具有社会主义法的性质。③ 边区司法传统的形成，真可谓是"古今中外"文明以及伟大思想的集成。边区司法传统是中国古代优秀司法传统的历史延续，又是党的实事求是、群众路线的思想在司法实践中的创造性应用和升华，并且是中外优秀司法文明成果激烈碰撞与紧密融合。之所以称边区司法传统为新传统，是因为其融入了共产主义意识形态的精髓。"共产主义意识形态"与中华民族的法律传统相融合，促使了中国特色社会主义司法制度的端倪凸显。中国共产党的"民族独立、民权自由、民生幸福"的施政目标在司法领域的融入，为边区司法制度建设注入了生机和活力。边区司法传统是中国共产党施政理性与中国传统司法中普适理性的历史性融合，是一种"新司法传统"。

三、实践理性与经验的现代认同

后代人弘扬传统的前提是要认同传统。认同传统并非直接复制传统，而是在克服传统的历史局限的基础上保留其具有现代性的理性与经验，从而达到传统的持续认同。历史性建构的司法传统为司法的现代性发展"活水、清渠"。卡多佐指出："历史的作用是为逻辑清扫道路。司法

---

① 马锡五：《新民主主义革命阶段中陕甘宁边区的人民司法工作》，《法学研究》1955年第1期。

② ［美］黄宗智：《法律不能拒绝历史》，《法制资讯》2013年第10期。

③ Yu Fan, *A Brief Analysis of the Ma Xiwu Trial Mode*, Chinese Sociology and Anthropology, Vol.41, No.2, 2008, p.80.

的发展也会是逻辑的。"①司法传统中的理性与经验的持续认同,确保了司法传统传承惯性的持久趋势。

能够成为传统的经验是对后代有价值的,否则不会取得后代的认同。"一种缺乏传统支撑的价值系统本就难以在实践中获得良好认同,也难以彻底展现自身的对象化力量"②。司法传统中经验的好坏判断是一种理性的价值判断。但是,常常由于认识论上的价值冲突,产生了不同的认识结果。陕甘宁边区时期形成的"马锡五审判方式"作为一种经验传统,既受到了很大程度上的大力推崇,又受到了一定的"批判"。边区司法传统之所以能成为传统,是因为其中的经验成为行之有效的方法。"新中国成立后,新中国承继传统调解,并在马锡五审判方式实践的基础之上,通过一系列的立法活动,建立新中国自身的调解制度"③。有学者认为,"共产党在长期革命实践中,发展起来的民事诉讼及解决纠纷的制度和方法,未必不可以看作是一种'理性'的制度"④。但是我们需要关注的是,历任陕甘宁边区高等法院推事(法官)的王怀安先生在接受采访时,认为"马锡五审判方式"虽然在当年是可行的,但是违背程序正义,不宜推广,并且在当今不可取。⑤

能否客观地或者科学地认识一项司法传统的理性与经验,对全面理

---

① Benjamin Cardozo, *The Nature of Judicial Process*, USA: Feather Trail Press, 2009, p.20.

② 武建敏:《传统与现代性法治的纠结与整合——兼及法治思维的实践转向》,《浙江大学学报》(人文社会科学版)2015年第4期。

③ 张波:《论调解与法治的排斥与兼容》,《法学》2012年第12期。

④ 吴泽勇:《新民主主义革命根据地的民事诉讼制度》,《烟台大学学报》(哲学社会科学版)2002年第4期。

⑤ 王怀安认为:"根据地都处在农村,政权初建,司法与行政不分,也没有检察机关、律师制度,诉讼当事人的文化又很低,所以由边区陇东专区专员兼边区高等法院陇东分庭庭长马锡五同志创造了'马锡五审判方式'。其核心是:深入农村,调查研究;依靠群众,解决问题;就地解决,不拘形式。可以说,马锡五的审判成为当时条件下最好的为人民服务的、便民的审判方式。但这种类似'包公式'的审判方式现在看来并不可取,就在当时也并非每个个案都采取此方式。我就没有采用过马锡五的方式,只是在窑洞坐庭审案。司法、行政合一,控、审合一,又没辩护人的审判制度缺乏监督、制约的机制,运行的前提是法官必须都是清官。这种方式是人治,是不宜再作为一种制度来宣扬和推广的,它只是战争时期的临时措施。在当时这种方式之所以特别受群众欢迎,一是因为方便群众,确确实实地为人民解决问题,为人民服务;二是当年党风好,干部清廉,这样才能公正审判。那种方式在今天只有它的便民精神和清廉作风仍然可贵,但作为制度已不可取。"参见孙琦:《王怀安先生访谈录》,《环球法律评论》2003年第2期。

解司法传统的本质内涵,至关重要。"马锡五审判方式"的精髓体现在"实事求是的司法态度、依法办案的原则精神、群众路线的审案方式、彻底民主的审判作风"。1945 年 12 月 29 日,边区高等法院代院长王子宜强调,"提倡马锡五审判方式,是要求学习它的群众观点和联系群众的精神,这是一切司法人员都应该学得的,而不是要求机械地搬运它的就地审判的形式"。① 今天学习"马锡五审判方式",不是简单地模仿,是要学习它的基本精神,并且是要密切联系司法实践,进行创造性地学习。②

边区政府时期"所发明的马锡五审判方式以及由此推动的人民调解成为新中国法律制度中最为深远的主要传统之一,这一传统直至今天依然影响着中国的司法实践③。"马锡五审判方式"作为一种传统,它的诸多特征以新的形式体现在了当代中国的司法制度和社会生活之中④。司法传统中的理性与经验的历史转换与持续发力,是边区司法传统获得现代认同的内在逻辑。司法传统只有实现了历史转换,才能持续发力,否则就会产生认同危机。因为,"当代中国司法正在经历历史性转型,从制度化程度较低的马锡五审判方式迈向制度化程度较高的现代司法制度,由此带来社会对司法的认同从过去基于情理而生的身份认同转向以法律和程序为关键变量的制度认同"⑤。

边区司法中的判例对司法实践是一种指导作用。这种判例指导机制是一种上下级司法机关的互动机制。边区的指导性案例一部分为高等法院审判的案例,一部分为下级司法机关审判的案例。地方法院、各县司法处、各分庭将典型案例以月、季度、年度的报告形式寄送高等法院,高等法院通过筛选将具有代表性的判例纳入判例汇编或者作为指导性案例。边

① 《王子宜院长在边区推事、审判员联席会议上的总结报告》,陕西档案馆档案,全宗 15—70。
② 张希坡认为,"我们今天来学习马锡五审判方式,不是也不能只是简单地模仿他的某些具体做法,而是要学习其中所体现的基本精神",就是要"学习马锡五审判方式'为民、利民、便民'的基本精神",应该是"密切结合今天的审判实践,创造性地进行学习"。参见张希坡:《马锡五审判方式是人民司法工作的一面旗帜》,《人民法院报》2009 年 8 月 11 日第 5 版。
③ 强世功:《权力的组织网络与法律的治理化——马锡五审判方式与中国法律的新传统》,《北大法律评论》2000 年第 2 期。
④ Xiaoping Cong, "*Ma Xiwu's Way of Judging*" : Villages, the Masses and Legal Construction in Revolutionary China in the 1940s, China Journal, Vol.72, No.1, 2014, pp.29-54.
⑤ 吴英姿:《论司法认同:危机与重建》,《中国法学》2016 年第 3 期。

区的判例指导机制为近年来最高人民法院要求的建立和完善案例指导制度,有一定的历史借鉴意义。最高人民法院《二五改革纲要》(2005 年 10 月 26 日)强调,"建立和完善案例指导制度"。这足以说明边区的判例指导机制具有现代认同性。

传承传统,克服新与旧的隔离,建立新与旧的传承纽带或者联系。从器物上看,陕甘宁边区高等法院旧址、革命纪念馆中陈列的边区司法文件,以及出版的大量的学术作品和法律文献,均承载着边区司法传统。从制度上看,中国现行法律制度、司法文件等对边区司法传统的制度化,说明了边区司法传统的现实效力。从实践上看,边区司法方法在当代司法实践中的广泛应用,以及各类研究边区司法传统的学术组织以及学术活动,体现了边区司法传统的现实魅力。

本章将理性与经验归结为司法传统的基本维度,阐释了边区司法传统的认同机理。理性与经验是司法传统的有机构成。理性即精神或者理念,经验即技术或者方法。司法传统中的理性虽然不是黑格尔所讲的"绝对精神",但至少是人类所追求的"善良"与"公正"理念。司法传统中的经验不仅仅是一种明辨是非的技术,而且是一种弃恶扬善的方法。传统既是历史的,又是现代的。司法现代性无法排斥司法传统的存在,同时司法的现代性变迁中孕育着"新传统"的因子。司法传统的形成遵循了司法现代性发展和司法传统惯性力客观存在的规律。边区的司法传统随着历史的惯性存在于当今中国的司法制度之中。但是,传统的持续不是直接复制而是随着社会的变迁得到不断地修正。"相对固化"凝聚了传统的根或者魂,"不断修正"适应了社会变迁。"相对固化"与"不断修正"的统一使得传统得到后代的持续认同。

第 三 章

边区司法传统认同的实践理性进路

实践理性是一种"有他理性"。有他理性就是尊重他人以及尊重自然的理性。有他理性克服了自我理性的缺陷。司法的自我克制无法摆脱外在的各种关系。司法与内在的和外在的政治、经济、社会之间的实践关系,体现了司法的实践理性是一种有他理性。司法的政治属性、社会属性与法律属性决定了司法的实践理性至少蕴含政治理性、社会理性与法律理性[①]。本章以实践理性的研究进路[②],通过对司法与政治、社会和法律之间的历史实践关系的分析,将边区司法传统的实践理性解析为政治理性、社会理性与规范理性,探寻边区司法传统的认同路径。

第一节　边区司法的实践理性的框架性分析

马克思主义法学基本原理成为中国新民主主义政权的法制建设的指导思想。马锡五认为,陕甘宁边区的人民司法工作是"根据马克思列宁

[①]　需要特别说明的是,本书将法律理性纳入规范理性之中,此处的规范理性是狭义的,不包括道德理性。基于道德规范或者伦理规范属于社会规范的范畴,为了将道德规范或者伦理规范与法律规范予以区别,本书将道德理性纳入社会理性之中。

[②]　目前学术界已经有"以实践理性为研究进路"的司法哲学研究成果。本书借鉴高志刚关于"司法的实践理性的制度哲学进路"的研究思路和分析框架。参见高志刚:《司法实践理性论:一个制度哲学的进路》,上海人民出版社 2011 年版,第 69—70 页。

主义的法学原理,确立了革命的司法原则"①。马克思主义法学是以实践为特色的法学,实践理性是马克思主义法学应有之义。政治理性、社会理性、规范理性等成为边区司法传统理性中的主要构成因子。"理性的司法"应是形式理性、实质理性、实践理性的有机统一。边区司法传统保持了中国司法传统的实质理性、实践理性的特色,同时增强了形式理性。

从方法论层面来讲,马克思主义法学属于"法学之外的法学"或者"社科法学"。舒国滢认为,专业法学家的法学是法学内的法学,即法教义学;哲学家、伦理学家或者政治学家的法学是法学之外的法学。② "社科法学倡导运用社会科学的方法分析法律问题"。③ 马克思主义法学与中国实践相结合产生的中国化的马克思主义法学具有社科法学的特色。边区司法的正规化,反对"形式主义",但绝对不排斥形式理性。由于"法教义学创造的概念和陈述体系,使得人们可以汇集、检验并改进历代法学家的观点,这样有助于稳定和发展"。④ 在以社科法学为主导考察边区司法传统的合理性的同时,必须结合法教义学的考量因素,这样才有助于促进边区司法传统的稳定和发展。边区司法的正规化发展体现了社科法学与法教义学具有统一性。社科法学与法教义学的关系可用表 3-1 和表3-2 分析。

表 3-1　社科法学与法教义学的比较⑤

	社科法学	法教义学
标的物	事实上的行为、实践和制度	规范
视角	观察者视角	参与者视角
一般意义的方法	社会科学诸方法	文本诠释学
典型的方法	经验素材的分析进路	解释和体系化

---

① 马锡五:《新民主主义革命阶段中陕甘宁边区的人民司法工作》,《法学研究》1955 年第 1 期。

② 舒国滢:《从方法论看抽象法学理论的发展》,《浙江社会科学》2004 年第 5 期。

③ 侯猛:《社科法学的传统与挑战》,《法商研究》2014 年第 5 期。

④ [瑞典]亚历山大·佩策尼克:《论法律与理性》,陈曦译,中国政法大学出版社 2015 年版,第163 页。

⑤ 本表系宋旭光参照国外学者 Kaijus Ervasti 的研究成果而制作。参见宋旭光:《面对社科法学挑战的法教义学——西方经验与中国问题》,《环球法律评论》2015 年第 6 期。

续表

	社科法学	法教义学
进路	社会语境中的法律	作为自治体系的法律
法律的感知	形式的与非形式的法律	形式的法律
目标	说明并批判性地检验	创造法律体系中的融贯性

表3-2　社科法学与法教义学的比较：基于边区司法的视角①

方法论	司法的基本立场	司法的运作模式	司法的职业特色	学科视野
社科法学	革命理论与阶级观点	革命时期的政治型司法	法政治学的行政法官	相对开放
	地方性知识的认同	乡土中国的治理型司法	法社会学的乡土法官	
法教义学	正义价值的追寻	法治中国的法治型司法	法治国家的职业法官	相对封闭

表3-3　边区司法的实践理性分析框架

	类型	因子	交叉	指向	关系	考量	学术问题	聚焦	方法论
实践理性	政治理性	国家理性 政党理性 民主理性	价值理性与工具理性	政治化	前提	体制实践	司法与政治的关系	政治认同	社科法学
	社会理性	交往理性 商谈理性 道德理性		治理化	基础	功能实践	司法与社会的关系	社会认同	
	规范理性	实体理性 程序理性		正规化	目标	制度实践	司法与规范的关系	制度认同	法教义学

　　边区司法传统是以政治化为前提，以治理化为基础，以正规化为目标，就应从政治体制、社会治理、正规化发展三个方面提高政治认同、社会认同和制度认同。政治化、治理化与正规化之间虽然有交叉或者重叠关

---

① 本表系参考近年来的社科法学研究成果并结合边区司法的实践特色而制作。参见李晟：《实践视角下的社科法学：以法教义学为对照》，《法商研究》2014年第5期；侯猛：《社科法学的传统与挑战》，《法商研究》2014年第5期；侯猛：《社科法学的跨界格局与实证前景》，《法学》2013年第4期。

系,但是其研究角度的考量不同,其中政治化考量司法体制的实践理性,治理化考量司法功能的实践理性,正规化考量司法制度的实践理性。本书以政治理性、社会理性与规范理性作为边区司法的实践理性分析路径,其分析框架可以用表 3-3 说明,其内在关系体现为政治理性对应司法的政治化,聚焦司法的政治属性的政治认同;社会理性对应司法的治理化,聚焦司法的社会属性的社会认同;规范理性对应司法的正规化,聚焦司法的法律属性的制度认同。理想化的司法应该是政治理性、社会理性与规范理性的有机统一。

一、政治理性与司法的政治化

司法的政治理性的核心思想是司法与政治保持适当的距离。司法的政治理性貌似与司法的政治化格格不入,但是实际上司法的形成与发展是一个政治化的过程。司法的政治理性就是要在司法的政治化与专业化之间达到平衡。

法律科学和政治科学不能等同,但是有着密切的联系。政治科学的研究不能忽视政治结构。① 法律科学的研究同样不能脱离政治结构。司法权是国家权力结构的重要组成部分。司法产生以来,司法与政治就密切相关。司法与政治之间关系的各种辩论就喋喋不休。司法体制是司法机关与国家其他政治权力机关以及执政党的关系样态。司法体制属于国家政治体制结构的范畴。即就是在三权分立体制的国家里,司法体制仍然是政治体制中的不可或缺的组成部分。司法体制是与国家及其政治形态一起形成的。对司法的政治属性与政治功能的认识不能仅停留在政治表层,而应深入到司法体制的内层。从国家的角度省察法律与政治之间的关系,两者事实上密切相关。② 对于边区司法传统的认同,政治认同是前提。

司法天然地无法避开政治。对边区司法制度的研究不能抛开政治谈

---

① [美]戴维·伊斯顿:《政治结构分析》,王浦劬等译,北京大学出版社 2016 年版,第 22—26 页。

② [英]马丁·洛克林:《剑与天平——法律与政治关系的省察》,高秦伟译,北京大学出版社 2011 年版,第 123 页。

法律,也不能抛开法律谈政治。边区司法制度首先是政治问题,其次是法律问题,但最终还是要落到法治建设的视阈之中。当然,我们不能简单地认为这一过程是对政治的淡化。这一过程是随着阶级力量对比和对抗关系发生变化的。当阶级力量对比和对抗关系非常强烈时,政治的要求就非常鲜明。当阶级力量对比和对抗关系缓和,法律的要求就非常鲜明。法律和政治的这种关系要求司法的发展必须符合政治方向。

　　"政治化"是司法发展中的一个极其严肃的理论与现实问题。用政治化研究司法问题,很有可能被认为是一种意识形态的研究范式,或者在摆一副阶级论的政治面孔。既然马锡五本人对边区司法制度的认识"包含了较多的意识形态化的论述"[1],我们就更应从政治视阈研究边区司法制度。"法律只不过是穿着不同外衣的政治;它既不在一个历史真空中运作,也不独立于社会意识形态斗争中而存在"[2]。借鉴 20 世纪英美的法政治学派学者的"法律是政治学式的法律"[3]的理论范式,也可以说"司法是政治学式的司法"。学者对"马锡五审判方式本质上还是属于政治"[4]的认识,虽然带有一定程度的批判意味,但是深刻揭示了边区司法的政治本质。司法的中立地位既不能淡化政治立场,又不能中立政治立场。"司法对于政治的依附关系在任何国家都没有改变"[5]。

　　"历史都是政治的宏大叙事,政治是历史的主题"[6]。历史社会的变迁是政治的变革。"历史法学也因此并非单纯的研究纲领,亦为政治建构与立法的行动纲领"[7]。基于边区司法服务于中国革命战争和政治经济社会发展大局的历史使命,我们只有拉开边区的社会历史大幕,才能"揭示出存在于法律推理和司法话语的平静表面背后的社会、经济和政

---

　　[1]　喻中:《吴经熊与马锡五:现代中国两种法律传统的象征》,《法商研究》2007 年第 1 期。

　　[2]　Allan C. Hutchinson, Patrick J. Monahan, *Law, Politics, and the Critical Legal Scholars: The Unfolding Drama of American Legal Thought*, Stanford Law Review, Vol.36, No.1/2, 1984, pp.199-245.

　　[3]　刘星:《法律是什么:二十世纪英美法理学批判阅读》,法律出版社 2009 年版,第 224 页。

　　[4]　高志刚:《司法实践理性论:一个制度哲学的进路》,上海人民出版社 2011 年版,第 114 页。

　　[5]　邹川宁:《司法理念是具体的》,人民法院出版社 2012 年版,第 126 页。

　　[6]　谢鸿飞:《法律与历史:体系化法史学与法律历史社会学》,北京大学出版社 2012 年版,第 208 页。

　　[7]　谢鸿飞:《历史法学的思想内核及其中国复兴》,《中国法律评论》2015 年第 2 期。

治斗争的回声"①,从而凸显边区司法传统的直观历史面目。在中国共产党完成建党、建国的伟大历史任务的进程中,司法是随着政治和政治权力的发展而发展,并且不可避免的被赋予政治的目的和功能。无政治化参与或者缺乏政治化推动,司法的自我演进或者自我完善是极度缓慢的。从古至今,缺乏政治目标或者政治任务的国家司法是不存在的。司法权力运行的政治化主要是方式和目的政治化。

在社科法学的视阈下,革命时期的司法运作模式是一种政治型司法。司法的立场是基于革命理论的阶级观点。法官的知识主要来自革命纲领和政治主张。司法工作成为革命政权工作的重要组成部分。法官的职业特色表现为具有法政治学的行政干部。

二、社会理性与司法的治理化

法律具有调整和规制两大基本功能。从功能主义角度解释司法,司法的工具理性就会增强。而将司法的功能放置于社会治理的任务之中,司法的工具理性就会转向价值理性,司法的秩序价值就会凸显。司法的治理化促使了司法回归社会理性。司法不仅要被动地适应社会,而且应主动地改造社会,即要实现司法与社会的良性互动。"司法权始终坚持满足社会需要并为此在改革发展中寻求其适应性"②。司法在社会中成长,同时促进社会进步。如果司法的功能从解决具体纠纷实现个案公正转向解决社会问题实现社会公正,治理化的司法就应运而生了。治理化的司法使得司法的角色从社会纠纷的裁判者变为了社会纠纷的治理者。强世功认为,"马锡五审判方式"以及调解,成为"共产党治理社会的工具,从而导致了法律的治理化,创设了中国法律的新传统"③。边区司法传统的形成与发展,不仅存在于夺取革命政权的政治革命之中,而且存在于改造旧社会的社会革命之中。刘全娥认为,边区司法"在通过其特有

---

① Alan Hunt, *Explorations in Law and Society*, New York: Routledge, 1993, p.121.

② 沈德咏、曹士兵、施新州:《国家治理视野下的中国司法权构建》,《中国社会科学》2015年第3期。

③ 强世功:《权力的组织网络与法律的治理化——马锡五审判方式与中国法律的新传统》,《北大法律评论》2000年第2期。

方式打击敌对力量的同时,也承担着重构新社会秩序的功能,并从公法领域延伸到私法领域,在履行传统司法职能的过程中宣传新的观念、制度以至于新的生活方式,以营造新的社会基础,使单纯以审判为职责的司法成为治理化的司法"①。基层乡村司法的治理任务主要有三个方面,一是"国家权力向乡村社会渗透";二是"重塑国家权威基础";三是"驯服乡村微观权力"。②

　　边区调解型司法体现了交往理性、商谈理性。调解型司法注重民主协商与秩序整合,判决型司法注重是非判断与责任追究。调解型司法的社会参与性高,调解型司法的社会治理效果要强于判决型司法。范愉认为:"调解在中国绝不仅仅是一种纠纷解决的技术和方式,而是社会治理的一种制度性或体制性存在。"③调解传统的形成反映了一定历史时期的社会心理活动和社会结构关系。调解传统的运用反映了一定历史时期的人们的生活处事方式和人际关系。调解型司法能够充分揭示治理社会的目标、价值、策略和方式,调解型司法成为一种良好的社会治理模式。边区的调解型司法不仅仅是破解"案多人少""法律缺乏"的历史困境的技术性策略,更重要的是社会治理的重要方式。边区的调解型司法参与社会治理以相互融合的国家法律规范与民间社会规范为社会治理依据,以广泛参与的社会各方为社会治理主体,形成的多元规范的协调共治与多元主体的互动合作的治理模式。调解型司法所构建的协商性司法模式大大消解了传统中国压制性司法的弊端。如果司法过程只是将命令性的法律强制地贯彻到程序与结果当中,司法的压制性特征就格外明显。调解型司法搭建的对话平台,增强了司法的民主性和认同性。民主最大的特征是自主、自愿。调解的自愿原则削减了当事人对国家法律的对抗情绪,增强了当事人对司法结果的社会认同性。调解型司法采用反复说服和劝导的方式,貌似增加了司法的时间成本,但是这种潜移默化具有治本

---

　　①　刘全娥:《陕甘宁边区司法改革与"政法传统"的形成》,人民出版社 2016 年版,第 228 页。

　　②　郑智航:《乡村司法与国家治理——以乡村微观权力的整合为线索》,《法学研究》2016 年第 1 期。

　　③　范愉:《调解的重构(上)——以法院调解的改革为重点》,《法制与社会发展》2004 年第 2 期。

效果。

在社科法学的视阈下,乡土化的农村革命根据地司法的运作模式表现为治理型司法。司法从实际出发,尊重地方的社会知识和习惯。司法工作者成为具有乡土知识的法社会学法官。

三、规范理性与司法的正规化

司法正义的实现是一个不断规范化的过程。遵循规则是司法理性的表现。正规化的司法程序是确保司法公正的基本条件。司法的正规化是法教义学的题中之义。"法的教义理论的呈现,是以规范(norms)为基础的"①。法教义学主张"从法条中来,到法条中去"②。虽然"法教义学常被批判者看作是形式主义或教条主义,它试图将法律秩序塑造成一个严密、封闭的体系,故无法将社会的最新变化纳入考量,无法适应不断变迁之社会的现实要求"③,但是法教义学仍然体现法律的规范性特征基本要求。在法制不健全、司法人员缺乏、司法方式粗放的历史环境里谈正规化,似乎是一个令人难以置信甚或天方夜谭的话题。黄宗智认为,在中国学术研究中存在"规范认知危机",这种规范认知危机主要是在理论认识上的分歧和冲突。正如老一辈法制史学者认为传统中国根本不存在自由主义的规范主义法制,中国司法体制中没有司法独立和人权保障;新一辈法制史学者认为中国传统法制中存在规范性与合理性的因素。④

边区司法的正规化发展体现了程序正义的规范理性。程序正义是司法理性的集中体现,是司法的内在规律要求。社会主义国家不反对程序正义,但社会主义国家必须建立符合自己的政权原则和法律属性的司法制度。由于程序正义理论首先是由西方学者们对资本主义国家长期的司法实践总结而成,其背后有历史背景和具体国情。社会主义国家在对程序正义理论借鉴时,必须采取选择性的方式。中国共产党在司法制度建

---

① 刘涛:《法教义学危机?——系统理论的解读》,《法学家》2016年第5期。

② 雷磊:《法教义学的基本立场》,《中外法学》2015年第1期。

③ 宋旭光:《面对社科法学挑战的法教义学——西方经验与中国问题》,《环球法律评论》2015年第6期。

④ Philip C.C.Huang, *The Paradigmatic Crisis in Chinese Studies:Paradoxes in Social and Economic History*, Modern China, Vol.17, No.3, 1991, pp.299−341.

设中对西方的司法文明成果的选择性借鉴,这既是对社会主义国家政权原则的坚持,又是对司法规律的遵循。国外学者已经意识到法律移植中存在不适应的问题,如传统中国的调解传播到全球范围内,由于"不同国家的法律——政治结构和对待冲突及冲突处理的文化态度仍存在显著的差异"①,因而要构建一种超越司法体制的全球性调解制度,只能是一种理想化的目标。所以,调解制度很难超越司法体制作为一种纯粹的纠纷解决技术而超然存在。

司法的正规化不仅仅是一种理念,更重要的是要落实到具体法律制度之中,使其规范化、常态化。司法的正规化要求必须正确处理政策与法律的关系。从战争年代转向建设时期,"要从依靠政策办事,逐步过渡到不仅靠政策,还要建立、健全法制,依法办事"②。依法审判是司法正规化的核心原则。要做到依法审判必须具备充分的法律。中国特色的司法正规化道路是从司法经验中探索和总结出来的。革命根据地时期的立法和司法为新中国法制建设积累了经验,但要结合新情况、新问题转换为新时期的法律制度。根据司法的一般规律,应该是先有立法后有司法,但是立法不可能一开始就完善至美。依法审判只能在现有的法律框架内相对地实现。所以,司法的正规化是一个不断完善立法与司法的过程,并且要充分发挥司法推动立法的作用。

在法教义学的视域下,司法的运作模式是一种法治型司法。司法追求普遍化的正义价值。法院成为法治国家的见证。法官成为司法正义的化身。司法工作者具有专业的司法知识,成为法治国家的职业化法官。

四、政治理性、社会理性与规范理性的关系

司法具有公共性,司法的实践理性属于公共理性。公共理性的建构应该是多层次、多领域的,应不限于罗尔斯所讲的"作为一种政治建构论的公共理性"③。公共理性是通过社会的、政治的、法律的、道德的不同角

---

① ［澳］娜嘉·亚历山大主编:《全球调解趋势》,王福华等译,中国法制出版社 2011 年版,第3 页。
② 彭真:《论新中国的政法工作》,中央文献出版社 1992 年版,第 362 页。
③ 钟英法:《罗尔斯公共理性思想研究》,巴蜀书社 2012 年版,第 73 页。

度和方式建构而成,是社会理性、政治理性、法律理性、道德理性的集合体。基于公共理性的"整体性观念"的建构状态,社会理性、政治理性、法律理性、道德理性是一种具有层级的相互交织、相互渗透的关系,其层次关系可以用表3-4说明。

表3-4　司法的实践理性的层级关系

理性的层级	类型
司法的初级理性	社会理性
司法的中级理性	国家理性
司法的高级理性	政治理性、道德理性
司法的最高级理性	民主理性、法律理性(规范理性)

司法的社会理性生成与国家理性建构使得司法具有了社会性与国家性的双重属性。作为上层建筑领域的司法必然与国家的主流意识形态相互作用。司法作为正义的事业,不仅是法律的实践形态,而且担负或者承载了社会的、国家的、政治的、道德的各种职能。"维持和平"的社会理性是司法的初级理性。自国家担负了"维持和平"的义务之后,国家理性成为司法的中级理性。作为物种的人类求得生存是第一理性,人类获得了"尊重"和"协作"的道德力量。这种源自社会理性的道德理性予以生成。道德理性从社会转入家庭和国家。国家维持和平、确保人类生存,消灭战争、公平分配资源,这些职能的发展与膨胀使得国家具有了政治理性、道德理性。政治理性、道德理性,成为司法的高级理性。国家的力量是人类共同体力量的聚合,忽视"个体人"和"群体人"均是非理性的,因而民主理性成为国家力量的象征。为了维持持久的和平与确保公平的生存资源,必须有维持和平和公平的法律规则,因而法律理性成为修正政治理性、道德理性的具有普遍认同的强制力量。这样,民主理性、法律理性成为司法的最高级理性。

不同层级的司法理性的发展演变为司法传统之后,再次成为司法传统中的理性因素,这一过程是不断精选和提炼的过程,也是一个理性化的过程。司法传统中的理性是社会理性、社会的道德理性、家庭的道德理性、国家的政治理性、国家的民主理性、国家的法律理性等因素的集合与逻辑互动。而社会化、家庭化、国家化、政治化、道德化、民主化、法律化等理性化的过程，是司法传统定型并制度化的过程。当然这也是司法传统"哲学化"的过程，即传统的保留与现代的生成并形成"新传统"的过程。

　　司法的政治理性、社会理性、规范理性是工具理性与价值理性的统一。司法的国家化使得司法天然的具有工具性。来自经验的理性，在实践中将会转换为人们行为的"无形工具"。列宁指出："首先不用怀疑；不管理性是多么大公无私，它仍具有功利主义的职能。……理性的全部价值只在于它的功用，而是因为我们的理性在学会认识事物时，就给我们工具去影响事物"[1]，而这种"无形工具"的好坏决定行为结果的优劣。可以说，工具成就目的。正如列宁所讲的，"到今天为止，是什么东西摧毁了传统和教条呢？是科学，但如果认为工具优于产品的话，则是理性"[2]。国家不能放弃或者丧失司法的工具理性。作为法律所代表的"公众惩罚是用国家理性去消除罪行，因此，它是国家的权利"[3]。当然，司法的工具理性表现为国家对多数人的保护，国家对少数人的惩罚，并且这种惩罚是代表公众意愿的惩罚。

　　司法具有工具性，但司法必须具有工具理性，否则司法将成为治民的工具。司法的工具理性表现为司法作为方法或者手段时，应注意适度和平衡。司法的价值要靠工具理性来维护和实现。司法的价值衡量使得司法更具有理性。司法的政治化建构，并非让司法成为政治的工具，而是要实现司法的价值。司法不能沦为治民的工具，而应具有治权的工具理性和为民的价值理性。

　　边区的调解型司法既体现了中国传统司法的和谐价值，又体现了人民司法的民主价值。边区的调解型司法是人民参与政权运行的民主方式。法院主持下的司法调解以及法院指导下的民间调解很大程度上改变了国家权力的运行模式。"如果遵循功能主义的思路，那么在言及实践活动时，可能更侧重于看该活动（社会运作）能实现哪些社会功能，也就

---

① 《列宁全集》第55卷，人民出版社2017年版，第469—470页。
② 《列宁全集》第55卷，人民出版社2017年版，第501页。
③ 《马克思恩格斯全集》第1卷，人民出版社1995年版，第277页。

是为何此种实践活动在社会中具有不可替代的地位"①。边区的调解制度不仅仅发挥了治理社会关系的功能,更重要的起到了治权的功能。当然,这种治权是国家权力在社会层面的治理,更能起到巩固权力的社会基础的作用。

程序正义是司法的正规化的必然要求。"程序正义是司法工具理性与实质理性的结合"②。边区反对旧正规化的形式主义的"坐堂问案",但是剔除了形式主义弊端的正规化的"坐堂问案"仍然是现代司法的主流。毕竟"田间地头"式的巡回办案方式不是常态化的办案方式,只能根据案件实际情况需要采用。并且,巡回办案方式也必须符合程序规范的要求。简易程序也是有相应的法律程序要求。否则,不符合法律原则性规定的巡回办案方式,也是违法的,应予以取缔。如果能够在实现韦伯的形式主义法律的普遍原则与中国因地制宜的实质正义的平衡,③那就是一种较为理想的司法正义形态。

综上所述,司法的政治理性、社会理性与规范理性并不矛盾,相互促进,从而达到实质上的正确性和形式上的规范性的统一。司法的政治理性、社会理性能够克服司法的形式主义倾向,使得司法能够符合国情与社会实际。司法的规范理性能够制约司法的政治偏向,使得司法保持中立地位。司法的规范理性能够纠正司法的社会偏见,使得司法更具有普遍正义特性。

第二节　边区司法的实践理性进路的价值取向

实践具有历史性。司法的实践过程记载了司法的历史形成过程。司法的实践理性是评价司法活动历史合理性的有力根据。"司法传统的革新不是跨越时空的想当然的臆造,而只能是立足于社会实际、立足于自己

---

① 纪海龙:《法教义学:力量与弱点》,《交大法学》2015 年第 2 期。

② 沈德咏、曹士兵、施新州:《国家治理视野下的中国司法权构建》,《中国社会科学》2015 年第 3 期。

③ Philip C.C.Huang, *Civil Adjudication in China*，*Past and Present*, Modern China, Vol.32, No.2, 2006,pp.135-180.

的传统和人类的文明成果,在富有生命力的司法实践中探索和建构"①。从历史的实践出发,提升边区司法的实践理性,持续认同边区司法传统中的经验,有助于维护边区司法的传统惯性力。

一、警惕司法的"历史虚无主义"的危害

根据伯尔曼的观点,历史是法律的基础,只有援引历史,才能对法律有一种适当的认识。② 韩大元认为:"我们需要追溯历史,从历史的事实中寻找其正当性的基础,赋予现实制度以历史的元素,力求在历史与现实的互动中寻找具有解释力的分析路径,克服法学研究中存在的历史虚无主义。"③对待边区的司法传统一定要有辩证唯物主义和历史唯物主义的马克思主义史学观,警惕司法的"历史虚无主义"的危害,维护边区司法传统的历史地位。

隔断历史就是历史虚无主义。割断了中华法系的发展历史,就会忘记了中华民族的优秀司法文化。割断了中国旧民主主义革命的历史,就会忘记了西方三权分立体制不符合中国国情的历史教训。割断了新民主主义革命的历史,就会忘记了中国共产党领导全国各族人民选择社会主义道路的历史根源。没有边区的司法传统,就没有中国特色社会主义司法制度。要防止和警惕司法的"历史虚无主义"的危害,必须从历史渊源和理论渊源搞清边区司法传统的来龙去脉和精神实质。

我们必须清醒地认识到边区司法传统是在建立新国家和新政权的历史进程中孕育和发展而成。新中国的政权是通过新民主主义革命取得的。新中国的司法制度是在新民主主义革命的历史进程中逐渐演进而成。中国共产党在新民主主义革命中探索了一条适合中国发展的社会主义道路。边区司法制度的形成和发展必须坚持社会主义道路。中华苏维埃政权的司法制度是边区司法制度的历史渊源和逻辑起点。

江西瑞金的中华苏维埃共和国的建立,是中国共产党建立新中国的逻辑起点。苏维埃政权时期建立了中华苏维埃共和国,苏维埃政权的司

---

① 潘怀平:《乡土法官司法传统的传承与发展》,《中共中央党校学报》2012 年第 6 期。

② Harold J.Berma,*The Historical Foundation of Law*,Emoly Law Journal,Vol.54,2005,pp.13-24.

③ 韩大元:《论 1954 年宪法上的审判独立原则》,《中国法学》2016 年第 5 期。

法制度是国家性,并且是社会主义性质的。苏维埃政权的司法是以民主集中制原则为政权体制特征的。

抗日民族统一战线时期国共合作,边区政权成为地方政权,边区高等法院受国民政府最高法院管辖,边区司法依然是以国家司法的形式进行建构。但是,我们必须切记新民主主义革命中的国共两党"两种政权"存在的历史必要,同时必须看到"优势政权"必将赢得全国各族人民的拥护而最终获得执政地位。列宁曾经论述了革命中"两个政权"①存在的现实性。俄国十月革命的胜利告诉全世界人民,民主集中制的社会主义政权的优越性和先进性。列宁创建苏维埃社会主义共和国的历史过程,充分体现了建立新国家的过程中新旧政权更迭的历史规律。边区政权建设的思维和目标是全国性的。毛泽东关于红色政权为什么能在中国大地存在和发展的伟大历史实践,充分证明了共产党局部执政的合法性以及全局执政的现实性。共产党领导全中国人民建立人民民主专政的社会主义国家,是历史的必然趋势。边区保持了民主集中制的政权本质,是对中华苏维埃政权的历史延续。边区司法必须符合民主集中制的政权要求。

人类历史记录了人的活动过程。司法传统同样记载了人类的司法活动史。司法传统是由特定历史时期的司法人员和其他社会主体参与司法活动中共同创造而成。人在司法传统的形成中起到了决定性作用。历史唯物主义者认识到了人在人类历史中的主体能动作用。郑晓云认为:"个人,尤其是杰出人物对于文化认同的形成及发展有着不同程度的影响,不少人对人类文化作出了巨大的贡献,这都已是历史证明了的事实。"②认识司法传统不能只看到法律规则或者司法制度,一定要看到司法人物以及其他社会主体在司法传统中的决定作用。司法传统中的司法理念或者精神,集中反映了人对司法的理性认知。哪种去人物化的制度性研究是历史虚无主义的表现。即就是自然法也不能忽视人在法律活动

---

① 列宁指出,"我国革命中一个非常显著的特点,就是革命造成了两个政权并存的局面","两个政权并存是怎么回事呢? 就是除临时政府即资产阶级政府外,还形成了另一个尽管还很软弱、还处于萌芽状态、但毕竟确实存在而且在日益成长的政府,即工兵代表苏维埃。"参见列宁:《两个政权》,载《列宁全集》第 29 卷,人民出版社 1985 年版,第 131 页。

② 郑晓云:《文化认同论》,中国社会科学出版社 2008 年版,第 128 页。

中的思维和方式,否则不能抽象出法的一般原理。可以说,没有马锡五等老一辈司法人物创造性司法,没有边区群众的共同参与,就不可能有"马锡五审判方式"。所以,研究司法传统必须要关注司法人物和群众的历史作用。

传统是在一定的历史时空内形成的理性与经验。传统具有一定时间性与空间性。要成为传统必须具备时空的连续性,这样才能代代相传。边区司法传统形成于中国司法制度史上的重要历史阶段。在时间上,边区承接了苏维埃政权的优秀司法传统,边区的司法传统延续到新中国的司法制度之中,这就是边区司法传统承上启下的历史作用表现。在空间上,边区司法传统伴随着共产党局部执政走向全局执政的历史跨越,边区司法传统从红色政权区域逐步推广到整个新中国。边区属于地方政权和地方政府,边区司法传统研究属于区域史研究范畴。"在方法论的意义上,区域史与社会史合流,共同统一于整体史的视野中"①。边区政权发展有着强有力的历史趋势。从地方空间出发,"超越区域"构建全局性的国家司法制度,这是边区区域史研究的政治发展逻辑要求,从而地方社会与国家权力的关系愈加紧密。边区司法传统的研究目的是要揭示整个中国司法制度的发展轨迹。

二、防止司法的"法律虚无主义"的倾向

边区的法律制度不健全、司法人员的法律素养不高,容易滋生"法律虚无主义"的因素。防止司法的"法律虚无主义"的倾向,就是为了强化司法中规则意识和程序意识,树立依法审判的法律思维和法律方法。

法治成为治国理政和社会治理的理性选择和有效方式。法律虚无主义的典型表现有:有法不依;抛弃法律制度;言大于法、以权压法。法律虚无主义者会践踏法律,会走向人治的一面或者专制的一面。党领导司法只能是政治上、组织上、思想上的领导,不能干涉司法。边区政府领导司法只能是行政上的领导,不能是业务上的领导。边区司法逐步从政府的

---

① 孙杰、孙竞昊:《作为方法论的区域史研究》,《浙江大学学报》(人文社会科学版)2015年第6期。

业务领导中脱离出来,一定程度上防止了行政干预司法的倾向。

司法是适用法律的活动。司法中存在"法律虚无主义",就会丧失依法司法的基本准则。法律优先适用。新民主主义法律与党的政策在精神上是一致。只有立法出现空白时,才能适用党的政策。不能以党的政策取代法律,不能以党的决议干预甚或代替司法裁判,否则会走向司法的法律虚无主义一面。

"法律虚无主义"是主观状态,而不是客观状态。法律的不完备或者缺失,司法中法律的参数不高,当然不能扣上"法律虚无主义"的帽子。革命的过程中,无产阶级为权利而斗争,虽然批判了阶级社会法律的专制性,但是并没有否定法律的重要地位。由于建立新政权的过程中,不可能制定成熟和完备的法律制度,党的方针路线政策就充当了法律的形式,但这不是历史的主流,党的主张和意志必须经过立法的方式变为普遍的规则,这才是历史发展的主流趋势。中国共产党在建党、立国的过程中是非常重视法制建设的。边区时期人民群众认为,国民政府"有法无天",边区政府"有天无法"。这种认识也说明了,人民群众厌弃代表地主利益的封建法律和代表资本家利益的资产阶级法律,人民群众期待代表人民利益的新民主主义法律。

在历史转换期,共产党在苏维埃政权法律制度的基础上,建立了边区的司法制度。在统一战线政策指导下,边区的政权建设与国民政府的法律制度进行了形式上的衔接,但是国民政府的"六法全书"在边区只能是选择性适用。边区参议会以及边区政府制定了单行法律,体现了边区法制建设的自主性。共产党对"六法全书"的部分援用、全面停用和最终废止,这是不同历史时期政权建设的需要,并非对法律的抛弃,不应为"法律虚无主义"的表现。

新中国的司法制度必须具有社会主义法律的意识形态。新中国成立前夕中国共产党对"六法全书"的废除是符合马克思主义建国理论,这是建立新中国司法制度的必然历史过程。虽然"新中国之后流行的法律虚无主义"与"六法全书"的废除有一定的关系,①但是绝不能否定

---

① 何勤华:《新中国法学发展规律考》,《中国法学》2013 年第 3 期。

废除"六法全书"的历史必要性。在新中国成立后的社会主义改造过程中,对司法队伍人员的"思想改造"的目的就是要树立社会主义法律意识形态。当然,这一过程中也出现了极左的倾向,使得一些原本可以通过思想改造就能转变为社会主义的法律人才,而被冒然清理出司法队伍。但是,我们不能否定新中国成立后净化司法队伍思想认识的清理运动。

由于边区的法律制度缺乏,边区司法判决中的情理和法理论证较多、法律条文适用很少。情理和法理的充分运用虽然增强了司法裁判的说服力,但是很大程度上拓宽了裁判的自由空间,导致司法结果的不确定性增强。法律条文背后存在情理和法理。裁判活动主要是司法人员将自己对情理和法理的认知与法律条文中隐含的情理与法理进行对接。裁判的论理就是要将具体案件的事实运用普遍的情理和法理论证,得出定性的判断。法律条文的适用就是要将经过论理定性的案件事实与法律条文对接,得出定量的结果。依法审判就是要求依法理、依法条进行审判,作出定性和定量的裁判。

边区对调解进行专门立法和制定司法政策,目的就是要规范调解。在处理习惯与法律的关系上,边区经历了从优先适用习惯转向优先适用法律的过程。法律的优先适用一方面有利于破除封建陋习,另一方面树立了法制的权威。边区要求政府依法调解的目的是克服无原则、随意性的调解。在处理调解与判决的关系上,边区经历了从以调解为主转向调解与判决并重的过程。将调解和判决作为审判的两个方面,减少了调解的"运动式"利用率,增强了法制的权威性。边区调解制度的完善很大程度上防止了"法律虚无主义"的倾向。

中国的传统司法重实体、轻程序。轻程序,不规范司法,仍然会造成法律虚无主义。边区制定了人权财权保障条例,对司法中的人权保障进行了具体规定。边区批评和纠正司法中侵犯人权、剥夺当事人诉讼权利,就是为了确保规范司法,使司法走向正规化。边区人民法庭的建立是为了增强土地改革的规范性,防止极左的"过火"行为发生。司法的方式取代武力的斗争方式,彰显了理性的法律武器的权威性。

三、协调司法的立场、原则和方法之间的关系

没有超越国家或者超越资本主义和社会主义的司法制度。去政治化乃至去意识形态化的方法研究一个国家的司法制度,可以断定没有很好的研究结果。虽然司法的中立地位以及依法审判的原则得到了世界性的共识,并作为司法规律的基本要求。但是在一个国家内部如何实现司法的中立地位以及依法审判原则,这与一个国家的政治体制或者国情密不可分。司法在国家权力中的地位是以政治面目呈现的,司法的政治立场是由司法的政治属性决定的。从技术层面来讲,要求司法必须处于中立地位。但是司法机关不是中立的社会第三方,而是国家机关。司法权是国家权力而不是社会权力,司法权具有国家目的。只有将政治进路与技术进路相结合,才能实现司法的实质理性与形式理性的统一。

司法的中立性是司法的基本特征和要求。但是司法的中立地位无法超越法律意识形态范畴和要求。党的领导与司法为民理念是确保社会主义司法坚持正确方向的根本保证。边区曾经出现的以西方的司法独立理念抵触民主集中制的"政府领导司法"体制的思潮,不仅仅是司法闹独立性的问题,而且是不讲政治的表现。边区司法的初始政治化与运行政治化是革命司法的必经过程,它和司法的中立性并不矛盾。因为司法的政治化与司法的中立性是两个层面的问题,一个是司法体制方面的问题,另一个是司法技术方面的问题。司法技术不但要服从于司法规则,更应该服从于司法体制。

边区司法服务于国家独立、民族解放和民主自由,是司法的政治立场的内在要求。对于边区司法传统的认识一定要有政治立场。不论是战争中的司法还是和平时期的司法,司法均有自身的政治目的。执政党将"为人民服务"的根本宗旨融入司法领域,主张司法为民。坚持群众立场就是政治立场的体现。不论是处理敌我矛盾还是人民内部矛盾,都必须坚持群众立场。群众立场和司法的中立地位并不矛盾。站在群众的立场上均衡诉讼利益,并非利益偏见或者立场偏见,这是实现权利平等的公平立场。群众观点是立场问题,群众路线是方法问题。从实际出发,一方面要从社会实际出发,另一方面要从群众实际出发。方便群众是人民司法

的群众观点的反应。司法的便民机制是从司法的方法方面设计和运行的。

司法的中立性要求司法是被动的。司法的被动性原则是司法的中立性特征项下的一个基本原则。主张司法的能动性或者提出"能动司法"，这些观点及其做法时常受到质疑甚或批判。"马锡五审判方式"应该是能动性司法的类型。司法人员下乡办案，主动调查案情，这是能动司法的表现。能动司法是一种司法方法，而不是司法原则。"坐堂问案"和"田间、地头办案"是不同的审理方式，可以说是不同的司法方法。不是所有的案件都必须"坐堂问案"，也不是所有的案件均要到田间、地头去审理。因案制宜或者因地制宜，这就是灵活的司法方法的问题。

四、破解边区司法传统的"认同危机"问题

司法的"历史虚无主义"的危害在于危及政权建设的合法性和正当性。边区司法传统的认同危机严重危及中国特色社会主义司法制度来源的合法性和正当性，其最终危害不言而喻。司法传统的政治认同关乎司法体制乃至政治体制的基本原则和发展方向。司法传统的社会认同关乎司法公信力乃至政权的巩固基础。司法传统的制度认同关乎司法权威的树立乃至司法规律的遵循。从法治的角度来讲，政治认同与社会认同最终指向制度认同，那就是中国特色社会主义司法制度的认同，最终指向中国特色社会主义制度的认同。

以实践理性为进路研究边区司法传统的认同问题，成为破解司法传统认同危机的重要突破口。实践理性不是绝对理性，而是相对理性。司法传统的实践理性反映了传统只有在不断地反思、批判和塑造中才能得以成熟与持续。

没有完美无缺的法律制度，更没有完美无缺的司法制度。"任何制度与法律的正当性都是历史的和具体的，不存在永恒的、普适的正当性"。[①] 在特定历史条件下形成的司法传统有其历史要求。对待边区司法传统，既要看到其中具有现实价值的优秀成分，又要看到其中不符合时

---

① 谢鸿飞:《历史法学的思想内核及其中国复兴》,《中国法律评论》2015 年第 2 期。

代发展要求的局限性因素。"马锡五审判方式"不可能也"不能支撑现代司法的全部天空"①。基于有限理性理论,不能以司法的现代化发展的图景来片面地否定边区司法中的历史局限性。"人类的实践理性与理性实践无论如何发展,都不会达到绝对理性的高度。人类对有关事的把握、预测及其在特定条件下对行为的优化选择,无论吸纳多少理性,都有可能出现偏差。"②

因此,要有一种回头望和向前看的历史观,以开放和包容的态度对待历史传统、公正地评价历史传统。去伪存真,去糟粕,取精华,是辩证唯物主义和历史唯物主义的科学态度和方法。继承和弘扬边区司法传统就是认同边区司法的历史合理性,探寻司法发展的历史规律,发掘人类司法的普遍真理。

本章以实践理性为进路,总体设计了本书的主要研究框架。边区司法的实践理性的分析框架为政治理性对应司法的政治化,社会理性对应司法的治理化,规范理性对应司法的正规化。以边区司法的政治化、治理化与正规化的逻辑次序,分析边区司法的实践理性,旨在从方法论上实现社科法学与法教义学的统一。以实践理性为进路有助于警惕司法的历史虚无主义的危害,有助于防止司法的法律虚无主义的倾向,有助于协调司法的立场、原则和方法的关系。

---

① 曾益康:《从政治与司法双重视角看"马锡五审判方式"》,《西南政法大学学报》2009 年第 4 期。

② 许传玺:《从实践理性到理性实践:比较、比较法与法治实践》,《浙江大学学报》(人文社会科学版)2014 年第 5 期。

第 四 章

边区司法的政治化的实践理性认同

中国共产党围绕"抗日救国"与"建设新中国"的主题，以统一战线领导者的地位从国家大局考虑边区政权建设，坚持法制的统一性与审判权的独立性，开展司法制度建设。边区的司法体制的建构是紧紧围绕"统一战线政策"和"民主集中制政权原则"这两条政治路线展开的。边区司法极具"政治话语"特征。以政治化的视阈分析边区的司法体制，这是革命司法体制的内在要求。边区司法制度要为政治目的和政治任务服务，以满足革命利益、革命工作、革命人民的多层次需求。边区司法政治功能的凸显，成为边区司法传统的基本特色。

第一节　边区司法的政治化的话语内涵

边区的政府工作报告中认为，"法律是应服务于政治的"，"扫去资本主义国家司法名独立实受统治阶级操纵的弊病"。① 这就是边区司法体制的政治立场。既然"政治化不仅仅事实上是司法不可避免的面向，而且也应是它兼顾的一个面向"②，那就更应该在政治视阈中还原边区司法体制建

① 《红色档案——延安时期文献档案汇编》编委会编纂：《陕甘宁边区政府文件选编》第3卷，陕西人民出版社2013年版，第221页。
② 周赟：《政治化：司法的一个面向——从2012"涉日抗议示威"的相关案件说起》，《法学》2013年第3期。

构的本体面目。"政治和政治权力"是推动司法制度形成的活跃因素和"有形力量"。① 之所以"中国的司法机构在历史上被政治化了"②,是因为司法制度建设经历了初始政治化与运行政治化的历史过程。

一、司法的初始政治化

民主的启蒙与发展要求司法的建构必须完成初始政治化。国家政治制度为司法配置权力。司法的权力必须从社会转移给国家,成为国家的权力。司法的权力必须是代表人民的权力。司法的权力必须由一定的国家政权机构来行使。司法的形成就是一个初始政治化的过程,这是一个国家化、民主化、政权化的过程,其中民主化是实现工具理性与价值理性统一的核心环节。司法的初始政治化是国家司法形成的必然过程。司法的初始政治化具有历史性。司法的初始政治化是一个主权国家形成的历史见证。

(一)司法的国家化

法律区别于道德等其他社会规范的重要原因,就是法律的国家性。法律不仅仅是一套形式意义上的规则体系,实质上是国家权威的体系。如果只看到法律所体现的公平正义价值理念或者价值目标,而看不到法律背后强大的国家权力作为保障,那么法律得不到遵守时就没有办法去约束违法者。所以,法律必须赋予国家的强制力,但不是某个人或者某些人的强制力。

---

① 仅从美国纽约大学法学院教授弗兰克·阿帕汗指出苏力的《送法下乡》一书的"最大问题"是"看不见政治和政治权力",就说明"政治和政治权力"在法律的理论建构和实际操作中的显性作用。当然,从苏力的学术回应看到,阿帕汗误解了苏力的论著。苏力直言不讳地说:"我的著作屡屡揭示了当代中国政治,特别是中国共产党的政策,对司法的影响。"参见苏力:《法律和社会学》第 1卷,法律出版社 2006 年版,第 256—257 页。

② 哈里·T.爱德华兹曾在 1997 年到中国调研和讲学,他与中国的法官和法学家们进行了深入交谈。他在评述民主社会的"司法独立"问题时认为,美国的司法独立的秘密在于司法部门以及法官能够做到自我限制,这些问题是中国法官和法学家们感兴趣的问题,而司法独立对中国法官是一个矛盾的现实问题,因为中国的司法判决难以得到执行,并且一些重要的判决可以由政治官员作出。他指出:"你要是知道由于中国的司法机构在历史上被政治化了,因而政治机构经常会不执行司法判决的话,你就不会奇怪他们为什么对这个问题感兴趣了。"参见[美]哈里·T.爱德华兹:《从法官的视角谈司法规范》,载[美]约翰·N.卓贝克编:《规范与法律》,杨晓楠、涂永前译,北京大学出版社 2012 年版,第 257—259 页。

国家的强制力是一种公共理性,而不能沦为暴力。国家是最大的政治结构体。建构国家的本源就是为了实现政治理想和目标。马克思关于国家应该是一个"合乎伦理和理性的共同体"①的观点,为国家理性奠定了理论基础。国家理性是现代国家摈弃暴力的内在规定性。这不是一种幻想,而是文明的理性国家的发展要求。基于人是理性与非理性的并存体。由个体组成的典型共同体——国家,也难以摆脱理性与非理性并存的自身困扰。反对此人对他人杀戮、反对此国对彼国的侵略,是实现人的理性与国家理性统一的基本要求。个体的人民基于理性反思,将每个人的权力聚集而赋予国家行使,其目的是通过国家保护人民。中国近现代史是以"救国"和"建国"为主线展开的民族国家建设史,同时也是现代中国国家理性的建构史。

国家是政治、法律与伦理的社会存在。国家理性的核心要义是"为何要有国家"与"国家应当为何"。② 司法的国家化就是要解决"为什么有国家司法"与"国家司法为了什么"的问题。国家的政治化必然引起司法的政治化。国家的初始化过程必然包含了司法的初始政治化,这是形成国家司法制度(尤其是司法体制)的必经阶段。司法的国家化就是要求司法权是国家权力,司法机关是国家机器的重要组成部分。司法机关的建立是国家机器的形成与完善的题中之义。

司法的国家性特质要求必须从国家出发建构司法制度。边区司法以"救国"与"建国"为中心任务,服务于抗战和解放全中国的政治大局。边区的司法制度以民权主义为核心,服务于民族独立、民权自由、民生幸福的政治目标。边区的司法制度建设必须从国家建设的全局出发,而不是从局部的、地方的角度。刘少奇认为,边区这种政权在当时虽然"只在敌后一部分地区建立,但它有着全国的普遍意义。"③邓小平认为,边区的政

---

① 马克思指出:"总的说来,《莱茵报》从来没有偏爱某一特殊的国家形式。它所关心的是一个合乎伦理和理性的共同体;它认为,这样一种共同体的要求应该而且可以在任何国家形式下实现。"参见《马克思恩格斯全集》第 1 卷,人民出版社 1995 年版,第 426 页。

② 许章润:《国家建构的精神索引——今天中国为何需要省思"国家理性"》,载许章润、翟志勇主编:《国家理性》,法律出版社 2010 年版,第 7 页。

③ 《刘少奇选集》上卷,人民出版社 1981 年版,第 176 页。

权形式是"将来新民主主义共和国所应采取的政权形式"①。以立足边区、放眼全国的思维构建国家化的司法制度,成为边区司法制度建设的基本要求。

(二)司法的民主化

民主国家的权力来自人民,人民是国家权力的主体,国家必须还权于民,这样才能完成民主国家的建构过程。作为国家权力的司法权力同样要做到还权于民,这样也才能完成司法权的建构过程。从传统到现代社会的发展进程中,民主政治得到全世界的普遍认同和占据意识形态主流地位,这足以证明了民主的张力和影响力。司法是对民主政治的推演。民主政治属于全民的事业,关乎全民的利益。如果仅代表个人利益的政治,就不是民主政治。民主政治的目的方向是通向正义的方向。司法应向民主政治的目的方向运行。司法以民主政治的目的为实践要求,司法就成为一项美好的正义事业。极具政治色彩的"共产主义意识形态"融入司法之中,司法权力才会体现"人民主权"的本质属性。"马锡五审判方式"之所以在边区能够得到认可和推广,是因为要树立人民司法为人民的精神榜样。

司法应该是保护人民的正义力量,不应是"剥削被压迫阶级的工具"②。如果人民变为国家的主人,变为司法的主体,而不是司法的客体,司法就成为人民用来保护自己的有力武器,而不是"一群人压迫另一群人的工具"。这是司法国家化与民主化有机统一的表现。马克思主义政党是为人民谋福利的政党。中国共产党坚信的共产主义是"为人类谋幸福"的最高理想。司法工作密切关系到人民群众的生存和发展利益。司法工作必须以人民福祉的提升为最终目标。吴英姿认为,延安时期的"司法为民"意指"司法的目标是为了人民的利益和福祉",而这种"司法为民理念及其群众路线的策略和技术",正是韦伯从行动者的目的角度所界定的"目的理性"。③正如富勒所认为的,"法律是一项应当被视为目

---

① 《邓小平文选》第一卷,人民出版社 1994 年版,第 8 页。
② 列宁认为,在阶级社会里,"国家是剥削被压迫阶级的工具"。参见《列宁全集》第 31 卷,人民出版社 1985 年版,第 10 页。
③ 吴英姿:《司法的公共理性:超越政治理性与技艺理性》,《中国法学》2013 年第 3 期。

的性的事业。"①司法为民所体现的"目的理性"彰显了无产阶级专政的民主本质。边区司法机关适用法律、制定司法政策以及改进司法工作均以拓展人民利益空间为目的，以人民满意为评价司法工作成绩的标准，体现了"人民司法为人民"的根本宗旨。

（三）司法的政权化

政权的形成与发展由一定的社会历史条件特别是经济因素所决定。政权是阶级政治斗争的产物，反映了阶级政治力量的对比关系。政权形态直接体现了一个国家的政治体制或者阶级统治方式。对于国家政权形态的区分，根据处于统治或者执政地位的阶级的性质，可以分为奴隶主阶级、封建地主阶级、资产阶级与无产阶级专政性质的国家政权形态；根据国家权力控制关系，可以分为君主专制、民主制以及介于二者之间的威权主义的三种国家政权形态。② 在社会制度变革与政权更迭期，经常会出现旧制政权与新萌芽的新制政权并存的政权形态。中国土地革命时期，中国的政权形态曾表现为苏维埃政权（无产阶级领导的工农民主政权）与国民党一党专政的政权（资产阶级专政的威权主义政权）并存。中国抗日战争时期，中国的政权形态曾表现为抗日民族统一战线政权（无产阶级领导的几个阶级联合的民主政权）与国民党一党专政的政权（资产阶级专政的威权主义政权）并存。中国解放战争时期，中国的政权形态曾表现为人民民主政权（无产阶级领导的人民民主政权）与国民党一党专政的政权（资产阶级专政的威权主义政权）并存。

政权是国家权力配置与运行的综合表现。基于民主政治的效率和有序必须形成运作国家权力的组织，这就需要组织成立政权机关以承担国家的各项职能。司法的国家化、民主化之后最终要建构在政权框架之内，绝不能游离于政权之外。司法的政权化一方面要求司法成为政权机关的重要组成部分，另一方面要求司法体制必须和国家政权的性质相一致。

初始政治化必须面对一种政治抉择，就是选择三权分立政体还是民主集中制政体，这决定国家政权体制的性质。列宁将民主集中制原则从

---

① Lon L.Fuller, *The Morality of Law*, Rev.ed., New Haven and London Yale University Press, 1969, p.145.

② 张玉龙、何友良：《中央苏区政权形态与苏区社会变迁》，中国社会科学出版社2009年版，第1页。

党的建设引入苏维埃政权建设之中,缔造了区别于三权分立的资产阶级政权的社会主义政权。边区的政权结构形态是以民主集中制为原则的立法、行政、司法统一的政权体系。

边区司法权力的运行不单单是一种机械的法律适用,也不仅仅是公平正义的普及与权利平等理念的推行,而且是民主集中制原则精神的彰显。张泽涛认为:"从某种意义上来说,马锡五审判方式与'议行合一'的政权组织原则是息息相关的,甚至可以说,马锡五审判方式能够从'议行合一'的政权原则中找到其理论依据。"①更准确一些,"马锡五审判方式"可以从"议行合一"的政权结构中找到理论本源与实践依据。"议行合一"是将代议机关与执行机关合二为一的政权结构形态。将"议行合一"表述为政权结构形态比较合适,"议行合一"不能等同于"民主集中制","议行合一"的精神实质是民主集中制,"议行合一"体现政权结构,民主集中制体现政权原则。②

建立新政权必须废除旧政权的法律制度,包括司法制度。无产阶级革命胜利,必须"废除旧法律,摧毁压迫人民的机关,夺取政权,创立新法制"③。废除旧的政权体制下的司法制度,创制新政权体制的司法制度,这是"革命式司法变革"的内在要求。④ 新中国政权合法性以新民主主义法律为基础。新中国政权诞生前夕,中国共产党废除国民政府"六法全书"、确立新的司法原则是符合国家政权建设规律的。

二、司法的运行政治化

时任边区高等法院院长的雷经天指出:"司法工作是在政权工作的整个领导之下执行政治任务的。"⑤这既体现了边区高等法院院长对司法

---

① 张泽涛:《司法权专业化研究》,法律出版社 2009 年版,第 342 页。

② 潘怀平:《陕甘宁边区审判体制的建构经验与现实价值》,《中共中央党校学报》2015 年第 6 期。

③ 《列宁全集》第 12 卷,人民出版社 1987 年版,第 317 页。

④ 夏锦文:《社会变迁与中国司法变革:从传统走向现代化》,《法学评论》2003 年第 1 期。

⑤ 雷经天指出:"法律是和政治有密切的联系。法律是政治的一部分,是服务于政治的,因此司法工作是在政权工作的整个领导之下执行政治任务的。否则,就会使司法工作和整个的政权工作脱离开来,就不能完成整个政治工作的使命,这是法律和政治的关系,也是司法工作的政治目的,我们边区的司法工作正是表现了这一特点的。"雷经天:《边区司法工作报告》,载上海社会科学院院史办公室编著:《重拾历史的记忆——走进雷经天》,上海社会科学院出版社 2008 年版,第 177 页。

与政治关系的理解,又表明了边区司法的政治使命和运行政治化的内在要求。边区司法以维护政权为基点,以执行政策为主线,以参与生产为实践,表征了边区民主政治的发展脉络和实践进路。

(一)司法维护政权

边区前后经历了中国现代史上的土地革命时期、抗日战争时期和解放战争时期。革命战争成为边区的宏大历史主题。中国共产党领导的革命战争是正义的战争。针对日本帝国主义发动的侵华战争和国民党军的"再三摩擦滋事"以及蒋介石发动并受美帝国主义指使的全面内战,中国共产党和全国各族人民只有通过正义战争消灭非正义战争,才能求得民族独立、民权自由、民生幸福。取得抗日战争的胜利以维护独立自主的国家主权,取得解放战争的胜利以建立无产阶级专政的新中国,是边区时期中国共产党最大的政治。

战时环境使得边区的法律和司法制度极具革命性或者斗争性。基于抗日救国之民族大义,时任国民政府司法行政部部长的谢冠生在论述"战时司法问题"时要求,司法事务在抗战期间应注意四点:一是注意法治精神之建立;二是运用法律需适合战时之需要;三是要有积极的负责的精神;四是要做到迅速的机宜的地步①。这四点要求是符合抗战建国情势需要的,彰显了战时司法的基本精神。战时条件下,边区的司法组织与诉讼手续以简捷为适当,审理案件要能够迅速解决,以免拖延时间。当然,阿特金勋爵所阐释的"在处于战争冲突的国家里,法律并不因此而沉默:它们也许会发生变化,但是战争状态下与和平环境里,它们所表达的语言是相同"②的观点,只能是一种理想化的追求。

司法成为执行政治任务的合法的强制力量。在武装夺取政权和开展正义战争的历史环境里,运用法庭的方式巩固政权以维护正义,增强革命的合法性,从而防止革命政权走向暴力的一面。在抗日民主政权时期(1937年9月—1946年11月),边区司法的任务是以反对日本帝国主义和镇压汉奸、反动派,保护抗日民主政权为工作中心。在人民民主政权时

---

① 谢冠生:《战时司法问题》,载徐昕主编:《司法·近代司法专号》第七辑,厦门大学出版社2012年版,第412—414页。

② Lord Denning,*The Due Process of Law*,Oxford:Oxford University Press,Reprinted,2008,p.189.

期(1946年11月—1950年1月),边区司法工作首先服务于人民解放战争,其次是大力推动土地改革。

司法是维护和巩固政权的重要工具。新的国家政权的形成过程中,"作为建立在基础上的上层建筑的一部分的法院,它积极帮助自己基础的形成和巩固,帮助摧毁和消减旧基础和旧阶级。"①刑法的工具性是刑法存在的基础。刑法如果丧失了制裁或者惩罚的工具性,就丧失了存在的根基。刑法的威慑效应正是通过刑法的工具性所表现的。如果缺乏有力的制裁或者惩罚,刑法将会软弱无力。刑法通过制裁或者惩罚少数人(工具性的表现),获得整个社会的安全和大多数人的幸福(目的性的表现)。

边区的刑事审判最能体现对政权的保障作用。边区刑事审判镇压的主要对象是"那些死心塌地的汉奸特务和对抗战危害很大而为群众最痛恨的破坏分子、借刀杀人分子和坚决反动的叛徒"②。据资料统计,1937年8月—1941年,边区共发生各类刑事案件6759件,汉奸、土匪、破坏军队、破坏边区政权的犯罪案件1453件,占总数的22%;1938—1943年,边区30个初审机关共审理刑事案件10112件,汉奸和破坏边区政权的犯罪案件占26%;1945年8月—1948年对边区不满的少数异己分子、投机分子、变节分子和趁火打劫分子,配合国民党军进攻,进行颠覆边区政权的活动,重大刑事犯罪以反革命罪居多,1948年边区监狱人犯总数为201人,其中投敌者19人占9.4%,破坏边区的12人占6%,反革命的36人占17.9%,共计67人,占总人犯的33.3%。③

对于民事审判,以利益衡量为司法方法,坚持以公共利益、全局利益、多数人利益、长远利益为重的司法原则,以积累抗战资源、支持抗战前线为出发点。抗战期间,为了安定战士积极作战情绪,抗日军人配偶的离婚自由受到了一定的限制。根据《陕甘宁边区抗属离婚处理办法》的规定,抗日战士在战争期间下落不明满五年,妻子才能提起离婚。例如,抗属田

---

① [苏]Д.С.卡列夫:《苏维埃法院和检察机关》,徐立根译,法律出版社1955年版,第1页。
② 《邓小平文选》第一卷,人民出版社1994年版,第58页。
③ 延安市中级人民法院审判志编委会:《延安地区审判志》,陕西人民出版社2002年版,第82—83页。

兰芳因丈夫霍如法参加抗战近四年杳无音信,以"空房难守"诉至延安市地方法院。1942 年 12 月 30 日被判决驳回起诉之后,田兰芳上诉至边区高等法院,坚持要求离婚。1943 年 1 月 21 日,边区高等法院判决认为,抗战时期,军人下落不明满五年,军属方可起诉,故判决驳回上诉。[①] 当时,全国有无数像田兰芳一样"独守空房"的妇女。当然,女方在家苦等丈夫或者未婚夫所承受"绿叶等成红叶,红叶等成黄叶"的实际痛苦,与八年抗战取得的胜利成果相比较,就不能相提并论了。

(二)司法执行政策

政策具有政治倾向,政策为实现政治目的而制定。无产阶级革命运动的开展不可能依靠现成或者成熟的法律来推动,而是依靠结合本国革命实践总结而出的政策作为先导。推翻一个旧政权、旧制度,建立一个新政权、新制度,不可能也无条件依靠一套完备的新法律制度来推动。应运而生的政策,成为革命运动的行动纲领和行动指南。在没有充足的法律的历史环境中,适用政策不失为一个良好的方案。

政策受政治时局的直接影响,政策随政治时局的变化而调整。虽然政策的不确定性增加了司法结果的不确定性,但在同一历史节点政策具有相对的稳定性、普遍性。当政策具有临时性法律的时候,政治因素就成为司法结果的主要导向。政策在司法中的适用,使得政策转化为权威的命令。政策具有法律趋势。政策的运用为未来的立法积累了经验,并为法律的实施获得了前期的经验认同。

革命时代的边区处于由旧社会向新社会、由旧中国向新中国的历史转型期。随着革命情势的不断发展,社会各个层次的利益格局不断调整,社会不同层次的矛盾形态不断变化,因而边区司法的理念、制度、技术也随着政策的变化不断更新。土地改革成为边区的一项重要历史任务,是边区中心工作中的最基本环节。不同阶段的土地改革政策成为司法政策制定和司法制度改革的重要依据,同时司法工作必须配合和支持土地改革。关于处理土地纠纷司法的立场问题,成为协调统一战线政策与群众观点的阶级立场的矛盾的焦点问题。为了巩固和维护土地革命给贫苦农

---

① 艾绍润、高海深编:《陕甘宁边区判例案例选》,陕西人民出版社 2007 年版,第 24—25 页。

民带来的胜利成果,1939 年 4 月 29 日,在致马锡五同志的《陕甘宁边区政府给庆环专署马专员的便函——关于解决土地问题》中要求,"一般典当土地之纠纷问题,除以上两项尚未包括者,在解决时政府应始终站在维护大多数基本农民利益之立场上,去按照实际情形,在不抵触土地法令下去灵活解决之。此点最为主要,应特为注意。"①为了全面实施联合地主抗日的战略方针,1942 年 1 月 28 日的《中共中央关于抗日根据地土地政策的决定》中要求,在处理农村纠纷中,党与政府的工作人员不是站在农民或地主的某一方面,而是要采取调节双方利益的方针。②随着人民解放军转入战略进攻的历史转折点,1947 年 10 月 28 日的《陕甘宁边区高等法院指示信》中指出:"土改运动即将开始,有的地方已经开始了,这是翻天覆地的土地革命运动。我们司法工作者要积极参加,坚决地站在贫雇农立场上。"③

　　统一战线政策不但成为根据地政权原则和施政方针,而且成为规范革命秩序的依据。统一战线政策已经具有实在法的形式和效果。政治为司法的运行提供价值判断的指向。统一战线政策确立了开放性的公平制度体系,赋予了不同阶级的利益获得机会,为司法实现正义提供了多元化的利益考量标准。这种适度地消除阶级对垒,达到阶级力量平衡的政治策略,具有从实在法回归自然法的趋势,因而受到了推崇。从 1942 年开始,为了贯彻联合地主抗日的精神,抗日根据地的土地政策调整为减租减息和交租交息并举、保障农民的人权财权和保障地主

---

　　①　此项要求中的"以上两项"为:"(一)荒地之登记:查土地法第五章第二十二条'凡逃门绝户无人继承之土地,由乡政府土地委员会呈报县政府处理之'。据此,即无主之荒地政府有处理之权,自可由政府查明数目,登记为公田,以后根据需要再去处理。至该县呈内云有主之荒地亦拟由政府登记为公田,实与法令有违,政府不能无故取消人民之土地所有权。(二)在改革前人民转移其土地所有权(即典当)与豪绅地主,而经分给其他人民所有者,或豪绅地主的土地所有权转移与人民者(即典当),查土地法第二章第三条'确定土地私有制,人民经分配所得之土地,即为其私人所有,土地改革以前旧有土地关系,一律作废'。据此,该所拟办法尚属妥当。"需要特别说明的是,第二项中所指的"土地改革"是针对苏维埃时期土地经过平均分配而言。参见艾绍润、高海深编:《陕甘宁边区法律法规汇编》,陕西人民出版社 2007 年版,第 148—149 页。
　　②　中央档案馆编:《中共中央文件选集》第 12 册,中共中央党校出版社 1986 年版,第 11—12 页。
　　③　艾绍润、高海深编:《陕甘宁边区法律法规汇编》,陕西人民出版社 2007 年版,第 205—206 页。

的人权财权并举。

革命的目的是消除不平等。革命前绝大部分社会财富集中于剥削阶级手中。革命后大量的社会财富必须平等地流向身无分文的穷苦百姓。在不断消减革命暴力、建立新的革命秩序的过程中,司法担当了和平地分配正义的角色。革命阶段的司法必须具有阶级立场。司法如果不甄别社会财富来源的合法性,就会沦为非法财产的"保护伞"。但是在执行"打土豪分田地"政策,实现"平均地权"目标的过程中,不能采取一棍子打死,必须给地主以"活路"。经过争取的地主也是抗战的团结力量,经过改造的地主终究要成为人民的一份子。

随着革命形势和社会发展的需要,党的"斗争与团结"策略的运用有所侧重。"什么情况下以团结为主,什么情况下以斗争为主,这是不能硬性规定的,是一个灵活运用的问题"①,要根据斗争形势和阶级矛盾关系的具体分析来确定。宽大政策的实施既能缓和社会矛盾、获得社会团结力量(工具性的表现),又能使犯罪之人获得悔改和自新的机会(目的性的表现)。即"对于那些胁从分子、次要分子,应采取争取的方针,给以回头的机会"②。"争取"策略最能体现刑法的工具性。从政治策略和军事斗争经验来讲,"争取"的工具理性表现在:"利用矛盾,争取多数,反对少数,各个击破"③。宽大的目的是让犯罪者恢复人的理性。根据1941年6月30日的《陕甘宁边区施政纲领及其解释》的精神,宽大就是要好好地教育犯罪分子,使他能够改正错误,重新做一个公民,同时要使生活有办法,能够过光景。④

政策的权威来自社会各阶级的普遍认同。政策的实施,不是依靠强制力保障,而是依靠政策本身的吸引力和凝聚力。那种认为中国共产党领导中国革命靠政策而缺乏法律意识的片面结论,是幼稚的。政策是法制的先导。政策只有得到普遍的认同和实施,才能形成一项良

---

① 《邓小平文选》第一卷,人民出版社1994年版,第343页。

② 《邓小平文选》第一卷,人民出版社1994年版,第58页。

③ 《毛泽东选集》第二卷,人民出版社1991年版,第764页。

④ 《陕甘宁边区政权建设》编辑组:《陕甘宁边区参议会(资料选辑)》,中共中央党校科研办公室发行(党校系统内部发行)1985年版,第216页。

好的成熟的法律制度。司法对政策的适用,只是临时方案。政策应及时转化为法律。从长远来讲,司法是以法律为裁判依据,而不是政策。

(三)司法参与生产

司法权力的运行和人民权利的保障,必须依靠物质保障才能实现。当社会财富极度缺乏,司法工作因没有办公的物质条件作保障,光靠独立精神和为民的理念,没有经济保障,司法公正难以维系。美国学者认为,贫困的政府不能保护权利,因为权利的保护和实现依赖于政府的公共资金资助和公共服务支持,政府的资金又来自生产和税收。[①] 对于边区司法来讲,贫困的经济导致贫困的司法,贫困的司法塑造艰苦的司法精神。1941 年至 1942 年期间,边区经济遭受极端困难的境遇。1942 年至 1943年,边区军民响应党中央"自力更生、克服困难"的号召,掀起了大生产运动的高潮。边区司法在承担服务抗战、保障生产政治任务的同时,直接参与到了"大生产运动"之中。从司法参与"大生产运动"来分析边区司法的政治运行模式是一个不能回避的视阈。正如庞德所言,"倘若我们要替某一国文明作为法学的假设陈义,我们当不能弃置经济的考虑于不闻不问,诚如是,经济状况至足以影响反于自古代传来的法律各部分至无疑义"[②]。

法律不直接生产物质资源,法律直接或者间接分配物质资源。司法机关本不应当是社会财富的创造者,而应当是社会财富的维护者。司法机关进入生产领域,其身份和角色已发生了质的变化。参与生产运动的司法干部成为生产者,而不是裁判者。司法干部对生产负责,而不对裁判负责。这种现象很有可能让人认为,司法干部参与生产会影响司法的中立地位。其实,司法干部参与生产劳动与审理的具体案件没有利益关联,不会影响裁判的公正性。生产运动中,法院在田间、地头开庭,是为了方便群众、方便审判。马锡五同志一边参与生产,一边参与审判,一方面拉近了群众距离,另一方面了解了案件实情。"马锡五审判方式"寓生产之

① Stephen Holmes and Cass R.Sunstein,*The Cost of Rights:Why Liberty Depends on Taxes*,New York and London:Norton & Company,2000,pp.15-34.

② [美]庞德:《庞德法学文述》,张文伯、雷宾南译,中国政法大学出版社 2005 年版,第 30 页。

中,具有促进生产和促进审判的双重效果。

在特殊历史背景下,边区司法人员直接参与生产,增加社会财富,实际上比解决纠纷显得更为重要。按照生产运动的要求,边区各级司法机关的干部既要参加生产劳动,又要将司法工作同生产紧密联系起来,并在司法过程中促进和帮助群众生产。如果当时有人主张"法官不应承担额外的工作""法官不应做职责之外的事"等法理①,那是要受到批判的,被称为"闹独立性"。为完成边区政府下达的自给性生产任务,边区高等法院于 1940 年 3 月制定了《边区高等法院拟制干部劳动暂行条例》,要求法院工作人员、杂务人员、警务人员每周分别参加一定次数、一定时间的生产劳动,除非必要时予以变更。② 边区劳模大会上表彰了司法领域的劳动英雄代表,展览了司法参与生产运动的工作成绩。③ 司法机关参与大生产运动既解决了本部门的给养问题,又锻炼了司法干部吃苦耐劳、艰苦朴素的廉洁司法精神,更使司法干部懂得了群众的疾苦,从而加深了司法干部的群众感情。时任边区陇东分区专员的马锡五曾被评为"生产英雄"。毛主席为马锡五提字:"马锡五同志:一刻也离不开群众。"④马锡五在生产运动中所体现的"一刻也离不开群众"的精神,为"马锡五审判方式"的创立奠定了思想基础。

法院成为生产单位,监狱也不例外。生产运动初期,边区高等法院发布通令:"目前全边区人民均在生产运动中,为着克服抗战困难,法院决定,利用已决人犯的劳动力,另一方面给犯人表现转变错误的机会,因此,使全边区各县已决人犯,均一致参加生产工作,希各县接此通令后,凡已判决的人犯,应在严密看管之下,使之参加生产,并随时注意加紧教育。"⑤为了便于集中管理和克服边区劳动力缺乏的困难,1940 年 9

---

① 孙笑侠:《程序的法理》,商务印书馆 2005 年版,第 152 页。

② 该条例要求,法院工作人员"每人每周参加生产劳动 2 次,每次 4 小时,但于必要时得变更之";"杂务人员每人每周参加劳动 4 次,每次 4 小时,但于必要时得变更之";"警务员每人每周参加生产劳动 4 次,每次 4 小时,但于必要时得变更之"。参见汪世荣等:《新中国司法制度的基石——陕甘宁边区高等法院(1937—1949)》,商务印书馆 2011 年版,第 95 页。

③ 《谢觉哉日记》上卷,人民出版社 1984 年版,第 635 页。

④ 张希坡:《马锡五与马锡五审判方式》,法律出版社 2013 年版,第 11—12 页。

⑤ 杨永华、方克勤:《陕甘宁边区法制史稿(诉讼狱政篇)》,法律出版社 1987 年版,第 253 页。

月边区高等法院决定:"各县已决人犯,刑期在二年以上的,不论在监或已分配出去做工的,凡能劳动生产者(不要老弱及女犯)一律调集本院。"①

　　司法参与生产既有积极作用,又有消极因素。一方面,司法人员过多参与生产运动,导致大量的案件被延误,群众怨言较多,司法的公信力大大降低;②另一方面将"生产第一"的方针机械地贯彻到监所工作中,导致监所工作出现"重生产、轻教育"的极端现象。1941年边区政府秘书处致函边区高等法院院长雷经天指出:"对于犯人,应是教育,是争取。但各县只注意经济利益,不兼给以政治上文化上的教育,使犯人在农村中菜园里终日受苦,成了机关生产者,违背了新司法的精神。"③强制犯人过多时间参加生产劳动是边区经济极其困难的特殊环境的产物,1945年12月29日边区高等法院代院长王子宜总结了监所工作中"过于强调"犯人参加生产的不适当做法,并提出了生产与教育适当配合的建议。④　边区不断改进监所工作,形成了"教育为主,生产与教育相结合"的狱政思想。

　　大生产运动使边区司法干部树立了为民情怀和艰苦奋斗精神,比政治说教更有效。司法参与生产运动使群众更加认识到共产党型司法,是站在群众立场上的。司法参与生产增强了人民司法的公信力,巩固了共产党执政的民主基础。司法参与生产给全社会树立了勤劳致富而不是抢

---

　　①　杨永华、方克勤:《陕甘宁边区法制史稿(诉讼狱政篇)》,法律出版社1987年版,第274页。

　　②　例如,《陕甘宁边区高等法院1942年工作总结》中指出:"院长的精力多放在行政与生产上,书记长、法庭庭长也花很多精力在生产委员会主任工作上,由于对审判工作的不重视,于是影响了对诉讼案件旳积压、迟缓和草率。"参见侯欣一:《从司法为民到人民司法——陕甘宁边区大众化司法制度研究》,中国政法大学出版社2007年版,第146—147页。再如,1942年11月18日的《陕甘宁边区政府命令——不应随便抽调司法干部》中指出:"查各县裁判员因参加行政动员工作,致妨害了审判事宜,几成普遍现象。因此,诉讼人民对于办案子迟滞,多所责难,致整个政治方面,亦不无连带之影响。"参见《红色档案——延安时期文献档案汇编》编委会编纂:《陕甘宁边区政府文件选编》第6卷,陕西人民出版社2013年版,第393—394页。

　　③　杨永华、方克勤:《陕甘宁边区法制史稿(诉讼狱政篇)》,法律出版社1987年版,第255页。

　　④　边区高等法院代院长王子宜指出:"对犯人的教育,是监所工作的中心,而教育是以实际改造其思想为目的。强制生产以养成犯人的劳动习惯,是好的,但如过于强调,如像有些县把些判过刑期的犯人投入生产部门不管了,就不对。前面说过,对于犯人不经过思想上的改造,是不巩固的,刑期满,一放出去,会继续犯罪。今后要具体规定适当的劳动时间和教育时间。一般应是:二流子犯,生产75%,教育25%;其他犯,生产60%,教育40%。"参见《王子宜院长在边区推事、审判员联席会议上的总结报告》,陕西档案馆档案,全宗15—70。

掠聚财的正义精神,促进了生产,改造了社会。当然,边区司法参与生产也产生了一定的弊端,但毕竟利大于弊。从边区司法参与生产活动中,应积极吸取其优良作风。

毕竟司法的主业不是生产物质产品,而是为社会提供判断是非、匡扶正义的公共服务产品。司法的任务应是社会治理而不是社会生产。司法伴随经济的发展而成长。随着政权的任务从解决基本温饱向实现幸福安全转变时,司法的着力点和注意力应落到社会治理层面。当然,马锡五以同群众共同生产的方式调查案情、了解民情,这是一种司法方法,并非生产方式,对其司法方法应予以学习借鉴。

第二节 边区统一战线政策指导下的司法体制实践

统一战线是一定历史时期不同政治力量基于共同政治目标指引组成政治联盟进行联合行动的政治形态。统一战线政策涉及了阶级力量配置和阶级权利分配。统一战线政策是事关政权性质以及政党与政权、政党与政党之间关系的重大政治问题。罗杰·科特瑞尔认为:"政策则是工具主义者论及的事情。"①但是客观地讲,统一战线政策应是一种工具理性而不能被解释为工具主义。

统一战线政策是共产党实现从局部执政转向全局执政的政治策略。统一战线政策指导下边区的政权是共产党领导的多个阶级的联合专政,边区的政权是具有统一全国的国家意义的。在统一战线政策的指导下,共产党领导的边区司法体制确保了司法的民主本质,统一的司法体系的形成促进了司法的国家化建构。革命时期的司法制度建设必须对革命政策予以回应。如果不把革命的目标和价值予以政策性推广,甚至不在司法体制中反映民主政治的基本主张,民主国家的牢固基础就难以得到确立和维护。边区的司法体制必须体现统一战线政策的基本精神和原则要求。以政策为切入点的政治进路,是客观地揭示边区司法体制理性与经

---

① [英]罗杰·科特瑞尔:《法理学的政治分析:法律哲学批判导论》,张笑宇译,北京大学出版社 2013 年版,第 175 页。

验的必经之路。

一、共产党领导司法机关的历史使然与政治要求

中国新民主主义革命既是一部政权更迭史,又是一部政党斗争史。政党的斗争集中体现在夺取政权的领导权上。新民主主义革命的领导权只有由共产党掌握,革命才能取得成功。新民主主义革命政权只有由共产党领导,政权才能稳固并向社会主义方向发展。抗日根据地的政权是抗日民族统一战线的政权。共产党在统一战线中领导权的发挥,旨在引领"中国革命的方向"和"中国向何处去"的问题。

共产党提出的"三三制"政策,就是要形成统一战线中的党派之间的竞争优势。"三三制"不是阶级力量在数量上的简单平衡,而是政治力量的有效汇集和政治优势的集中凸显。政策的权威来自社会各阶级的普遍认同,而不是来自强制的力量。正确主张唤起的政治优势是基础,共产党必须积极主动地争取党在统一战线中的领导权。不过,先进的无产阶级政党对政权领导权的关注并不是唯权是图,而是为了人民的利益。如果共产党不积极争取政权的领导权,政权肯定会被唯权是图的党派所攫取,人民的利益就朝不保夕。

共产党革命的根本目的是要建立中华人民共和国的国家政权,而不能局限于一小片的"红色政权"。中国革命如同俄国革命,同样"造成了两个政权并存的局面"①的显著特点。在全国民族统一战线和局部执政的特殊历史背景下,共产党对革命政权的领导权分为两个层次,一是共产党在全国民族统一战线的政权体系中的领导权,这是实现全局执政的条件和保证;二是共产党对边区"红色政权"的领导,这是确保局部执政的前提和基础。共产党必须掌握边区司法的领导权,这是共产党局部执政的内在要求和外在表现。司法组织是边区政权体系的重要组成部分。如果边区司法脱离共产党的领导,党领导的边区政权系统就会被割裂而不完整。共产党通过革命夺取的政权应该是完整的政权,即便是在局部区域执政,必须取得该区域的完整政权(包括司法)。

---

① 《列宁全集》第29卷,人民出版社1985年版,第131页。

共产党领导司法工作,是共产党从局部执政到全局的长期执政的过程中始终坚持的一项政治原则。虽然"执政党的领导权是一种政治权力而非国家权力"①。但是绝不能否认政党执政就是要掌握国家政权(当然包括国家权力)的基础理论。执政党掌握国家政权当然包括对国家政权机关的领导,这是执政权的集中表现。边区的司法制度建设必须坚持共产党的领导。1942 年 9 月 1 日,中共中央政治局通过的《中共中央关于统一抗日根据地党的领导及调整各组织间关系的决定》中指出:"党是无产阶级的先锋队和无产阶级组织的最高形式,它应该领导一切其他组织,如军队、政府与民众团体。"②。坚持党领导司法工作和在各级司法机关中建立党组织,就是要确保人民司法工作的出发点和落脚点放在人民的立场上,实现各级司法机关在贯彻党的路线方针政策的统一和指导思想的一元化。

二、共产党型司法与国民党司法党化的合理界分

共产党的领导的统一与一元化是各级政权机关中的党组织在中央统一领导下确保党的大政方针、政策的高度统一,而不是"以党代政"。边区的司法权来自人民,由人民选举的政府组成的法院代表人民独立行使审判权。共产党只能在原则、方针、政策方面领导司法工作,而不能干涉甚至包办司法工作。

国民政府并非做到"还政于民",而是倡导"党权高于一切",实行"以党治国"的一党专政。司法党化是国民政府"一党独裁""以党治国""党国体制"的必然产物。时任国民政府最高法院院长的居正先生认为,国民政府以党治国必然导致司法党化。③ 司法党化的关键是"使国家的司

①　封丽霞:《政党与司法:关联与距离——对美国司法独立的另一种解读》,《中外法学》2005年第 4 期。
②　中央档案馆编:《中共中央文件选集》第 12 册,中共中央党校出版社 1986 年版,第 124—125 页。
③　居正认为:"在'以党治国'一个大原则统治着的国家,'司法党化'应该视作'家常便饭'。"参见范忠信、尤陈俊、龚先砥选编:《为什么要重建中国法系——居正法政文选》,中国政法大学出版社 2009 年版,第 167 页。

法变成国民党落实自己意志"①。边区的共产党型司法与国民党司法党化的要求有着质的区别。谢觉哉指出:"司法工作:内容上是为人民大众——工农兵服务,还是和人民大众有多少隔离甚至对立? 即是说和群众结合或者否? 因而表现在形式上? 共产党型的? 国民党型的?"②边区司法必须和国民政府的司法划清思想界限。

人是制度变迁的决定性因素之一。但是单个的人对推动社会制度变迁的力量是微弱的。社会制度变迁需要具有号召力、凝聚力和影响力的行动团体。具有先进思想和理想抱负的政党成为引领和促进社会制度变迁的先进的行动团体。"以政党来凝聚人民,是孙中山先生在经历了辛亥革命民主共和国的挫折之后,从俄国革命的经验中学来的,后来被中国共产党所发扬光大。但孙中山先生的方法与后来的中国共产党的方法完全不同。前者,视政党为教义性组织,通过主义的传播和教化,来聚合民众,凝聚社会;后者,视政党为人民先锋,通过为人民服务和谋利。因而,前者,政党是建立在主义基础之上,而后者,政党是建立在人民之中。"③国民政府的司法党化的原因就是国民党是以教义为本的政党。根据居正的观点,国民政府的司法党化的核心思想是司法党人化与司法党义化,当然司法党人化不是要求司法官必须全部有党员身份,而是心目中要有党义,并且遴选司法官的一个标准是要有党义意识。居正认为,司法党化表现在两个方面:主观方面为"司法干部人员一律党化";客观方面为"适用法律之际必须于党义之运用"。④ 国民政府的司法官员党义化实际上是重党轻义,是以党为重,而不是以人民为重,"尤其在抗日战争的非常时期里,司法党化衍异为司法人员特务化,这不仅破坏了司法人员专业化和

---

① 侯欣一认为:"司法党化是国民党'以党治国'理论在司法领域的必然反映和具体化,其基本含义是指通过国民党对司法权的控制,使国家的司法变成国民党落实自己意志,推行自己政策,实现自己对社会管理、控制的一种工具和手段。"参见侯欣一:《党治下的司法——南京国民政府训政时期执政党与国家司法关系之构建》,《华东政法大学学报》2009 年第 3 期。

② 《谢觉哉日记》上卷,人民出版社 1984 年版,第 556 页。

③ 林尚立:《政党与国家建设:理解中国政治的维度》,载何俊志:《从苏维埃到人民代表大会制——中国共产党关于现代代议制的构想与实践》,复旦大学出版社 2011 年版,第 6 页。

④ 范忠信、尤陈俊、龚先砦选编:《为什么要重建中国法系——居正法政文选》,中国政法大学出版社 2009 年版,第 168 页。

职业化的努力,也与国民党司法当局起初的预期相距甚远。"①

边区任用司法干部的用人导向是"政治素质第一"。将马克思主义政党的先进性与司法正义相融合,建设一支能够代表和彰显正义的司法队伍,是共产党在政权初创时期就非常重视的一项组织人事工作,并成为一项长期的历史任务。发挥党组织的效应,一方面从政治、作风、业务、道德等多重因素考察选任司法干部;另一方面通过对司法干部不断进行理想信念教育、廉洁从政教育、业务素质教育,从而打造一支为民、公正、廉洁的司法队伍。具有阶级立场、群众观念、艰苦朴素的无产阶级革命家、工农干部、革命知识分子成为边区的司法领导人和司法骨干力量。

"三三制"政策的推行打破了"边区最初的司法从业人员都是共产党员"②的格局,防止了司法人员一律由党员充任的错误倾向。"三三制"政策的要义是反对和防止一党专政,在政权机关以及相关部门中"共产党员只占三分之一或少于三分之一,进步势力占三分之一,中间势力占三分之一"③。边区的审判机关编制同样要实行"三三制"。只要团结一致、共同抗日,能够为边区政府和人民做事,其他党派人士、无党派人士就可以进入边区司法机关工作,并且要保证党外人士占边区司法机关人数的三分之二,共产党员超出三分之一比例的人员予以调出。"三三制"的统一战线政策并未削弱共产党的地位和力量,实际上优化了共产党的执政体制,巩固了共产党的执政地位,加强了共产党的执政力量。"三三制"政策的实施为边区司法机关吸收了原国民党政府的法律专业人员和非党知识分子,既缓解了司法人员困乏的现实压力,又提高了边区司法的专业化水平。④

---

① 李在全:《法治与党治:国民党政权的司法党化(1923—1948)》,社会科学文献出版社 2012 年版,第 159 页。

② 侯欣一:《从司法为民到人民司法——陕甘宁边区大众化司法制度研究》,中国政法大学出版社 2007 年版,第 107 页。

③ 《邓小平文选》第一卷,人民出版社 1994 版,第 8 页。

④ 例如,"进步的国民党员乔松山毕业于南京法政学堂,曾任南京高等法院推事,因深恶国民党政治腐败,法律不公,弃政回到家乡绥德。抗日战争爆发后,乔松山积极从事抗日爱国活动,与边区政府合作,参加司法工作,先任高等法院绥德分庭庭长,后调任边区高等法院民庭庭长,1946 年边区第三届参议会上,被选为边区高等法院副院长,与马锡五同志密切合作,为边区司法工作做出了巨大贡献。"杨永华、方克勤:《抗日战争时期陕甘宁边区司法工作中贯彻统一战线政策的几个问题》,《法律科学:西北政法学院学报》1984 年第 4 期。

无产阶级革命运动是一个从革命政策走向革命法制的历史过程,这是一个孕育和成熟法律制度的法治化过程。只有实现了政治哲学和法哲学的有机统一,政权的理性才能得以持续和规范。马克思主义者具有"集法哲学和草拟政治的纲领于一身"①的传统。共产党提出"三三制"政策旨在对抗日民族统一战线政权的各党派关系、各阶级利益关系的协调与规制。"三三制"体现了共产党的自我克制与规范性制约。"三三制"重在"制"上,最终要落到制度层面,这既是"三三制"政权合法性的基础性要求,又是实现"三三制"的重要保障。1941年5月1日,中共中央政治局公布的《陕甘宁边区施政纲领》将"三三制"的核心内容以党的施政纲领形式确定了下来。② 1941年11月17日,陕甘宁边区第二届参议会将《陕甘宁边区施政纲领》转变为边区的宪法性文件。随之"三三制"政策经过法定程序转化成了具有普遍约束力的制度性规范,为共产党领导"三三制"政权奠定了合法基础。

综上所述,"三三制"理论彰显了中国共产党的领导地位和民主建党思想。"三三制"政策倡导共产党领导的多党合作的政党体制,最终走向是法治而不是党治。中国共产党领导司法而又不干预司法克服了国民党"司法党化"的历史误区。"三三制"政策的制度化以及在司法领域的实施,为共产党领导司法机关并和司法机关保持理性的关系提供了体制性保障,防止了国民政府司法党化的倾向。中国共产党的政策、决议指导边区司法,边区司法执行中国共产党的路线方针和政策,这一理性认识为正确处理政党与司法的关系厘清了思路。

三、司法系统的形式统一与"六法全书"的适用

司法权力是国家权力的重要组成部分。完整统一的国家要求必须有一个完整而统一的司法系统。基于抗日民族统一战线政策,边区属于国

---

① ［德］H.科殷:《法哲学》,林荣远译,华夏出版社2002年版,第26页。
② 在《陕甘宁边区施政纲领》中指出:"本党愿与各党各派及一切群众团体进行选举联盟,并在候选名单中确定共产党员只占三分之一,以便各党各派及无党无派人士均能参加边区民意机关之活动与边区行政之管理,在共产党员被选为某一行政机关之主管人员时,应保证该机关之职员有三分之二为党外人士充任。共产党员应与这些党外人士实行民主合作,不得一意孤行,把持包办。"参见中央档案馆编:《中共中央文件选集》第11册,中共中央党校出版社1986年版,第641—642页。

民政府最高法院的最高级别管辖下的司法区域,边区与国民政府的司法同属一个司法系统。

边区的司法系统是从苏维埃政权的司法系统改组而成。在边区高等法院成立之前,苏维埃政权的司法系统与国民政府的司法系统是完全独立的。1935 年 10 月 19 日,中央红军到达西北苏区吴起镇,中华苏维埃政权机关随着中央红军进驻西北,中华苏维埃共和国最高法院也随之转移至西北。1935 年 11 月,苏维埃中央政府西北办事处设立,中华苏维埃最高法院继续行使职权,最高法院下设司法部,司法部负责领导陕北省、陕甘省及关中、三边、神府特区所属省、县、区的裁判部。① 1937 年 3 月,中共中央和中央苏维埃共和国中央政府宣布苏维埃制度改为民主共和制度,改陕甘宁苏区为陕甘宁特区,不久改为陕甘宁边区,边区政府为国民政府管辖下的地方政府。② 中央司法部③于 1937 年 7 月 12 日正式改组为陕甘宁边区高等法院。边区高等法院的正式建制标志着边区司法隶归于国民政府司法系统,国民政府"六法全书"在边区的适用也成为顺理成章的事。④

---

① 高海深、艾绍润编著:《陕甘宁边区审判史》,陕西人民出版社 2007 年版,第 7 页。

② 西北五省区编纂领导小组、中央档案馆:《陕甘宁边区抗日民主根据地(回忆录卷)》,中共党史资料出版社 1990 年版,第 512 页。

③ 中央司法部一度停止办公,后于 1937 年 2 月 13 日经中央主席团决定恢复办公,当日发布的第一号训令指出:"苏维埃规定裁判制为两审,如区为初审机关,则县为终审机关,县为初审机关,则省为终审机关,省为初审机关,则最高法院为终身机关。"1937 年 2 月 22 日中央司法部的第二号训令(讨论稿)对第一号训令改变和补充为:"审级制度确定为三级两审制,废止区一级的裁判部,审级为县级裁判部,省裁判部,最高法院三级,每一案件,只能经过两审,如以县为初审则省为终审,省为初审,则最高法院为终审,同时在级建立陪审制度,省、县二级设国家检查(察)员,最高法院则由司法部设国家检查(察)长,代表国家行使检察权。"上述两个训令中所指的最高法院是中华苏维埃共和国最高法院。参见延安市中级人民法院审判志编委会:《延安地区审判志》,陕西人民出版社 2002 年版,第 311—313 页。根据 1937 年 2 月 23 日中华苏维埃共和国中央执行委员会司法部(简称"中央司法部")的工作报告,第一号训令被改变和补充为,"1. 审级制度确定为三级两审制,废止区一级的裁判部,建立检察制度;2. 死刑覆(复)核机关确定为中央司法部;3. 非常上诉确定为中央司法部国家检察长的职权;4. 陪审员与裁判员有同等裁判权力;5. 决定制发国家检察员指挥证"。参见西北五省区编纂领导小组、中央档案馆:《陕甘宁边区抗日民主根据地(文献卷)》(上),中共党史资料出版社 1990 年版,第 206 页。

④ 如中央司法部的工作报告中所言,"苏维埃中央政府为了实行抗日的民族统一战线,取销(消)国内两个政权的对立,首先将中央司法部改组为陕甘宁边区高等法院,遵行南京政府颁行之一切不妨碍统一战线的各种法令章程"。参见西北五省区编纂领导小组、中央档案馆:《陕甘宁边区抗日民主根据地(文献卷)》(上),中共党史资料出版社 1990 年版,第 207 页。

统一战线政策从形式统一了司法系统,但本质上存在两种不同的司法体制,这就需要分析"在一个特定的管辖权中如何联系,形成某个可以被理解为以单一整体组织起来的要素系统"①。边区高等法院院长雷经天同志指出:"边区司法组织的原则是三级三审制,但事实上边区只有二级两审。各县裁判员为第一级,受理初审案件;高等法院为复审即第二审机关,但法院有时也受理第一审的案件,特别在去年,受理的第一审应判之案件为最多。我们知道边区是属于国民政府的一个行政区域,他的行政机关是按全国行政区域组织而组织的,所以边区的司法机关也是同其他地区的相同。我们的高等法院相当于省的高等法院,是直接受国民政府最高法院领导的。可是因为最高法院放弃对我们的领导,因此形成了边区只有二级二审的现象。如果最高法院能够真正对我们用民主的方式来领导,那么我们还是他们司法组织的一个构成部分。那么,国民政府最高法院对我们放弃领导,我们边区是否可以组织一个最高法院呢?"②

边区"不采取'一事不再理'的主张,故原审机关可以负责再审,倘若当事人请求要向重庆国民政府最高法院申诉,我们绝对不加以限制。不过从边区高等法院成立以来,这样的事还没有发生过"③。边区司法和国民政府司法组织关系的配置,一方面为中国共产党巩固和发展革命政权赢得了主动权;另一方面为维护革命政权获得了国家性的司法保障。

边区援用"六法全书"的历史事实是一个司法系统格局的内在要求。"在一个特定民族、国家或者司法权中的法律如何能够被看作一个体系,其中的规制和管制多种多样,在某种程度上理性和有意地互相连接,却又明显区别于其他法律体系中的成分"④。是寻求一种立法上的交集,还是司法上的统一,成为"六法全书"适用合理解释的方法论。

---

① 〔英〕罗杰·科特瑞尔:《法理学的政治分析:法律哲学批判导论》,张笑宇译,北京大学出版社 2013 年版,第 9 页。

② 上海社会科学院院史办公室编著:《重拾历史的记忆——走进雷经天》,上海社会科学院出版社 2008 年版,第 183 页。

③ 高海深、艾绍润编著:《陕甘宁边区审判史》,陕西人民出版社 2007 年版,第 266 页。

④ 〔英〕罗杰·科特瑞尔:《法理学的政治分析:法律哲学批判导论》,张笑宇译,北京大学出版社 2013 年版,第 9 页。

1949 年 3 月,陕甘宁边区高等法院改称为"陕甘宁边区人民法院"。[①]据此,边区高等法院正式从国民政府司法系统中脱离出来。那么,从司法系统的变换来讲,"六法全书"的废除成为历史的必然。当然,边区人民法院的成立,并非对统一战线格局的打破,而是统一战线指导下的政权格局调整的内在要求。

国民政府的法律在边区的适用不仅仅是一个立法问题,更重要的是一个司法问题。只有将其放在司法框架内才有比较合理的解释。如何适用"六法全书",这既是司法理念和司法方法的问题,又是国民政府法律如何与边区政治体制尤其是司法体制对接的问题。如果在具体适用"六法全书"中,发生了"照抄照搬"的偏差[②],那不应是统一战线的错误,而是司法理念和司法方法出了问题。切记,一旦对统一战线的根基有所动摇,那么边区政权的"合法性"就会受到质疑。

第三节　边区民主集中制政权原则的司法体制实践

在革命政权尚未完全建立或者初建时期,政府的行政权力成为国家权力的核心,民意机关和司法机关的日常工作,在很大程度上由政府代行。在民主集中制原则下,边区形成了民意机关选举法院院长和监督法院与边区政府领导下的审判独立的司法体制。如 1939 年 4 月 4 日的《陕甘宁边区高等法院组织条例》中规定,"边区高等法院受中央最高法院之管辖,边区参议会之监督,边区政府之领导";"边区高等法院独立行使其司法职权"。[③] 在民主集中制政权原则下,边区司法是政权的组成部分,

---

① 《红色档案——延安时期文献档案汇编》编委会编纂:《陕甘宁边区政府文件选编》第 13 卷,陕西人民出版社 2013 年版,第 126—127 页。

② 比如,新中国成立前夕,边区高等法院的司法总结报告中认为,"一九四零年八月至一九四三年春的这一阶段中,曾走过'六法全书'的偏差路程,这是因为阶级立场和阶级观点,被统一战线糊涂了的产物,因而认为'六法全书'有批判接受的需要,可是由于理论水平与思想意识的修养不足,批判等于'依法办事'、'照抄引用'"。参见《边区人民法院司法工作总结报告》,陕西档案馆档案,全宗15—213。

③ 韩延龙、常兆儒编:《革命根据地法制文献选编》中卷,中国社会科学出版社 2013 年版,第827 页。

虽然一方面司法工作受民意机关监督;另一方面司法工作虽然属于政府的工作范畴,但是审判独立理念的确立与实践很大程度上凸显了司法向现代化发展的历史趋势。

一、民意机关选举法院院长和监督法院

有组织的民主才是有序的民主。民意机关的建立是民主政权的基本标志和内在要求。边区民意机关的建设经历了由议会到参议会的过程。边区政权初创时期建立了议会民主制,议会为民意机关。根据 1937 年 5 月 12 日的《陕甘宁边区议会及行政组织纲要》中要求,边区的"政权形式——由苏维埃形式改为议会形式"①。1938 年 11 月 25 日,边区政府发布训令要求,边区议会制改为参议会制,参议会为民意机关。边区参议会召开了三届大会,第一届会期为 1939 年 1 月 17 日至 2 月 22 日,第二届会期为 1941 年 11 月 6—21 日,第三届会期为 1946 年 4 月 2—27 日。边区参议会代表人民行使选举、罢免、立法、检查、监督等权力。

由议会以及参议会选举边区法院院长,是边区议会民主制时期的司法体制的基本形式。《陕甘宁边区议会及行政组织纲要》中规定,"边区议会主席、法院院长,每两年改选一次,边区议会每一年召集一次"②。边区高等法院于 1937 年 7 月成立,而边区议员的选举于 1937 年 12 月基本完成。按规定边区各级法院院长由选举产生。③ 但是边区议会一直没能正式开会,边区法院院长的选举也未能实现,一度时期只能采用任命制。边区高等法院是由中央司法部改组而成,第一任院长谢觉哉(1937 年 7 月 12—17 日)、第二任院长董必武(1937 年 7 月 17 日至 10 月 11 日)均属于受苏维埃中央政府的任命,董必武离职后,由雷经天任边区

①　《谢觉哉文集》,人民出版社 1989 年版,第 231 页。
②　西北五省区编纂领导小组、中央档案馆:《陕甘宁边区抗日民主根据地(文献卷)》(上),中共党史资料出版社 1990 年版,第 189 页。
③　1939 年 2 月边区第一届参议会通过的《陕甘宁边区各级参议会组织条例》(1941 年 11 月第二届参议会修正,1942 年 4 月边区政府公布)第十三条规定,边区参议会选举政府主席、副主席、政府委员及边区高等法院院长。该条例第十四条规定,县(或等于县的市)参议会选举县(市)长[必要时得加选副县(市)长]、县(市)政府委员及地方法院院长。参见韩延龙、常兆儒编:《革命根据地法制文献选编》上卷,中国社会科学出版社 2013 年版,第 396—398 页。

高等法院代院长(1937 年 10 月 11 日至 1939 年 2 月)。① 1941 年 11 月边区第二届参议会上雷经天再次当选边区高等法院院长。1946 年 4 月边区第三届参议会上马锡五当选边区高等法院院长。值此,边区历史上共产生了雷经天和马锡五两位选任制的高等法院院长。董必武、谢觉哉、雷经天、马锡五四位院长,不但是行家型的院长,而且是行家型的专家。

有选举,必须有监督,这才是完善的民主制度。边区民意机关对高等法院及地方法院的监督形式主要表现为:罢免高等法院和地方法院院长;监察及弹劾司法人员等。边区政府向每届参议会所作的工作报告均涉及了司法问题,政府将司法工作作为自己的工作向民意机关报告,请参议会通过会议审议,实际上这也是一种监督司法工作的典型方式。第三届参议会上单列了高等法院代院长王子宜的工作报告,这在很大程度上反映了参议会对司法工作的直接监督。

履行监督是民意机关管事的题中之义。边区及县(或等于县的市)参议会的常驻委员(会)对政府工作监督检查和听取政府工作报告时涉及司法问题的,也应属于民意机关对法院的监督形式和内容。怎样实现民意机关对法院的监督,靠听听报告是很局限的。集中是向上的,民主是向下的,这是民主集中制的实践逻辑。只有向下,走向实践,才能发现问题。虽然民意机关的"个案监督"受到质疑和批判,但是民意机关不注重个案的了解是难以实现对司法的监督的。"个案监督"并不是民意机关代替司法或者干预司法,而是建议司法机关通过司法程序纠正错误,这是非常有利于改进司法工作的。1942 年 4 月 12 日,边区政府转收到边区第二届参议会(甘泉选区)的高向秀参议员控诉四件群众认为处理不公的案件,边区政府于 1942 年 4 月 13 日立即派专人进行了调查,又于 1942年 5 月 6 日将处理结果函告于边区常驻参议会并高岗议长、谢觉哉副议长、安文钦副议长,具体情况见表 4-1。

---

① 汪世荣等:《新中国司法制度的基石——陕甘宁边区高等法院(1937—1949)》,商务印书馆 2011 年版,第 96—100 页。

表4-1　1942年4月边区参议员高向秀监督甘泉县司法个案情况①

案由	群众不满原因或调查情况	县府处理情况	边府处理情况
控告甘泉县政府对于雷振海家婚姻判决不公案	1.政府不允雷之女(16岁)与王杰(14岁)结婚。 2.雷振海是村工会主任,借势凌人,他不应该将此女由王杰家强行娶回。因此女当其母改嫁时,曾讲明仍是其生父金来湾的,此女既是金家人,雷家当即无权干涉此女婚事。 3.此女应归金家抚养,金家不能养活,可由其亲友照料,将来再嫁给王杰,因此女订婚后,王杰之舅曾供给此女衣食数年,恩义所在,此女及雷家不应忘恩负义。	判决:因年龄不到,不准结婚,此女仍归金家,将来此女嫁谁,政府不能约束。但尚未向双方当事人宣判。	此案已控于高等法庭,本府已将调查结果转知高等法庭办理了。
控告甘泉县裁判处书记员强租县府二科赵科员油房案	油房原由七股组成,定约七年,今始一年,如有所变动,须得七家同意,赵科员是股东之一,其出卖他的一股时,如其他股东都表示不要时,则其他非股东始有权购买。今契约期既不满期,又有三个股东表示不要意思,县政府遂判决赁给书记员之父袁志刚,价则与七股要时相同,所不同者是袁志刚答应赵科员有几分之几的股分,并强制执行,因为袁书记员之父要了,群众更加不满。	判决:油房赁给书记员之父袁志刚。	令县府切实调查清楚,是否七股都有意思表示不购买此油房后,另行改判。如原告人再不服,可上诉高等法院。
控告甘泉县府对冯金怀买孙众秀马付法币处罚不公案	1.在边区境内买卖马以法币作价一千二百元是事实(并有证人)。 2.买马人冯金怀口供则为以二十日为期(事实),在洛川买回物品或在洛川付款给孙,在甘付款为三千二百元(无其他证据),款未付即被政府将马没收,并令冯给孙洋一半,并紧闭冯七日。 3.买马时依边币上了税(见税局)认为处罚太重(减半没收)。	政府将马没收,并令冯给孙洋一半,并紧闭冯七日。	因作价以法币为标准的情况触犯了《金融法》第二条,究竟买马人是在洛川或甘泉付款,以法币还是以边币,尚无事实根据即已破获,并未完成交易过程,其处罚可酌予兼至百分之二十一的罚金(马应交还原主,双方各罚款三百二十元以上边币),本府已令县府查明改判。

① 本表根据《陕甘宁边区政府给边区常驻参议会的公函——高向秀参议员控诉的四个案件已派员调查》[到字第142号](1942年5月6日)中案件处理情况予以整理。参见《红色档案——延安时期文献档案汇编》编委会编纂:《陕甘宁边区政府文件选编》第6卷,陕西人民出版社2013年版,第147—149页。

续表

案由	群众不满原因或调查情况	县府处理情况	边府处理情况
控告甘泉县第四区区委宣传科科长吴延杰挑拨他人夫妇关系案	1. 提出离婚者是刘润月（原李兰英之父）并非女方，彼因其妻到县妇联工作，怕以后靠不住，而请区政府允其离婚，未得女方（李兰英同意），区政府即给予了双方离婚证。 2. 区宣传科科长在与李兰英离婚前是否有关系，既无证人又无证物，不能如控告人所说挑拨人之夫妇关系。	区政府即给予了双方离婚证。	本府已令县府今后处理同类性质问题时，须事先周全家庭（因女方并未表示离婚，且与其夫感情还好）并且注意今后凡女干部走出家庭者，不轻易离婚结婚，以免对群众影响太坏。

《谢觉哉日记》的字里行间能够反映谢觉哉以参议会常驻委员的身份参加了监督司法的具体工作。这些监督工作，有些带有个案监督性质，有些是对边区整个司法工作的检查，并且给出了改进司法工作的具体思路和方法。具体情况见表 4-2。

表 4-2　《谢觉哉日记》中有关谢觉哉检查司法工作的记录①

时间（1943 年）	工作内容	出处
7 月 12 日	经天、木庵、玉洁、育英来谈，检查司法工作准备事。夜朱婴同志来谈。	第 509 页
8 月 22 日	前昨两天检查审委案件民事部分。	第 531 页
8 月 25 日	上午参加审判委员会，审查死刑案件十件，平反及再查的逾一半。我讲了几点意见：一、审判委员会不能作为审案的最好机关，审判重点要在加强第一审或第二审。二、审判委员会应着重对于第一、第二审政策的领导，审判方法的指示，如行政机关一样，善于检讨与总结司法上的经验，而不以自己能解决几个案子为能。高等法院对于分庭，分庭对于司法处都是这样。各级互不相通，不交换知识技术和相互批评的作风，不可能创造出新的成绩。三、过去审判委员会实际在靠不住的秘书手里，不对的处所颇多（举了几个案的例子）。	第 531 页
8 月 27 日	检查审委民事卷，写乔秉公诉李应旭一案材料，昨天写拓邦随与拓邦厚一案材料。前者不细心替人民解决问题，后者是教条主义的标本。	第 532 页

---

① 本表根据 1942 年 7 月 12 日—9 月 1 日的《谢觉哉日记》中资料进行的整理。参见《谢觉哉日记》上卷，人民出版社 1984 年版，第 509—533 页。

续表

时间（1943 年）	工作内容	出处
9月1日	上午座谈检查司法工作，我整理出审委会几个民事案卷的材料，觉得有几点：一、不注意调查诉讼当事人的经济状况；二、不够尊重区乡政府及其他党政负责人的意见；三、不是从实际出发而是从条文出发；四、缺乏真实替人民解决问题的心思；五、侦讯技术差。一般讲来，第三审比第二审差，第一审亦差。	第 533 页

二、政府领导下的审判独立体制的优化

在司法制度建设史上，审判独立问题是关乎边区政权建设基本方向的一项重大的政治和法律问题。因为，"在人类司法的发展史上，没有哪一种法律理念像司法独立那样，推动着司法的法律化、职业化进程；也没有哪一种制度的建构能像司法独立那样，锻造着法律运作的政治空间与专业意蕴"[1]。边区各级法院在组织上隶属于政府，这种隶属是一种指导与监督的领导关系。边区政府领导法院并非回归到传统的司法行政合一的封建体制。正如谢觉哉指出的，"司法受政权指导，并不等于受行政指挥，不是还原到封建时代的行政与司法无分，一任执政者之喜怒"[2]。边区司法体制的一个显著特点体现为以政府为核心的司法架构。但是，边区政府领导法院并不是"将司法看做政治权力的附庸，忽视了司法作为国家权力形式之一的根本特性"[3]，边区政府领导下的审判独立体制框架的初步建构已具有现代司法的意义。

虽然法院和其他国家机关均具有管理国家的职能。但是"法院参加国家管理工作是以特别的，为法院所固有的形式进行的"[4]。法院以居中裁判的地位和国家强制的方式履行国家管理职能，是其他国家机关所不具有的。

---

① 胡玉鸿：《马克思恩格斯论司法独立》，《法学研究》2002 年第 1 期。
② 《谢觉哉日记》上卷，人民出版社 1984 年版，第 411—412 页。
③ 程竹汝：《司法改革与政治发展——当代中国司法结构及其社会政治功能研究》，中国社会科学出版社 2001 年版，第 17 页。
④ ［苏］Д.С.卡列夫：《苏维埃法院和检察机关》，徐立根译，法律出版社 1955 年版，第 3 页。

　　政府领导法院的关键问题是司法权由政府行使还是由法院行使。对于县长兼理司法工作的问题,边区党委、政府、保安处、高等法院的联合意见认为,"我们的问题并不是兼与不兼的问题,而是县长或是因事忙,来不及兼顾,须得有专人负责"①。只要成立专门的司法机关,不论司法的职能具有行政的性质和功能,还是司法人员由行政人员兼任或者由政府任命,司法机关及司法人员的审判行为属于司法行为而不是行政行为。如果政府对法院的领导仅限于组织上而非业务上,法院独立行使审判权才可能是真实的。但是行政人员兼任司法人员无法摆脱行政思维与行政作风。特殊时期的边区司法恰恰需要的是行政思维与行政作风,而法治思维与法治作风只能是未来的事。

　　司法机关的设立标志着司法权力由专门机构行使,这是确保独立审判的前提。至于司法机关设在政府组织体系内还是体系外,这已经不是很重要的事情了。边区政权在议会建制阶段,虽然高等法院形式上为边区政府的内设行政机构,法院与政府不并立②,但其本质上是不同于行政机构。边区政权在参议会建制阶段,边区法院从组织上隶属边区政府领导的司法机构,但在制度层面法院不是行政机构③,不属于边区行政机关的组成部分。对于1941年4月的《陕甘宁边区政府工作报告》中认为"法庭是政府的一部分,他的审判对人民(代表人民的各级参议会)负责,同时也对政府委员会负责"④的观点,应从组织层面来理解边区法院隶属

---

　　①　《红色档案——延安时期文献档案汇编》编委会编纂:《陕甘宁边区政府文件选编》第1卷,陕西人民出版社2013年版,第254页。

　　②　如《陕甘宁边区议会及行政组织纲要》第八条规定:"边区政府设秘书处、建设厅、农工厅、教育厅、财政厅、民政厅、保安司令、法院、审计处。边区政府组织主席团,各厅组织委员会,厅长为当然主席。"《陕甘宁边区议会及行政组织纲要》的说明中指出:"边区法院审判独立,但仍隶属于主席团之下,不采取司法与行政并立状态。"《陕甘宁边区政权建设》编辑组:《陕甘宁边区参议会(资料选集)》,中共中央党校科研办公室发行(党校系统内部发行)1985年版,第42—46页。

　　③　如1939年4月公布的《陕甘宁边区高等法院组织条例》第二条规定:"边区高等法院受中央最高法院之管辖,边区参议会之监督,边区政府之领导。"根据1939年4月公布的《陕甘宁边区政府组织条例》第二条规定,"边区政府设左(下)列各厅部处:(一)秘书处;(二)民政厅;(三)财政厅;(四)教育厅;(五)建设厅;(六)保安司令部;(七)保安处;(八)审计处"。韩延龙、常兆儒编:《革命根据地法制文献选编》上卷,中国社会科学出版社2013年版,第406页。

　　④　《红色档案——延安时期文献档案汇编》编委会编纂:《陕甘宁边区政府文件选编》第3卷,陕西人民出版社2013年版,第220—221页。

于政府的领导关系,而不能直接认为法院是政府机关的组成部分。

　　司法权力随行政权力向地方延伸和配置,这是中国传统郡县制与现代地方行政体制所决定的。司法机关的地方化设置与地方行政区划紧密相关。按照中国的司法行政合一的体制传统,各个地方对应的各级行政机关均设置了司法机构。苏维埃政权时期,边区多数县的审判机关称为县裁判部。按照1931年12月13日的《中华苏维埃共和国中央执行委员训令第六号——处理反革命案件和建立司法机关的暂行程序》中规定,"各级地方司法机关在未设立法院之前,得在省、县、区三级政府设立裁判部,为临时司法机关"[①]。西北地区先后正式建立了5个省级苏维埃政权[②]之后,除陕甘边苏维埃政府外,均设立了裁判部。据资料统计,西北苏维埃区域内先后建立的县级苏维埃政权有53个,这些县级苏维埃政权基本上参照苏维埃政权组织体系,设立了裁判部[③]。陕甘宁边区高等法院成立后,县裁判部予以撤销,由承审员1人、书记员1人组成县级审判机关。承审员一般由县政府的委员担任。1937年12月,边区各县的承审员的名称改为裁判员,作为第一级初审司法机关。

　　地方法院的设立是跨县级行政区划集中管辖的一种尝试。1941年9

---

　　①　韩延龙、常兆儒编:《革命根据地法制文献选编》中卷,中国社会科学出版社2013年版,第784页。

　　②　西北地区所属党委先后建立了5个省级苏维埃政权,即1934年11月,中共陕甘边特委与陕甘边苏维埃政府同时成立(1935年11月撤销,归并陕北省苏维埃政府);1935年1月,中共陕北特委与陕北省苏维埃政府同时成立(1935年2月,中共陕北特委撤销,陕北省苏维埃政府归中共西北工委领导;原陕北省苏维埃政府不予撤销,1935年11月按新划定的区域开始行使职权);1935年11月,中共陕北省委与陕北省苏维埃政府同时成立(1936年5月撤销,1936年12月再次成立);1935年11月,中共陕甘省委与陕甘省苏维埃政府同时成立;1936年5月,中共陕甘宁省委与陕甘宁省苏维埃政府同时成立(1937年11月撤销,归并陕北省苏维埃政府)。

　　③　据资料统计,西北苏维埃区域内先后建立的县级苏维埃政权有53个,即"陕西境内的神木、佳县、佳芦、佳北、吴堡、绥德、清涧、安定(后改为子长)、赤源、鄜(富)县、鄜(富)西、鄜(富)甘、赤安、安塞、肤甘、静边、西静边、东静边、淳耀、赤淳、正旬彬、中宜、红泉、宜川、秀延、延川、延水、延长、延安、定边、米西、赤源、府谷、榆林、新城、横山、甘洛、安边;甘肃境内的华池、庆北、合水、新正、宁县、赤庆、环县、曲子、静宁、定环;宁夏境内的盐池、豫旺、豫海、固北"。但"由于陕甘边和陕北根据地处在敌人四面包围之中,县苏维埃政权被敌人骚扰、破坏的情况时有发生,形成一个县的苏维埃政权几度成立,名称范围也多有变动"。上述53个县级苏维埃政府设主席、副主席各1人,下属机构设置与省苏维埃政府基本相同,下设土地、劳动、财政、军事、粮食、内务、国民经济、裁判等部,工农检查局、保卫局。参见陕西省地方志编纂委员会:《陕西省志·政务志》第50卷,陕西人民出版社1997年版,第63页。

月 18 日,边区政府令设立绥德地方法院,管辖绥德分区所属各县民刑诉讼第一审案件。① 绥德地方法院曾管辖绥德、米脂、佳县、吴堡和清涧。1941 年 12 月 17 日,边区高等法院发布训令,在延安成立地方法院。1942年 1 月 13 日,边区高等法院通令指出,在陇东分区的庆阳、关中分区的新正各设立地方法院。地方法院与辖区各县级政府没有组织上的行政领导关系,其独立性相对较强,并且原则上院长不由地方政府行政首长兼任。如 1942 年 2 月 27 日,陕甘宁边区政府对边区高等法院转呈新正县地方法院院长选派的批答为:"新正县成立地方法院,所有院长一职,应从各县裁判员当中选择资深而办事有能力的人委派。委定后,望即呈报本府备查。"②

边区县司法处逐步演进为相对独立于行政的第一级初审机关。根据1941 年 11 月的《陕甘宁边区县政府组织暂行条例》规定,在地方法院未成立之前,县政府下设司法处,司法处在县长领导下进行审判。此时县司法处具有双重性质,既属于县政府的行政机构,又属于司法机构。1943年 4 月 25 日的《修正陕甘宁边区县政府组织暂行条例草案》规定,县政府的机构不包括司法处。从一定意义上讲,此时县司法处不属于政府的行政机构,成为相对独立于政府的司法机构。虽然裁判书形式上盖用县印,但此时是司法行为的表现形式,而不是行政行为的表现形式。由此可见,边区司法和行政在业务上是有所区分的,司法相对独立于行政。

为了克服当事人不服地方法院或者县司法处裁判到边区高等法院上诉的不便,边区政府决定设立高等法院分庭。根据 1943 年 3 月的《陕甘宁边区高等法院分庭组织条例草案》规定,高等法院分庭代表高等法院受理不服各该分区所辖地方法院或县司法处第一审判决上诉之民刑案件,为第二审判决。③ 高等法院分庭虽然设置于专员公署,但不是专员公署的内设机构。根据 1942 年 1 月的《陕甘宁边区行政督察专员公署组织

---

① 《红色档案——延安时期文献档案汇编》编委会编纂:《陕甘宁边区政府文件选编》第 4 卷,陕西人民出版社 2013 年版,第 184 页。

② 《红色档案——延安时期文献档案汇编》编委会编纂:《陕甘宁边区政府文件选编》第 5 卷,陕西人民出版社 2013 年版,第 286—287 页。

③ 韩延龙、常兆儒编:《革命根据地法制文献选编》中卷,中国社会科学出版社 2013 年版,第836 页。

暂行条例》规定,分区行政专员及副专员,由边区政府派任,或令驻本分区军事长官兼任,或令本分区县长一人兼任;专员公署与中心县政府在同一地的,专员得兼县长,专员公署和县政府合署办公,但职责权限各有分工。① 按照制度设计,高等法院分庭的庭长不是由行政专员兼任,而是由高等法院呈请边区政府任命。但实际中存在专员兼高等法院分庭庭长的情况,如陇东高等分庭的五任庭长马锡五、朱开铨、张仲良、李培福和李生华均属专员身份。行政专员兼任庭长的角色表现为,首先是行政首长,其次是庭长。专员的行政化角色与理念很容易融入司法当中。喻中认为:"马锡五最初的法律实践则只是一个行政者的实践。"② 当然,从当时的历史时空来看,不论从形式上还是实质上,马锡五既是一位行政者,又是一位司法者。但是,从司法制度建设的长远来看,马锡五最终还是从一位行政者走向了一位司法者。

边区地方法院虽然整合了审判资源,司法能力较强,但是由于不是普遍设立,不适应司法辖区辐射半径大、人口居住分散、交通不便等现实情况。在各县实现司法处全覆盖之后,地方法院的存在就不是很必要了。高等法院分庭的设立更加促进了地方法院的撤销。除延安地方法院一直保留至 1949 年 3 月,绥德、庆阳和新正的地方法院于 1943 年 4 月陆续撤销。虽然高等法院分庭和地方法院没有任何承接性,但是地方法院跨行政区集中管辖的方式为高等法院分庭的地方化设置积累了经验。地方化设置的高等法院分庭既方便诉讼,又很大程度上摆脱了地方政府行政干预。

第四节　边区司法与政治的实践关系的认同

"政治没有抽象的"③。政治的建构逻辑和运行目标是具体的。政治路线贯穿于司法的全过程。司法的初始政治化体现了司法机关在国

---

① 韩延龙、常兆儒编:《革命根据地法制文献选编》上卷,中国社会科学出版社 2013 年版,第412—413 页。

② 喻中:《吴经熊与马锡五:现代中国两种法律传统的象征》,《法商研究》2007 年第 1 期。

③ 《习仲勋文集》上卷,中共党史出版社 2013 年版,第 30 页。

家政治权力体系建构中的初始目的。司法运行的政治化体现了司法权在国家政治权力体系中的运行逻辑。边区司法的实践理性将司法的意识形态、政权属性、党的领导、政治风气实践化为司法为民的行动方案。

一、司法的意识形态认同

司法传统是一种"精神"或者"文化",必须强化意识形态的考量,如果去阶级、去工具的研究边区司法,就不能抓住边区司法传统的内在本质。对意识形态的过分关注,或者运用马克思主义的阶级分析工具,不当然丧失法学研究的学术品质。米尔伊安·R.达玛什卡指出:"对法律程序与占统治地位的政治意识形态的密切关系的研究非常有前途:毕竟考虑到了统治阶级通过他们建立的司法制度取得了合法性地位。"[①]从侯欣一对边区司法制度的深入研究来看,他虽然试图"将陕甘宁边区的司法制度的创建、发展过程放在中国法律近代化及中华民国法制史等更大的社会历史背景下去考察和分析,力求扩大学术研究的张力和厚度,避免就事论事的不足,增加理论色彩和学术性,淡化意识形态的影响"[②],但是最终也难以避开边区"政治化"司法特质的影响。侯欣一又认为,"对陕甘宁边区司法制度问题的研究,采取政治与法律相结合的角度,而不仅仅是单一的政治角度去考察和分析是完全可能的,这并不是出于纯粹的学术创新之功利上的考虑。但这种政治与法律相结合的分析框架毕竟是一种尝试,如何运用还有待我们不断摸索"[③]。

批判法学派之所以主张"司法就是政治"[④]的理论命题,是因为无政治意识的司法理论和实践是违背司法自身规律的。批判法学派论及司法的政治性命题的着力点在于,司法的政治意识形态或者司法的价值

---

① Mirjan R.Damaska, *The Faces of Justice and State Authority: A Comparative Approach to the Legal Process*, New Haven and London: Yale University Press, 1986, p.8.

② 侯欣一:《从司法为民到人民司法——陕甘宁边区大众化司法制度研究》,中国政法大学出版社 2007 年版,第 26 页。

③ 侯欣一:《从司法为民到人民司法——陕甘宁边区大众化司法制度研究》,中国政法大学出版社 2007 年版,第 28 页。

④ 顾培东:《当代中国司法生态及其改善》,《法学研究》2016 年第 2 期。

观念等层面。① 当然,司法的初始政治化过程中伴随着政治意识形态的选择与建构。但是,司法的初始政治化是一个国家化、民主化、政权化的复杂过程,不仅仅是意识形态化的过程,更重要的是国家政权建设的过程。

政党与司法的关系或者形态是历史的产物,不是意识形态的直接产物。② 但是政党与司法的关系体现了意识形态。政党与司法的关系或者形态被设计于制度之中,是为了规范和优化两者的关系,而不能当然认为政党与司法的关系是制度的产物。党领导司法的制度设计和具体实践,就是将进步的思想和主张融入司法的价值目标之中,让司法权力始终为民所系。司法技术运用的正当程序要求司法必须保持良好的司法作风。党领导司法主张司法为民的理念,坚持群众路线的司法方法,就是要防止司法领域的官僚主义和腐败现象。

司法的现代性并不是一个去意识形态的过程,而是建构一个适合现代民主制国家司法制度意识形态的过程。司法的意识形态与国家政权体系所支撑的意识形态相统一。罗伯特·F.尤特指出:"中华人民共和国重建了传统的纠纷解决体系,并创造了新的纠纷解决体系。在许多方面,现在的纠纷解决方式具有很强的共产主义意识形态和观念的特征。"③新中国成立后,司法建设中开展的"反对旧法观点和整顿各级人民司法机关的司法改革运动,严肃地批判了《六法全书》观点和'法律是超阶级、超政治的'以及'办案是单纯技术工作'、'一案不再理'、'官无悔判'等反动的或错误的思想;对于因立场不稳、受反动的旧法观点侵蚀、染上了脱离群众的衙门作风的一部分干部亦作了严肃的批评,从而基本上划清了新旧法律的思想界限。"④改造旧司法人员的目的是确保司法人员的思想的纯洁性,使司法人员站在人民的立场上司法。韩大元认为,"基于新旧法

---

① 唐丰鹤:《政治性的司法?——批判法学司法思想研究》,《中南大学学报》(社会科学版)2015 年第 2 期。

② 苏力:《中国司法中的政党》,载苏力:《法律和社会学》第 1 卷,法律出版社 2006 年版,第272 页。

③ Robert F.Utte, *Dispute Resolution in China*, Family Court Review, Vol.28, No.1, 1990, p.66.

④ 彭真:《论新中国的政法工作》,中央文献出版社 1992 年版,第 85 页。

律秩序的转型,对旧法时代的司法工作者的思想进行清理是必要的"①。虽然在清理和改造旧司法工作人员方面出现了"过左""过火"的错误行为,但是绝不能否认这一工作的出发点和必要性。因为,我们不能将"政治运动"中的方法不当或者方法错误来否定政治体制本身。这就要正确处理原则和方法问题。方法不当,可以纠正方法,但不能动摇基本原则。

二、司法的政权属性认同

边区司法传统的形成与发展系统地反映了中国道路的选择和正义的实现路径。参照系的选择以及执政方式的确定是决定中国命运的关键因素。"议行合一"体制下的司法制度建构与统一战线政策指导下的司法系统配置,诠释了边区司法传统中的政治立场与政治策略。汲取近代中国国家主权遭受重创和"治外法权"蒙蔽下的"领事裁判权"的历史教训,我们必须清醒地认识到,资产阶级民主宪政思想不单单是思想文化领域内对中国传统政治体制乃至新民主主义政权的挑战和冲击,也不能幼稚地或者简单地认为这是传统中国走向现代化的思想机遇,因为资产阶级民主宪政思想背后隐喻着资产阶级革命的"强烈风暴",并且必须切记"革命的历史含义是冲破法律制度凝聚力的急剧的、打破连续过程的和激烈的变革"②。值得肯定的是,边区司法体制以民主集中制为政权原则,抵制了同一司法系统的国民政府西式司法体制的同质化,保持了无产阶级专政的社会主义国家司法体制的基本特色。

共产党的统一战线政策的形成、确立和运用,创新了马克思列宁主义的从局部执政向全局执政的国家政权学说。统一战线政策破解了两种政权的矛盾问题。边区政权属于地方政权,但是边区"三三制"政权具有全国普遍性,是新中国政权的雏形。从边区"三三制"政权来考量边区政权建设,就能充分论证边区政权的合法性。边区的立法和司法是具有国家性的。边区高等法院建制在国民政府司法系统和司法组织体系内,既是

---

① 韩大元:《论1954年宪法上的审判独立原则》,《中国法学》2016年第5期。

② [美]哈罗德·J.伯尔曼:《法律与革命——西方法律传统的形成》,贺卫方等译,中国大百科全书出版社1993年版,第25页。

历史时局的需要,又是国家司法的内在要求。边区高等法院化为历史,边区人民法院的成立,以及新中国最高人民法院的建立,充分证明了司法伴随政权体制建设的发展规律。对司法的初始政治化的理论与实践的探索,旨在揭示边区司法的历史发展轨迹。可以说,司法的初始政治化是司法形成的不可逾越的必经历史阶段。

从中华苏维埃共和国最高法院到边区高等法院再到中华人民共和国最高人民法院,我们看到了新中国司法制度的初始政治化的历程。边区司法制度成为历史,但是历史并未终结,边区司法传统中建构的统一战线政策的灵魂和民主集中制政权原则的精神,保持在中国特色社会主义制度之中。中国的现行司法体制与党的领导、人民代表大会制度相联系,决不是与"多党制""三权分立"制度相配套,这是中国特色社会主义司法体制与西方司法体制的本质区别。① 只有以苏维埃政权的司法体制为逻辑起点,认真总结边区坚持民主集中制原则构建司法体制的历史经验,结合新中国成立后中国司法制度的发展轨迹,改变"中国似乎还没有一种系统的、独特的、本土式的司法权理论"②的片面认识,按照马克思列宁主义、毛泽东思想的指引,探寻中国式的司法理论和司法模式。1959 年 5 月 5 日,谢觉哉在最高人民法院全体工作人员大会上的讲话中指出:"我们要搞出一套适合于我国情况的社会主义司法工作经验出来,当然不是一下子搞得出来的,什么时候搞出来呢? 只要你去搞,总有一天会搞出来的。搞出来的时候开始可能还不大太好,但总有一些好的。要打破过去某些人所要求的'样子'。什么叫样子呢? 我们有我们的样子。"③当代中国司法改革必须立足本国国情,以本土法律文化资源为主体,理性选择域外法律文化,这是中国特色社会主义司法制度创新发展必须遵循的规律。

---

① Yang Xiao,*The Reform of the Judicial System in China is Confronted with a Crucial Period of Strategic Opportunities*,Frontiers of Law in China,Vol.10,No.1,2015,p.6.

② 程春明:《司法权及其配置:理论语境、中英法式样及国际趋势》,中国法制出版社 2009 年版,第 192 页。

③ 《谢觉哉文集》,人民出版社 1989 年版,第 998 页。

三、政党领导司法的认同

司法权力要实现和维护国家政治秩序,确保各项政治权力符合相关规则和机制健康运行。[①] 司法和政党保持理性的关系,是政治秩序和政治文明的重要标志。历史与现实的实践证明,政党成为推动法律制度变革的必须的主导或者领导力量。虽然政党或者个别成员(尤其是领导成员)的偏执甚或错误实际阻碍了社会和法律的进步,但是绝对不能以此来否定政党在法律制度变革中的主导或者领导作用。共产党坚持和完善了党对司法的政治上、思想上、组织上领导的政党理性,努力克服了国民政府"司法党化"的倾向,从而更加自信:共产党对边区司法机关的领导是新中国司法制度的历史使然。

党的领导与审判独立是统一的。有学者认为:"由于我国强调司法的阶级本质,故而将法院定性为人民的法院,法院应当服从劳动人民的整体利益、体现无产阶级的意志和阶级斗争的理念,法院应当在'无产阶级容许的'范围内活动。从这个意义上说,司法独立只是一种神话,其实不可能存在。"[②]无产阶级政党领导的法院具有阶级性、人民性,这是马克思主义法学的阶级立场的集中体现。法院服从党的领导,并非在党的意志范围内活动,而是在法律范围内活动。

司法独立理念的形成,是与国家政治体制接轨与磨合的一个长期的历史过程,如果仅停留在思想层面、文本层面或者尘封于历史档案文献之中,那只能是一个美妙的憧憬和蓝图;司法独立理念的实现,是一个复杂的系统性工程,绝非制度层面的文字宣言,只有建构系统性的配套机制和实施措施,才会有梦想成真的可能。回溯历史,源自西方、飘移中国的近代司法独立梦想时梦时灭,证明了近代中国照搬西方三权分立体制是不适合当时的国情的。有学者认为:"三权分立强调权力的制约与平衡,而对处于内外交困的中国来说,保持一个强大的,具有足够权威和动员能力的中央政府,却是必须的。三权分立制度演变得不

---

① 沈德咏、曹士兵、施新州:《国家治理视野下的中国司法权构建》,《中国社会科学》2015年第3期。

② 王申:《科层行政化管理下的司法独立》,《法学》2012年第11期。

好,制约和平衡往往蜕化为政客们各自把持一个部门,互不让步,仅仅有制约而没有平衡。这种闹剧事实上自三权分立制度开始在中国施行之后,一再上演。"①在民主基础薄弱、司法人员缺乏、人民法治意识淡薄的旧中国完全照搬西方国家的司法独立模式是行不通的。"每个民族、每个国家有自己特征的历史和文化,所以,万灵药是不存在的。在学习国外建立自己的法律制度的过程中,中国必须坚持从自己的经济和历史现实出发,防止盲目复制"②。那种"单纯依靠西式理念建构的体系毕竟还没有在中国土壤上获得有力的系统性制度和资源的支撑"③,而从本国实情出发,建构本土化的司法体制是司法发展规律的要求。

世界上至今没有构筑出来标准化的政党与司法关系的参照系;我们不能以西方经验来批判中国的政党与司法关系。我们不能以西方的司法独立理念来衡量无产阶政党领导的审判独立体制。边区司法传统持续保持苏维埃民主集中制原则的历史经验告诉我们,移植西方"三权分立"理论和试图以西方形式主义法学改变中国司法制度的发展方向,是不符合中国的发展道路的。因此,中国司法制度建设必须充分发挥中国的传统尤其是现代革命传统的法制资源,总结革命和建设当中的实践经验,努力克服中国实际上照搬套用外来法律的缺陷。

四、政治改善司法的认同

司法活动是以规则为先导,还是以理念为先导,这一直是形式理性与实质理性争议的问题。法律规则不仅仅是对权利义务的具体分配,更重要的是对公平正义价值的维护。如何正当地适用规则,这是司法活动务必要考虑的首要问题。价值衡量、利益平衡成为规则适用中必须考虑的因素,这就成为司法理念的问题。司法理念应该是司法活动的先导。司法理念的实施会转化为现实中的司法作风。司法工作是边区政权工作的

---

① 程春明:《司法权及其配置:理论语境、中英法式样及国际趋势》,中国法制出版社 2009 年版,第 227—228 页。

② Deyong Shen, *Chinese Judicial Culture: From Tradition to Modernity*, BYU J.Pub.L., Vol.25, No.1, 2010, pp.131-141.

③ 王志强:《辛亥革命后基层审判的转型与承续——以民国元年上海地区为例》,《中国社会科学》2012 年第 5 期。

重要部分,司法作风体现整个政权工作的作风。

司法机关的作风代表着政权机关的作风。群众对司法的评价代表着共产党在群众心目中的政治声望。司法作风的好坏程度比司法的专业水平的高低更重要。一个专业化水平较低的法官具有满腔群众工作热情,仍然会受到群众的信赖。一个脱离人民群众的法官,虽然专业化水平很高,其司法的公正性常常受到怀疑。丹宁勋爵在其著作《法律的正当程序》中提出的“保持司法工作持续性的清正与纯洁”[1]的观点,无意中流露了司法的意识形态。司法作风之所以能够体现政治生态和政治风气,是因为司法作风承载着正义理念、价值判断等意识形态形式。一个法官的行为能够影响一个时代的司法发展方向,足以证明司法不是单靠法律规则和专业技术就能保障的。“因人而异”的司法效果原本不是规则化、程式化司法的设计初衷。“马锡五审判方式”不仅代表马锡五个人的审判作风,而且彰显了司法为民的精神风貌。

边区精兵简政的目的是有效地实现政权工作的精干有力、政令统一、效能提高、勤俭节约和反对官僚主义。精兵简政不是简单地精简机构、精减人员,而是要从思想上和行动上防止脱离民众的官僚主义倾向,纠正事务主义、形式主义和文牍主义,特别是纠正自以为是的主观主义。边区司法部门实施精兵简政的实践理性为:派大批司法干部到下边去,加强下级司法机构,彻底纠正文牍主义的现象,使司法业务力求简单,使基层容易推行,使人民感到方便,真正为人民的争讼,迅速的公平解决,切实执行保障人权财权条例。[2]

延安整风运动的目的是要解决思想和政治路线问题,这对形成良好的政治生态与政治风气至关重要。反对主观臆断,深入基层、深入群众,讲证据、重调查研究,不拘形式、方便群众,这是延安整风精神在“马锡五审判方式”中的具体落实和体现。整风运动的开展给边区司法注入了新风,促进了人民司法制度建设不断走向成熟。正如黄宗智对中国共产党在革命根据地时期的调解实践的认识:群众路线教育了外来的年轻知识

---

[1]　Lord Denning, *The Due Process Law*, Oxford: Oxford University Press, Reprinted, 2008, p.1.

[2]　《红色档案——延安时期文献档案汇编》编委会编纂:《陕甘宁边区政府文件选编》第6卷,陕西人民出版社2013年版,第9页。

分子,要求他们平等对待群众,能够协商并虚心听取群众意见,注重说服教育,学会和农民同吃、同住、同劳动。① 1946 年秋天,马锡五去延安下乡调解"民兵强打民粮"一案。他通过"召集干部会"了解案件处理经过,以"帮助农民生产"的方法开展调查研究,利用"群众会议"公开真相,最终案结事了。马锡五对本案的亲身体会为:"一个缠讼数年的案件,依靠群众的力量获得了彻底的处理;区乡干部也从本案处理过程中提高了政策水平,改进了工作作风;广大群众也受到了一次生动的法纪教育。同时也教育了几年缠讼不休的杨兆云,他满意地说:'大家心平气和,尊敬我,又批评了区乡干部,指出了我的错误,我再没啥说,只有服从。'"②杨兆云缠讼案暴露了区乡干部在处理干群关系时,存在严重的脱离群众的官僚主义作风。区乡干部不能正视自己的错误,不愿从违反政策法令方面进行检查自纠。县政府干部总想绕开主要矛盾,不肯从思想和政策上去认识自身的问题,难免在工作中束手无策,以至激化矛盾。马锡五认为巡回审判的意义在于:"不仅使案件(特别是少数缠讼不休的案件)可以得到迅速正确的处理,而且通过处理案件,可以检查下级司法机关的工作,帮助建立制度,总结经验,提高思想,改进工作。"③

　　本章从司法体制层面论述了边区司法的政治化的实践理性,厘清了司法与政治的关系,聚焦了司法的政治属性的政治认同。一个国家司法制度初建阶段,司法与政治同步发展,初始政治化与运行政治化同时并存。初始政治化的任务主要是建构司法体制,即要配置司法权在国家政治权力中的地位。运行政治化主要是初步建构的司法权力政治化运行的态势或者特征,即要体现司法权和国家其他政治权力的运行关系。司法制度基本建成之后,初始政治化的完成形态——司法体制,基本处于稳定趋势,即司法体制基本定型。定型的司法体制与国家政权的性质保持高度一致。司法权力运行政治化处于不断弱化的趋势,即司法权力运行要去政治化。但是司法的专业化或者技术化的规范要求无法抛弃司法体制

---

① 　Philip C.C.Huang,*Divorce Law Practices and the Origins*,*Myths*,*and Realities of Judicial*"*Mediation*"*in China*,Modern China,Vol.31,No.2,2005,pp.151-203.
② 　马锡五:《新民主主义革命阶段中陕甘宁边区的人民司法工作》,《法学研究》1955 年第 1 期。
③ 　马锡五:《新民主主义革命阶段中陕甘宁边区的人民司法工作》,《法学研究》1955 年第 1 期。

的政治属性。处于革命政权更迭的边区,从司法的初始政治化到司法运行政治化,以及司法体制建构的政治化与司法权力运行的政治化并存,这正是边区司法政治化的内在逻辑。而司法运行政治化的理性在于从工具性向价值性转变,即从革命战争时代向革命建设演进中的司法为战争服务向司法为人民服务的转变。边区司法虽然承载着或者被加载着政治功能和政治期许,但是司法机关及其司法人员仍然保持着裁判者的本来面目,毕竟司法与政治应该保持适当的关系。边区政府领导司法机关这是政权初创时期司法权力配置的非常态化体制。司法权与行政权的分离是司法发展的必然趋势。边区司法与政治的实践关系所体现的意识形态、政权属性、党领导司法、政治改善司法的政治理性,应获得现代认同。

第　五　章

边区司法的治理化的实践理性认同

在局部执政的历史时期，为了巩固夺取全局政权的社会基础，中国共产党不但要在国家层面取得边区司法的领导权，更要在社会层面获得社会治理权，从而司法的治理功能显得尤为重要。司法介入民间社会生活，就是要传播和引领社会文明，促进形成良好的社会生活习惯和规范的行为模式。边区时期治理社会的司法，面向乡村社会问题，具有生活实践的历史特色。

第一节　边区司法对社会问题的"治理"

处于历史转型期的边区社会，旧社会的陋习和恶习不可能自我消失，它们会顺着历史车轮的惯性将在一定时期内持续存在或者蔓延，使得新生社会难以自我调适或者控制，从而发展成为阻碍新社会文明发展步伐的一系列社会问题。旧社会遗留并且根深蒂固的封建迷信和包办、强迫、买卖婚姻以及烟毒、"二流子"等社会问题成为边区的主要不安定隐患，并且封建迷信、烟毒、"二流子"经常交织在一起使得边区的社会问题更为复杂。边区的这些突出社会问题实际上是社会生活问题。

社会问题成为边区法律调整和规制的主要对象。汪世荣认为："陕甘宁边区高等法院主张法制建设应当从改造社会、治理社会的目标出发，以解决边区的社会问题为中心任务。"[①]社会问题成为边区司法的主要治

---

① 汪世荣：《陕甘宁边区高等法院的成就》，《西南政法大学学报》2010 年第 6 期。

理对象。如 1941 年 11 月的《边区政府工作报告》中指出："二三年来法院受理的案件,刑事犯以破坏治安及鸦片犯为多,而民事诉讼则以土地和婚姻较多,而公诉又多于自诉。这说明了边区还在逐步走向巩固,社会还处在过渡的变革时期(婚姻纠纷表现得最明显),旧社会的恶习还是我们一个累赘。"①司法的社会治理过程是一个从规则制定到规则实施的过程,这一过程是实际考察和评判法律良善程度和实效高低的最佳路径。边区的刑事案件主要以"烟毒、窃盗、赌博"等犯罪为主(见表 5-1),民事案件中"包办、强迫、买卖婚姻"占了很大的比重。在剧烈的社会变革时期,社会问题越发突出。边区的社会问题成为社会进步的巨大阻力。边区司法必须提高社会治理能力,积极应对和解决社会问题。

表 5-1　1939 年至 1941 年 6 月陕甘宁边区 20 个县的统计②

罪名	贪污	盗窃	烟毒	赌博	杀人	伤害	妨害婚姻家庭
案件数	235	429	1157	697	86	167	147
占全部刑事案件的比例	5.16%	9.42%	25.41%	15.3%	1.8%	3.6%	3.22%

一、封建迷信的治理

迷信是社会生产力低下状态下人们对自然现象无法解释或者无法认知形成的错误观念或者错误信仰。迷信不但对人们的思想处于长期的控制状态,而且具有延续和传播效应。即便是社会发展、科技进步,迷信仍然根深蒂固,难以破除。在传统中国,迷信不但民间化而且官方化。迷信一方面时常被民间的图利分子所利用而坑害百姓,另一方面往往被统治阶级作为神化"权"威的工具而愚弄百姓。虽然近代中国经历了辛亥革命和五四新文化运动,但是封建迷信在思想领域仍然占据一定的统治地位。传播科学思想、反对封建迷信,成为新民主主义革命的一项艰巨的社

① 中国社会科学院近代史研究所、《近代史资料》编译室主编:《陕甘宁边区参议会文献汇辑》,知识产权出版社 2013 年版,第 95 页。

② 张希坡、韩延龙主编:《中国革命法制史》,中国社会科学出版社 2007 年版,第 293 页。

会改革任务。

在文化和科技非常落后的边区社会里,迷信思想有着巨大的存在空间和广泛的支撑人群。边区巫神之多,危害之大。李维汉曾指出:"全区巫神多达二千余人,招摇撞骗,为害甚烈。"①巫神使用巫术治病骗取钱物,导致致人死亡成为常有的事②。如 1945 年 5 月的《陕甘宁边区高等法院指示信——关于三十三年各庭处院月报总批答之二由》中列举的"延川县郝庆隆伤害一案"中讲道:"被告郝庆隆系阴阳,常以迷信方术治病,去年四月间,有刘尚智之妻染病甚重,肚腹膨胀,被告即用菜刀一把烧红,白布一块,黄表数张在病人肚腹打治,病人旋即死亡。"③再如,1944 年 4 月 29 日在《解放日报》上刊载的巫神杨汗珠"捉鬼治病"致人死亡案的报道中写道:"'捉鬼治病'的过程中,不仅该巫神活活打死了病人,而且大大花费了常家的钱财,致使常家几乎濒于破产。两三天之中,他在常家共浪费洋二万余元,另外,还打了十几个碗,烧了十几刀黄表纸。白氏死后,巫神又自命为白氏娘家委托的送葬代理人(因杨系死者之姨表兄),要常家将好衣服给死者穿了七件,并强迫常家用十三万五千元的高价买来槐木棺材一口。前后花费共达百万元以上,致使常家在新市场开的一家小本生意,完全倒闭,陷于家破人亡的悲惨境遇。此事件发生后,引起了广大群众的义愤,他们纷纷向政府控告。经延安市地方法院详细调查后,发现该巫神杨汉珠一贯利用群众的迷信,招摇撞骗,敲诈勒索,仅因'捉鬼治病'而被他活活打死的病人,前后计有王四子的兄弟,马五经的婆姨,王吉娃的婆姨,李延祥的妈妈等数人。他还经常造谣生事,不是说谁家有鬼,就是说阎王爷要拔谁的壮丁等等,以制造敲诈的机会。甚至在此次白氏死后,他仍造谣说,村里尚有七个鬼,还要拉七个女人。因而闹得全村人心惶惶,很多人为此耽误了生产,很多人为此计划搬家,严重地

---

① 李维汉:《回忆与研究》(下),中共党史出版社 2013 年版,第 436 页。

② 据 1944 年 8 月的《解放日报》报道,从延安县反巫神大会调查所得,全县共有巫神 161 人,到会 59 个巫神自己说,共治死 278 人。参见龚育之:《中国共产党崇尚科学反对迷信的历史传统》,《中共党史研究》1999 年第 5 期;马建国:《毛泽东与陕甘宁边区的反迷信斗争》,《党史文汇》2000 年第 6 期。

③ 艾绍润、高海深编:《陕甘宁边区法律法规汇编》,陕西人民出版社 2007 年版,第 128—129 页。

影响了群众的生产和生活。"①

　　边区通过司法治理封建迷信,旨在匡正权利来源和树立法律权威。传统中国人缺失权利观念。因为财富掌握在少数人手中,穷苦人没有真正变为权利的主体。资源的配置和分配不是靠公平的规则,而是掌握在"某些人"或者"假借神力"的人手中。封建迷信愚昧了人类几千年。司法治理封建迷信,就是让人真正体会人是权利的主体,而不是权利的客体。财富是靠劳动所得,不是神灵所赐。人的生命健康要靠自身锻炼和医疗保障,而不是神灵护佑。装神弄鬼的人是要受到法律的制裁。法律的力量是实在的,神鬼的力量是虚拟的。司法治理封建迷信是法律权威与神鬼权威的较量,最终以国法战胜巫法。当巫神被绳之以法时,被蒙蔽的老百姓终于觉悟。既然巫神面对国法难以逃遁,其法术就不过是骗人的把戏。只有确立法律在乡村社会的话语地位,使得老百姓深知人权财权并非由神的意志决定,而是靠法律平等地保障,封建迷信才会在乡村社会失去存在的空间。

　　边区时期的公审大会既是广场化的司法场域,又是剧场化的"教育课堂"②。治理封建迷信单靠对巫神的惩处是远远不够的,必须培养民众自觉与封建迷信作斗争的社会意识。如,"巫神杨汗珠捉鬼治病致人死亡案"的公审情况:"1944 年 4 月 16 日延安市地方法院联合市委、市政府、市抗联等,在延安市市商会广场举行了公审巫神杨汉珠大会。附近群众有二千多人参加了大会。一时群情激愤,不可抑止,大家纷纷控诉杨汉珠过去欺诈钱财,治死病人的种种罪状,并一致要求将该巫神当场枪决。该巫神在法院公开审问与群众揭露下,不得不承认以上罪行句句属实,并说鬼神是假的,他过去的所作所为完全是利用迷信欺骗群众,以谋取钱财。根据杨汉珠的罪行,延安市地方法院,依法对其判决如下:该巫神虽罪该死刑,但念其动机在于迷信欺骗,尚非故意杀人,为长期教育计,特从宽处理,处以有期徒刑五年。同时,延安市地方法院和延安市政府还利用

---

　　①　赵崑坡、俞建平:《中国革命根据地案例选》,山西人民出版社 1984 年版,第 114 页。

　　②　强世功认为:"法庭不仅仅是实现审判的场所,而且是'揭露犯罪,教育人民'的课堂,是一个'训练'的场所。"参见强世功:《法制与治理——国家转型中的法律》,中国政法大学出版社 2003 年版,第 182 页。

这一事实,向群众严肃地进行了一次打破迷信,相信医药的宣传教育。延安市南区一带的群众,经此事件教育后,无不咒骂巫神,都说:'谁再迷信鬼神,谁就会像常家一样家破人亡'。"①

法律的祛魅化,法律的世俗化,增强了法律的实在权威。法律救赎取代了神灵救赎,世俗的法庭取代了神鬼裁判。司法主张人权,剔除神权。权利的正当性观念得到培养,人的权利意识逐渐增强。人对人的服从,人对神鬼的膜拜,已经变为人对法律的服从,人对法律的敬仰。司法的规则和经验能够判断是非曲直、惩治邪恶,司法正义给人类带来了文明的曙光和图景。

二、婚姻习俗的治理

妇女解放是一个长期的、缓慢的社会变革过程。虽然中国共产党从建立之日起就把妇女解放作为自己的基本纲领和奋斗目标之一,并且在苏维埃政权时期制定了一系列的保障妇女权益的婚姻法律制度,妇女的地位在一定范围内有所提高,但是造成妇女地位低下、妇女权利被剥夺的政治、经济、文化、社会等因素并没有彻底或者说不可能彻底根除。边区政府成立后,中国共产党继续推进妇女解放运动,通过立法、行政、司法等多种手段来提高妇女地位和维护妇女权益,取得了巨大的成绩。但是纵观边区的妇女运动发展史,在一定时期、一定区域内的包办强迫、买卖婚姻是大量存在的。当然,这从一定层面反映了封建势力或者封建因素在边区的新民主主义社会里是客观存在的。这也进一步说明新民主主义社会的构建并非一蹴而就,而是不断发展的过程。既然国家的作用之一是"改良社会习俗"②,那么,为妇女解放运动大局服务,治理婚姻陋习,就理应成为中国共产党的一项长期性的司法任务。

基于父权文化的统治地位、人口再生产的社会需要以及子女在经济上对父母的依赖,父母决定子女的婚姻问题就成为社会的普遍现象。虽然主张"妇女享有独立自由人格"的思想在近代中国广为传播,但是"在

① 赵嵩坡、俞建平:《中国革命根据地案例选》,山西人民出版社1984年版,第114—115页。
② [德]威廉·冯·洪堡:《论国家的作用》,林荣远、冯兴元译,中国社会科学出版社2009年版,第96页。

20世纪上半期的中国社会尤其是农村社会，包办择偶——'父母之命，媒妁之言'强有力地存在"①。在边区乡土社会里，本地居民流动性较小，人们的生活区域较为狭小，包办婚姻成为相对较为"高效"的择偶方式，并且被本地居民普遍接受。

边区的早婚现象比较严重。早婚基本上是包办婚姻，主要以"童养媳"或者幼女时订立婚约为表现形式。边区的婚约基本上附随一定的"彩礼"。"彩礼"在一定程度上成为订立婚约的先决条件。婚约的履行成为边区婚姻最终成立的重要环节。但是由于婚约当事人随着年龄增长和社会条件、环境的变化，其婚姻意愿也常常发生改变。边区的婚约纠纷案件较为常见。

当生存作为第一需要，而物质生产又相当困乏，通过婚姻交换物质资料就成为一种生存方式，进而演化为一种生活方式甚至社会习惯。例如，边区一些县形成了"婚姻成立以交付彩礼为准""交钱（彩礼）才有亲，无钱无亲事"的习惯，甚或"普遍实行买卖婚姻"成为习惯。② 1945年10月，边区推事审判员联席会议曾对边区六年来处理的买卖婚姻进行了总结。边区的买卖婚姻比较盛行，并且"卖价"很高，如"绥德县卖一个女子一般价为小米12石，最高价为小米16石，匹布还不在内。靖边最高有卖小米20石的。卖钱的，有的价高达边币200万元，最低价边币20万元，延属有银洋860元，一般是边币100多万元"③。边区的买卖婚姻除了用钱或物交换外，还用土地或者劳动力，以劳动力换取媳妇被称为"站年汉"。买卖婚姻将妇女视为能够用来交换的物品，婚后男方认为媳妇是"家当""家产"，可以任意"处置"——虐待、打骂，如果闹离婚，男方认为这还是让他"破产"，要离婚必须赔偿经济损失。一旦经法院认定买卖婚姻无效而离婚，并让女方家里返还彩礼时，女方家里往往难以退还，这时男方家里就处于"人财两空"的境地。④

---

① 刘晓红：《20世纪初中国农村包办择偶存在的原因》，《广西社会科学》2006年第5期。

② 汪世荣等：《新中国司法制度的基石——陕甘宁边区高等法院（1937—1949）》，商务印书馆2011年版，第169页。

③ 榆林地区中级人民法院：《榆林地区审判志》，陕西人民出版社1999年版，第64页。

④ Xiaoping Cong, *From "Freedom of Marriage" to "Self-Determined Marriage"：Recasting Marriage in the Shaan-Gan-Ning Border Region of the 1940s*, Twentieth Century China, Vol.38, No.3, 2013, pp.184—209.

包办强迫、买卖婚姻由于缺乏感情基础,婚后妇女经常因难以忍受情感和人身痛苦产生离婚念头,但又考虑到离婚后娘家将面临无能力退还巨额彩礼的困境,因而要么忍气吞声,要么与他人通奸以获得情感补偿,要么以自杀了却痛苦折磨。如,1949 年陕北人民法院关于"藏富儿自缢案"的批答要略中指出:"包办买卖以及早婚的封建婚姻制度苦害了不少妇女,为了挣断这副枷锁,不少妇女付出了自己的生命。"①妇女面对非自愿婚姻所采取的逃婚甚至自杀行为,充分体现了妇女对不平等的压迫婚姻习俗的消极或过激反抗。妇女面对非自愿婚姻,不积极提起离婚,说明婚姻法律制度的引导功能未能发挥。谢觉哉说:"我在陕甘边区政府时候,从审核死刑案件中我倒有这样的感觉,有很多死刑案件是奸杀案件,奸夫和奸妇谋害亲夫的案子,那个情况在那个时候也是非杀人不可。我那时候想到,你们做妇女工作的人们,为什么不宣传一下:如果你这个女人不愿意跟这个丈夫,你就提出离婚,可是你不提出离婚,和奸夫把亲夫谋害死。结果常常是男的女的都处死刑,你们再想过夫妻生活也过不到了。你假如提出离婚,一方面坚决离婚还不是可以批准离婚吗? 可是他不晓得他可以离婚。这就可以想到那个时候对婚姻法的宣传还不够。"②

只有将婚姻自由转换为能够用程序保障的实在权利,《陕甘宁边区施政纲领》倡导的"男女平等原则"才是真实的。对于权利觉醒的妇女因婚姻感情不和多次提出离婚的,必须予以支持,否则政府的威信和司法的公信力难以提高。例如,安塞县王俊莲与康海江婚姻案中,王俊莲 13 岁时由父母包办与康海江早婚,开始因年幼没提意见,懂事后觉得毫无感情又长期感情不和,自 1942 年起向乡区县专署请求离婚五次,被政府及司法部门劝解(撤诉或者不予受理),仍然坚持离婚。③ 如果政府及司法部门对难以维系并且能够查明具有结婚的禁止性规定(如包办强迫及买卖婚姻),依然不予支持,这样势必迁就或者助长违背妇女意志的违法婚姻的存在。政府及司法部门反复调解的初衷是好的,但不能强迫调解,否则造成妇女认为新社会妇女依然受压迫的错觉。安塞县司法处受理王俊莲

---

① 艾绍润、高海深编:《陕甘宁边区判例案例选》,陕西人民出版社 2007 年版,第 184 页。
② 《谢觉哉文集》,人民出版社 1989 年版,第 1010 页。
③ 艾绍润、高海深编:《陕甘宁边区判例案例选》,陕西人民出版社 2007 年版,第 103 页。

起诉的离婚案后,多次调解无效,于 1946 年 3 月 28 日判决准予离婚,但康海江以"我是穷人又不赌博不吸烟,老婆是我的家当,绝不能离"的理由上诉至陕甘宁边区高等法院。① 康海江上诉是法律赋予的权利,应予保障,但其对结婚与离婚条件的认识反映了一个时代老百姓心目中的"婚姻正义标准"。这种认识是建立在妇女被"物化"的基础之上的,而不是自由意志与男女平等的人格基础之上。边区高等法院必须从匡正"婚姻正义标准"出发,为全社会树立"结婚自愿、离婚自由""婚姻以感情为纽带"的正义标准。1946 年 4 月 27 日,边区高等法院以"政府照顾穷人的方法尚多,但绝不能牺牲妇女在婚姻上的合法权益"②的"正义衡量标准",判决准予离婚。这充分体现了婚姻正义不能以贫贱富贵和金钱成本为计量,而应以自由、平等、感情为考量。

三、烟毒祸患的治理

近代以来,当中国的仁人志士看待鸦片问题的视角从经济问题转向社会问题时,这就说明中国人终于觉醒了。边区政府成立初期,历史遗留的烟毒问题成为中国共产党之所忧虑、民众之所怨愤。抗日战争时期,日本帝国主义采用"以毒养战""以毒灭种"的"毒化"政策强迫沦陷区农民种植毒品,并以高价收购和高价贩卖,致使沦陷区的烟毒泛滥。沦陷区的毒品成为输入边区毒品的主要来源,从而加剧了边区烟毒问题治理的难度。

一旦鸦片等毒品成为生产产品和生活用品乃至战略资源,祸国殃民的历史悲剧就会重演。不加规制的生产、贸易和生活,已经给人类的生存带来了灾难。"法律介入生产、生活,是为了规范生产、生活的自由空间"③,从而营造安全文明的生存空间。为了根除烟毒祸患,边区党政军以各种命令的形式发布禁毒文件,边区政府专门颁布《陕甘宁边区查获鸦片毒品暂行办法》《陕甘宁边区禁烟禁毒条例(草案)》等法规。1942年 1 月 14 日,边区政府专门成立陕甘宁边区禁烟督察处,主要负责受

---

① 艾绍润、高海深编:《陕甘宁边区判例案例选》,陕西人民出版社 2007 年版,第 103—104 页。
② 艾绍润、高海深编:《陕甘宁边区判例案例选》,陕西人民出版社 2007 年版,第 104 页。
③ 潘怀平:《陕甘宁边区依法治理社会问题的历史经验》,《光明日报》2016 年 4 月 4 日。

理、查缉烟毒案件;看守与解送毒品案犯;没收、销毁毒品及烟具;调查、登记烟民;调验烟民,督劝烟民戒毒等职权。从边区各级司法机关审理的刑事案件数量来看,毒品案件占据了很大比例,如"1937—1938年两年中,审理鸦片案525起,占总案件2166起的1/4"①。1939年至1941年边区部分县的刑事案件的统计显示,毒品案件要占刑事案件的1/4以上。②

　　只要根治了吸食毒品问题,毒品就会失去存在空间。司法介入禁止吸食毒品环节是以规劝为主、以惩罚为补充的。吸食毒品成瘾给人造成的精神控制很大程度上超过了刑罚的威慑力。当吸食毒品成为一些人的生活癖好,如果用严刑峻法来改变这些人的生活癖好,那就很有可能造成普遍犯罪或者普遍抗法。法律的规制和人的自制以及社会干预机制的共同作用是实现根绝吸食毒品的有效途径。王宠惠认为:"顾法律只能绳于事后,不能防于未然,且国人之癖嗜鸦片者,既众且久,其藐玩法令,亦既习为故常,若徒法以行,而不预谋正本清源之道,则禁烟条例虽然严重,亦恐有时而穷。即或对于犯禁者,人人得而惩之,而习染已深,苟免已惯,一旦身罹重笞,未免等于不教而诛。似当一面施行条例,一面施以教戒,则稍知自爱者自然知所振拔,有以自处矣。"③徒刑乃至死刑所具有的教育与惩罚作用,无法达到对吸毒人员的身体健康与心理健康的长期有效治疗。对吸食烟毒者,边区采取的药物戒毒方法和戒毒竞赛运动,比刑罚手段的效果更好。④ 一个兼具治疗功能和强制隔离功能的场所,比监狱更有效。1940年3月4日,时任庆环专区兼曲子县长的马锡五呈请边区民政厅在曲子县成立戒烟所。戒烟所的设立,一方面为《陕甘宁边区禁烟禁毒条例(草案)》关于限期戒绝措施的落实准备了条件;另一方面克服了徒刑监禁吸毒犯的固有弊端。

　　禁毒法律的实施不能单靠政府的执法与司法,必须依靠政府管理与

---

　　① 延安市中级人民法院审判志编委会:《延安地区审判志》,陕西人民出版社2002年版,第88页。

　　② 齐霁:《中国共产党禁毒史》,中共党史出版社2013年版,第44—45页。

　　③ 马模贞主编:《中国禁毒史资料》,天津人民出版社1998年版,第886页。

　　④ 马模贞主编:《中国禁毒史资料》,天津人民出版社1998年版,第1607页。

群众共同参与。1943 年 9 月 11 日,边区政府的指示信对禁止吸食提出要求:一是登记烟民;二是帮助戒烟,必要时设立戒烟所;三是生产与教育相结合;四是造成群众运动;五是开展戒烟竞赛和现身说法活动;六是不配合劝导戒烟,辅之司法机关罚办;七是各级政府建立戒烟工作报告机制,并将戒烟工作纳入各级政府考核之中。① 政府指导形成良好秩序的群众运动是推进一项法律制度有效实施的好经验。边区呈现出全社会动员、全家参与的群众戒烟运动好景象。家庭与村社共同参与的"规劝式戒烟运动"②,是促进人自觉向健康文明生活发展的有益方式。司法治理吸食毒品的行为习惯只是最后不得已的方式。对吸毒人员是否采取司法制裁方式,其事实标准是吸毒人员是否接受规劝、是否愿意接受限期戒毒、是否复吸,其决定权由政府行使,区分轻重,轻的由群众评议处罚方式,重的由司法机关采取制裁措施。实际上,戒烟竞赛活动的效果要优于法律惩戒,这是实现把烟犯从毒坑里解放出来目标的良好方式。

要断绝毒品与人的联系,必须禁止毒品种植、运输、贩卖。为了防止毒品再次流入市场,对于涉案毒品一律没收。1942 年 2 月,延安七里铺新华客栈旅客贾福清、辛明亭贩卖烟土被依法没收,贾福清、辛明亭分别向边区政府申请要求发还没收的烟土。1942 年 3 月 5 日,边区政府分别向贾福清、辛明亭作出了"不能照准"的批答。该批答明确答复为:"贩卖烟土是违反法令的行为,本府去年十月二十三日又与朱总司令会衔布告,

---

① 史志诚主编:《陕甘宁边区禁毒史料》,陕西人民出版社 2008 年版,第 101 页。

② 根据《陕甘宁边区政府关于禁止吸食鸦片烟给专员公署、县(市)政府的指示信》的要求,"要造成群众运动,不只是对烟民说吸食大烟怎样不好,而且要在村民大会上,市民大会上,做劝戒运动。一村一市有吸食大烟的人是不美满的,使得烟民不能不惭愧。同时要发动儿童帮助戒烟,儿童能劝服其家人戒烟的,是模范儿童;婆姨能劝服丈夫戒烟的是模范婆姨。如果丈夫顽固,乡村政府可允许在其丈夫未戒绝大烟时期,婆姨有管理其家经济的全权。各乡村举行吃合伙及制定乡市公约时,在有烟民地方,应加上戒大烟一条。"参见史志诚主编:《陕甘宁边区禁毒史料》,陕西人民出版社 2008 年版,第 101 页。据 1938 年 6 月 3 日的《新华日报》报道,"全区内人民,大家都在自己的团体内,互相竞赛着。不吃鸦片的,相约比赛,以谁先劝服家人如期戒断者为胜;犯烟瘾的,也互相比赛着,看谁先戒断。相关团体方面,则制备了不少的奖旗奖品,奖励那些戒烟,和缉获私贩烟土的奸商者的有成绩的人们,而在政府机关报,以及其他报纸上都辟出篇幅,经常登载着戒烟运动的消息"。马模贞主编:《中国禁毒史资料》,天津人民出版社 1998 年版,第 1607 页。

重申严禁命令。你请求发还被没收的烟土,不能照准。"①对毒品的没收,并不是对财产的没收,而是对"交易权利"的剥夺。司法治理烟毒就是要向社会宣示毒品不是贸易品和社会产品,法律禁止和惩戒毒品生产和交易。

鸦片绝不能成为生活用品和贸易品。禁毒的根本是铲除和根绝毒源。对将鸦片作为特产种植的,首先必须剔除"只有大烟才能解决大的问题"②的错误思想,其次务必引导群众铲除烟苗,改种粮食作物。当群众普遍性种植大烟的情形基本得到遏制,但个别群众明知政府法令禁止种植仍然偷种的,应予以依法惩处,从而教育群众。志丹县政府关于铲除大烟的总结报告中指出:"由于种烟犯成了普遍的现象,同时平常对这一问题教育也差,因此一般得以教育为主,采取个别严重者惩办的方法处理共经司法处理二十四人,均被管押判了苦役,并给以教育,所收割的大烟全部没收,共收回大烟二两五钱。"③比较而言,种烟犯因烟毒受到的惩罚远远低于烟毒给社会和人造成的伤害。

边区严惩军政人员涉毒犯罪。军政人员生产和贩卖烟毒严重影响了政权形象和执政基础。边区烟毒泛滥,军政人员涉毒无异于雪上加霜。严肃军纪政纪,是治理烟毒的关键。1941 年 10 月 23 日,林伯渠主席与朱德总司令会衔发布的《国民革命军第十八集团军总司令部、陕甘宁边区政府关于禁烟的布告》中明令指出:"无论军民人等,倘敢故违禁令,偷运烟土逗留边区境内者,一经查觉,即按边区禁烟法令严予惩处。"④对于"物资局和土产公司的同志,看到部队生活相当困难,因此常常给些方便,买货按原价发给,发现走私也不严格追究"⑤的现象,必须高度重视。

---

① 《红色档案——延安时期文献档案汇编》编委会编纂:《陕甘宁边区政府文件选编》第 5 卷,陕西人民出版社 2013 年版,第 314—315 页。

② 1944 年 8 月的《关于鄜县及关中分区鸦片委员会走私与强迫收账等问题的调查报告》中记载:"许多经济干部思想上没有彻底转变,以为只有大烟才能解决大的问题。因此,轻视其他生产。"参见史志诚主编:《陕甘宁边区禁毒史料》,陕西人民出版社 2008 年版,第 270 页。

③ 史志诚主编:《陕甘宁边区禁毒史料》,陕西人民出版社 2008 年版,第 193 页。

④ 《红色档案——延安时期文献档案汇编》编委会编纂:《陕甘宁边区政府文件选编》第 4 卷,陕西人民出版社 2013 年版,第 243 页。

⑤ 史志诚主编:《陕甘宁边区禁毒史料》,陕西人民出版社 2008 年版,第 274 页。

要消除"当地老百姓说政权说了根据地不卖大烟为什么队伍还有人卖呢"[1]的疑问,军政机关及其工作人员必须模范遵守边区禁烟法令。边区对一些涉毒军政人员的依法依纪处理,表明了我党从严治军的决心。只有做到了从严治军,才能获得群众的信赖,否则社会治理就是一句空话。

边区治理烟毒就是要表明:人类的财富来源不是以牺牲人类自身为代价;人与人之间是平等的,不要以肉体和精神上的伤害来征服对方,否则就会犯下反人类的罪行;治理烟毒是全社会和全人类的责任。司法对烟毒的治理效果不仅仅是法律的强制,更重要的是对人类生命健康的高度重视,这就是对正义的宣示。

四、"二流子"的治理

边区时期,那些不务正业、具有社会恶习(如赌博、吸毒、偷盗、宣传迷信、敲诈钱财、挑拨是非等)、祸害社会的人被称为"二流子"[2]。从"二流子"的称谓来看主要是指"社会闲人"或者"游民",其社会危害性似乎不是很大。但是从客观情况来看,边区政府成立后,没有正式职业、游手好闲、生活无着落的人大量存在,他们为了生计有的偷盗、骗财,有的沦落为土匪,有的竟然被汉奸特务收买或利用,因而给边区社会造成了巨大的威胁和实际损害。

以改造"二流子"为典型来促进人的素质的提高,成为边区社会治理的一大亮点。1944年1月,林伯渠在对边区政府去年一年来的工作进行总结时指出:"我们开始改造了二流子。假使说变革社会是一项艰巨的

---

[1] 《杨伯浪关于种大烟给西北局负责同志的报告》中记载:"当地老百姓说政权说了根据地不卖大烟为什么队伍还有人卖呢? 当时我知道是卖,不过方法改了先交小瓦交大烟,出门不敢承认我们卖也告知老百姓,不要说在我们这买的。我来之前仍偷偷地卖着呢!"参见史志诚主编:《陕甘宁边区禁毒史料》,陕西人民出版社2008年版,第222页。

[2] 1944年中共中央西北局调查研究室曾将"二流子""半二流子""非二流子"区分为:(1)完全无正当职业而靠不良行为(如偷人、嫁汉、招赌博、贩卖违禁品、拐骗、做巫神、当师婆、胡挖乱抓,只要能作为生活手段,汉奸特务也干……)维持生活者为"二流子"。(2)有正当职业,又兼靠不良行为为生活手段者为"半二流子"。(3)至于完全靠正当职业为生活手段,但染有不良嗜好或不良习气者(如本人有不良嗜好,但不靠卖违禁品为生活,要赌博但不靠招赌生活,积极生产但又大吃大喝等),不算作"二流子",而应看作有不良嗜好或有二流子习气的公民。参见中国财政科学研究院主编:《抗日战争时期陕甘宁边区财政经济史料摘编》第2编,长江文艺出版社2016年版,第522页。

工作,那末不难想象,改造人的意识更是一项艰难的工作。"但大家知道,我们已有了改造四千五百个"二流子"转入生产运动的经验。① 如,吴堡县关于 1944 年司法工作的总结中指出:"对于一些轻微刑犯——二流子性质,除了屡犯不改者或严重刑犯外,一般以不羁押不罚生产,不罚钱,而是以设法如何教育、改造,大部是使他讨保介绍乡村干部负责限期改造,如有个别严重二流子,如宋宝田是个惯偷,让他参加警卫队生产及其他机关生产,迫其断绝烟瘾,这样他以后真的改造了,而且一再要求当兵,所以准许,现在他在警卫队生产积极,很守军纪的一个军人。"②

基于"二流子"多为"社会闲人",改造"二流子"的切入点就是让其有事干。以促进"二流子"就业、保障"二流子"的劳动权利,并给予平等对待,成为边区施政的重要方针和内容。如,1941 年 5 月 1 日的《陕甘宁边区施政纲领》中规定:"给社会游民分子以耕种土地,取得职业与参加教育的机会,纠正公务人员及各业人民中对游民分子加以歧视的不良习惯,对会门组织实行争取与团结教育的政策。"③对于一般违法和犯罪的"二流子",通过依法追究其相应的法律责任的法律手段进行教育改造。1942 年的《陕甘宁边区违警处罚暂行条例》对于部分违反治安管理而不构成犯罪的"二流子"行为规定了相应的治安处罚措施。例如,对于"散布谣言,煽动人心,其情节较轻者",处十五日以下拘留或十五元以下罚金④;对于"游荡轻薄,行为不检者""僧道巫婆及江湖流丐强索人民钱物者""于道路或公共处所为类似赌博之行为者"等伤害风化的违警行为,处拘留或十个工资以下罚金;对于"以符咒邪术医治疾病

---

① 改造"二流子"运动既促进了生产,又稳定了社会和家庭关系。例如,当时出席劳动英雄代表大会的三边劳动英雄刘生海,原来是个到处惹人讨厌的"二流子",家里没米没面,连他的老婆也提出要和他离婚,但是在政府改造运动的帮助下,他投入生产,多种地、多打粮食,家里铺盖衣服换了新的,他由消极的寄生虫变成了模范的生产者,这样家庭也稳定了。参见《红色档案——延安时期文献档案汇编》编委会编纂:《陕甘宁边区政府文件选编》第 8 卷,陕西人民出版社 2013 年版,第 4 页。

② 《红色档案——延安时期文献档案汇编》编委会编纂:《陕甘宁边区政府文件选编》第 9 卷,陕西人民出版社 2013 年版,第 71 页。

③ 韩延龙、常兆儒编:《革命根据地法制文献选编》上卷,中国社会科学出版社 2013 年版,第 27 页。

④ 边区对于违警行为所处的"罚金"相当于当代的治安处罚的罚款,并非当代刑法中的附加刑种"罚金"。

者""于人烟稠密之处或路旁不入厕所随意便溺者"等妨害卫生的违警行为,处五日以下的拘留或十个工资以下的罚金。边区通过刑事审判对赌博、毒品、盗窃、因封建迷信致人重伤或死亡等涉及"二流子"行为引发的犯罪判处一定的刑罚,让"严重的二流子行为"承担一定的"代价",一方面给受害人以安慰;另一方面给犯罪人和社会上的人以警示,从而恢复和维护良好的社会秩序。

第二节　边区的调解型司法的治理机制

调解作为社会治理的重要方法,能够体现司法的社会功能,这是司法回归社会本性的标志。当然,边区调解的社会治理功能在很大程度上是政治功能的延伸。边区调解之所以与中国传统调解有所不同,是因为边区调解的政治功能大于纠纷解决功能。① 但是,从社会治理的层面来讲,边区的调解型司法试图探索政治功能与纠纷解决功能的结合点。

从司法的方式和结果来分析,司法可以分为调解型司法与判决型司法。狭义的调解型司法仅指司法调解。广义的调解型司法应包括民间调解、政府调解和法院调解。本书论述的调解型司法属于广义的调解型司法。作为边区司法的典型代表的"马锡五审判方式",是以"审判与调解结合"为显著特点的。根据 1943 年 6 月②颁布的《陕甘宁边区民刑事件调解条例》的规定,"凡民事一切纠纷应厉行调解",凡刑事案件除禁止调

---

① Stanley B.Lubman, *Mao and Mediation: Politics and Dispute Resolution in Communist China*, California Law Review, Vol.55, No.2, 1967, pp.1284-1359.

② 关于陕甘宁边区政府颁布《陕甘宁边区民刑事件调解条例》的时间,有三种记载。第一种是1943 年 6 月 10 日,参见艾绍润、高海深编:《陕甘宁边区法律法规汇编》,陕西人民出版社 2007 年版,第 340—341 页;榆林地区中级人民法院:《榆林地区审判志》,陕西人民出版社 1999 年版,第 362 页。第二种是 1943 年 6 月 11 日,参见韩延龙、常兆儒编:《革命根据地法制文献选编》(中卷),中国社会科学出版社 2013 年版,第 1001 页。第三种是 1943 年 6 月 12 日,参见延安市中级人民法院审判志编委会:《延安地区审判志》,陕西人民出版社 2002 年版,第 352 页;《红色档案——延安时期文献档案汇编》编委会编纂:《陕甘宁边区政府文件选编》第 7 卷,陕西人民出版社 2013 年版,第 255 页。但是《陕甘宁边区政府文件选编》又将《陕甘宁边区民刑事件调解条例》的颁布时间笼统记载为"1943 年6 月"。鉴于上述争议,本书认为,将《陕甘宁边区民刑事件调解条例》的颁布时间笼统记载为"1943年 6 月",较为妥当。

解的犯罪以外的均可以调解①。当然,以调解型司法论述边区司法的治理模式,并非强调边区司法没有判决方式。事实上,边区各级司法机关以判决方式处理了大量的各类民刑案件,并且存在着真实意义上的民事、刑事判决。将边区司法的类型定性为调解型的理由是调解作为边区司法的主要方式和显著特色。

一、多元规范的协调共治

规范的形成标志着人类社会向理性化、秩序化的方向发展。运用规范规制行为或者建立人际交往关系,运用规范衡量行为的对错或者确定行为后果及责任,这是社会的规范化治理的基本内涵。何意志认为,"人类存在多种旨在影响社会行为、规制社会的规范,法律规范就是其中之一。除法律规范外,这些规范还(尤其)包括调整社会生活的伦理规范、宗教规范、社会习俗规范(包括语言规范、艺术规范等)"②。规范化的社会治理的依据除了法律规范之外,其他规范发挥着重要的作用。有学者认为,"推进法治并不意味着法律独尊而舍弃其他。实际上,法治秩序恰恰需要道德、宗教、习惯和惯例等诸多规范来共同维系"③。本书将社会治理的规范分为国家法律规范和民间社会规范,这两种规范属于公共规

---

① 《陕甘宁边区民刑事件调解条例》第二条规定:"凡刑事,除下列各罪不许调解外,其他各罪均得调解:(一)内乱罪;(二)外患罪;(三)汉奸罪;(四)故意杀人罪;(五)盗匪罪;(六)掳人勒赎罪;(七)违反政府法令罪;(八)贪污渎职罪;(九)妨害公务罪;(十)妨害选举罪;(十一)脱逃罪;(十二)藏匿人犯及湮灭证据罪;(十三)破坏货币及有价证券罪;(十四)伪造公文印信罪;(十五)破坏社会秩序罪;(十六)伪证罪;(十七)公共危险罪;(十八)破坏交通罪;(十九)伪造度量衡罪;(二十)妨害农工公益罪;(二十一)烟毒罪;(二十二)其他有习惯性之犯罪。"这里需要说明的是,《陕甘宁边区法律法规汇编》《榆林地区审判志》《延安地区审判志》《陕甘宁边区政府文件选编》关于《陕甘宁边区民刑事件调解条例》的第二条规定的罪名和罪数相同,但是韩延龙、常兆儒编的《革命根据地法制文献选编》(中卷)关于《陕甘宁边区民刑事件调解条例》的第二条规定的罪名多了一项(妨害水利罪),并且"妨害农工公益罪"被载为"妨害农工政策罪"。在陕甘宁边区刑事调解主要适用于妨害私人利益的轻微刑事案件,强抢杀人案件绝不允许调解而和解。陕甘宁边区刑事调解范围排除了"危害国家和社会利益的犯罪,故意杀人及掳人勒赎等严重侵害个人利益的犯罪,以及习惯性犯罪的调解",而将刑事案件的调解,严格限制和控制在"非严重侵害个人利益犯罪"的范围内。

② [德]何意志:《法治的东方经验——中国法律文化导论》,李中华译,北京大学出版社2010年版,第2页。

③ 马长山:《法治进程中的"民间治理":民间社会组织与法治秩序关系的研究》,法律出版社2006年版,第52页。

范的范畴。国家法律规范是来自对个体的惩罚实践,然后经过公共认可,最终形成的强制性的公共约束。民间社会规范是来自人们群体性的生活实践,然后经过公共认知,最终形成的自治性的公共约束。民间社会规范的形式包括道德、礼仪、风俗习惯、乡规民约等。民间社会规范的主要实质是"情理"。传统中国的司法以实质性的情理为价值判断标准,以调解为传统特色的中国司法更加注重情理的运用。有学者认为,边区的民事司法延续了中国传统司法的"情理"依据和审判模式,"边区的民事司法包括民事审判与民事调解两种方式。其中,调解的形式较为灵活,自然少不了对情理的运用"①。

边区农村的村民居住比较分散,但基本能够以村落为单元形成一定范围的生活区域。这种以农耕为主的"低流动性"村落生活形成了"乡里乡亲"的熟人关系。虽然抗战时期大量的移民难民、军事人口、文化人口流入边区②,但是并未从根本上改变边区社会的乡土本色。这些流入人口很快就融入边区社会,成为边区人民的"乡亲",从而形成了新的乡村社会关系网格。亲情、乡情伦理和乡规民约以及民间习惯成为维系边区社会生活的主要规范。有学者指出:"自 19 世纪以来,这一地区虽然连续遭遇兵乱、饥荒、匪患等天灾人祸,社会秩序受到一定程度的冲击,但因传统社会中单个个体在抗御风险方面力量薄弱,不得不依赖于宗族、邻里之间的互助,因而传统的宗族、社区习惯仍然发挥相当重要的作用。"③但是,边区乡村的伦理、习俗等社会规范已经和国家法律在不断地融合。陆益龙认为,从 1940 年开始中国社会进入后乡土时代,国家法律进入乡土社会,改变了以前的礼治秩序,形成了"法礼秩序"。④ 中国共产党领导的革命政权介入乡村社会面临着革命法制与乡村伦理、革命政权权威与乡村个人权威的冲突与协调。

调解型司法与判决型司法相比,调解型司法对非正式制度(如道德、

---

① 胡永恒:《陕甘宁边区的民事法源》,社会科学文献出版社 2012 年版,第 136—137 页。

② 黄正林:《论抗战时期陕甘宁边区的社会变迁》,《抗日战争研究》2001 年第 3 期。

③ 胡永恒:《陕甘宁边区的民事法源》,社会科学文献出版社 2012 年版,第 104 页。

④ 陆益龙认为,所谓"法礼秩序",既非单纯现代法治秩序,亦非传统礼治秩序,而是法理秩序和礼俗秩序特性兼具的混合型社会秩序。参见陆益龙:《乡村社会治理创新:现实基础、主要问题与实现路径》,《中共中央党校学报》2015 年第 5 期。

风俗习惯等规范）的适用率要高得多。边区司法承载着或者被加载着政治功能，但司法的裁判功能仍占主流地位，毕竟司法与政治有一定的区分。社会的规范化治理不仅需要实体性的规范来引导或者规制社会行为，还需要程序性规范或者实体性规范的程序性应用实现有效治理。民间的调处、国家的司法裁决等解决社会纠纷方式的产生和运用，这是实现社会规范化治理的重要途径。国家法律规范是以民间社会规范为基础的，国家法律规范是在对民间社会规范的提炼与总结的基础上赋予了强制执行效力。国家法律规范的产生与运用给民间社会规范的存在和运用留下了巨大的空间。国家法律规范与民间社会规范的千丝万缕关系造就了多元规范的社会治理状态。在不违背国家法律原则性要求或者禁止性规定的前提下，调解型司法可以依据民间社会规范进行正义的价值评价和社会认同。当然，调解型司法不能完全脱离国家法律的前提而直接依据民间社会规范调处纠纷，否则调解所涉及的内容或者调解结果就会违背法律的强制性规定，从而导致调解结果的无效。因此，国家法律规范与道德等其他社会规范的多元适用，成为调解型司法的显著特点。

国家法律规范的治理逻辑是从个体惩罚开始形成的公共治理关系。民间社会规范的治理逻辑是从社会整体规制出发形成的公共治理关系。判决型司法的规范依据是国家法律规范，调解型司法的规范依据除了适用国家法律规范之外，还要大量地运用民间社会规范。司法调解中运用大量的民间社会规范进行协调处理纠纷，一方面宣示民间社会规范中有助于团结互助的良好部分是国家认可的；另一方面引导群众自觉遵守良好的社会规范以减少纠纷发生。司法调解的治理逻辑是民间社会规范的内在制约与国家法律规范的外在强制相协调的治理关系。司法调解的治理效果是使个案纠纷得到协调和解决，并且使社会整体关系得到恢复和整合。

民间调解作为解决民间纠纷的主要方式，不能游离于国家司法制度体系之外。共产党掌握基层政权，强化基层社会的末端治理，必须将民间调解列入国家司法制度体系之中。群众认为政府调解和司法调解没有多大的差异，因为从组织形式上边区的法院是政府的法院。边区将民间调解、政府调解和司法调解统一于《陕甘宁边区民刑事件调解条例》之中，既体现了国家法律对民间调解这种遗产的规范化①，又说明了边区民间调解、政府调解和司法调解的统一性。可见，民间调解、政府调解和司法调解的存在，反映了一定历史时期的国家权力与社会权力的配置结构和运行方式。

调解型司法是国家权力与民间社会对接的重要途径。调解一旦成为司法的主要形式，国家权力的触角就会深入到乡村社会的最基层。即使民间调解也能看到或者感觉到国家权力的触角或者影子。国家或者政府通过法律或者政策要求民间调解中遵守国家法律规范，这意味着国家对民间调解的依法干预。基层民主法治实践中，一方面群众希望民间社会的领域能够自己做主，国家尽量少参与；另一方面当群众发现民间社会规范难以约束社会群体或者个别人群，这时总希望国家能够出面主持正义。因此，当基层社会自治能力较弱或者民间社会规范制约性不强，政府或者法院的介入（有形介入）或者国家法律规范的应用（无形介入）就成为社会的需要和群众的愿望。群众对国家的介入或者国家法律规范的拥护，其目的是寻求一种最高效力的国家权威。民间调解中大量运用国家法律规范，旨在提高民间调解的国家权威性。

政府调解又称行政调解，这是一种国家行政权力介入民间社会的典型形式。政府调解是中国古代官府调处制度的历史传统的现代延续。根据《陕甘宁边区民刑事件调解条例》的规定，民间调解不成立时，可以由"政府依法调解"。边区政府调解应依法进行，这既包括了程序层面的规范要求，又包括了实体层面的规范要求。但从实体层面来讲，边区的政府调解仍然要尊重民间风俗习惯，否则就会脱离边区实际。

司法调解中对民间社会规范的适用，体现了国家司法对民间社会规范的认同。民间社会规范在司法中的适用，并非国家权威对民间权威的让步，而是将民间社会规范通过司法程序转换，赋予了民间社会规范的国家权威性。司法调解中存在对民间社会规范的法律衡量甚或法律矫正的

---

①　侯欣一认为，边区的调解制度是在政府的动员号召下，由国家与民众共同参与而形成的。在这一过程中始终强调国家对调解的指导和控制地位，反映了试图将调解这种民间"遗产"加以规范，进而服务于国家的政治目的。参见侯欣一：《陕甘宁边区人民调解制度研究》，《中国法学》2007年第4期。

程序。这是司法调解比民间调解的权威性、公正性强的深层次原因。群众选择由边区司法机关主导的司法调解,很大程度上是对国家权力的信任和期许。因此大量民间纠纷直接进入司法调解程序,或者一些纠纷经过了民间调解又走向司法调解。司法调解中对民间社会规范的运用,并非直接或者完全地运用,必须通过法律规范的衡量进行取舍,或者在没有具体法律规定的情况下,必须通过法律所体现的公平正义价值(如善良风俗)进行衡量取舍。如果司法机关在调解民间纠纷时不对民间社会规范做任何再加工,如果司法人员的调解风格和乡村干部没有两样,群众感觉认为司法干部和乡村干部没有区别,司法调解的公信力将大大降低。

边区法院主持下的由社会第三方共同参与的调解仍属于司法性质,其程序要受调解制度的规范和约束,包括法庭指定当事人亲友或民众团体调解民间纠纷应依法进行。司法人员主持下的民事调解和刑事调解,既要讲情,又要讲理,更要讲法。1943 年 12 月 20 日,《陕甘宁边区高等法院指示信——注意调解诉讼纠纷由》中要求"以理折服,以理开导,晓以利害,劝以是非,使归结于和解一途"①。此处所讲的"理",既包含常理,又包含法理。司法调解中运用的民间社会规范既要合乎常理,又要合乎法理,这样才能符合社会公正的要求。

对于调解方式,《陕甘宁边区民刑事件调解条例》规定:"其他依习惯得以平气息争之方式,但以不违背善良风俗及涉及迷信者为限。"②调解方式决定调解结果。边区的调解实践中,在不违背法律规定的原则下,可以采用一些既符合善良风俗人情又照顾贫苦的调解方式。如,"(一)互请吃饭或装烟。多用于同族或亲邻之间矛盾时间长、隔阂深的纠纷。(二)帮工。多用于一方吃了些亏,又不便于赔偿,多由一方给帮几天工。(三)帮钱、帮米。多用于离婚纠纷,由女方给男方帮米或帮钱。当时,边区虽已颁布婚姻条例,但在农村中,由于封建思想影响,买卖婚姻还相当严重,娶媳妇要花费大量金钱,以致造成生活极度困难,债台高筑,甚至倾家荡产。一旦离婚,人财两空。为了贯彻婚姻自主的原则,又要适当照顾

---

① 艾绍润、高海深编:《陕甘宁边区法律法规汇编》,陕西人民出版社 2007 年版,第 343 页。
② 《红色档案——延安时期文献档案汇编》编委会编纂:《陕甘宁边区政府文件选编》第 7 卷,陕西人民出版社 2013 年版,第 256 页。

男方的困难,由女方给予帮助,合乎人情"①。从实践中形成的女方对男方家的"帮钱"和"帮米"的调解方式来看,社会层面已经对买卖婚姻的弊端有了理性的认识。买卖婚姻使得男方变为婚姻关系中的弱者。所以,女方帮助男方成为调解中"合乎人情"的善良之举。

边区调解制度的推行是一个不断理性化的过程。边区高等法院对全边区的调解进行了总结和反思,边区推事审判员联席会议上提出的调解原则为:"一、双方自愿,不许强迫;二、适合善良习惯,照顾政策法令;三、调解不是诉讼的必经程序。"②"适合善良习惯,照顾政策法令"的原则虽然体现了"合乎情理法理"的基本要求,但是其表达了善良习惯优先的基本思想。随着边区的政策法令不断向民间社会输送,民间调解的合法性要求愈来愈强,但是民间调解毕竟和司法调解有所不同,民间调解必须切合边区实际,尤其是要注重民间善良习惯的运用,从而增强边区政府与民间社会的结合度。

司法对非善良习惯的否定,一方面体现了边区政府对民间不良社会规范的清理与改造;另一方面体现了边区政府要将合法与非法的法治观念根植到乡村社会。边区政府对"买卖、强迫婚姻"的不良社会习俗持否定政策,但并非采取一概的强制否定。毕竟买卖婚姻以及借婚姻索取彩礼是以建立家庭为目的,而当事人的意愿与婚后的夫妻感情是决定夫妻关系能否持续的关键因素。如果属于买卖婚姻,女方坚持提出离婚,经调解无效,应判决予以解除。虽然属于买卖婚姻,但是婚后建立了一定感情能够持续生活,政府或者法院也不能宣布为无效婚姻。虽然属于买卖婚姻,女方提出离婚,但调解后双方能够和好继续过日子,政府或者法院也应予以支持和好而维持夫妻关系。综观边区各级司法机关的离婚判决书,几乎没有对买卖强迫婚姻直接判决解除婚姻关系,而只有经多次劝解撤诉、和解无效后,才予以判决离婚。这足以说明,国家法律规范对民间社会规范在一定层面作出了巨大的让步。当然,这种让步是以民间社会规范的善恶程度为衡量标准的。

---

① 延安市中级人民法院审判志编委会:《延安地区审判志》,陕西人民出版社 2002 年版,第111 页。

② 《王子宜院长在边区推事、审判员联席会议上的总结报告》,陕西档案馆档案,全宗 15—70。

　　只有实现了国家法律规范与民间社会规范的有效对接和有机转换，良善的合法的民间社会规范才有助于国家法律规范得到广大群众的自觉遵守。人对公共规范的遵守也是对他人尊重的表现。由于人与规范的关系本质上是人与人的关系，人际关系是以规范为基础的社会关系。① 人对公共规范的违反，实际上，在侵犯公共利益的同时，包含了对个体利益的侵犯。调解过程中多元规范的规制功能在于，培养人们对公共规范的自愿服从与自觉遵守的习惯。与其说用多元规范调解社会纠纷，倒不如说是用多元规范调解社会关系。调解协议表面上是纠纷当事人在利益上的让步和承诺，本质上是承诺恢复人际关系，从而达到对公共规范的共同遵守的公开承诺。

　　以调解为视角阐释边区社会治理中多元规范的协调共治，旨在表明国家法律规范不是唯一的社会治理依据。"权力的多元化社会化和法的社会化多元化，标志着国家至上、国家权力至上的神话走向解体，人类的社会权力和社会化的法，开始逐渐复归于社会：由国家法对社会的绝对统治，到国家法与民间社会的自治规范的共治；法治国家与法治社会共同发展，进而向法治世界迈进"②。边区司法调解中对国家法律规范与民间社会规范的多元运用，旨在探寻边区政府与民间社会之间的结合点。司法对善良习惯的认可，一方面说明边区政府对民间社会的尊重；另一方面说明边区的司法切合乡村社会实际。只有将传统习惯融入正式制度之中，才能缩短或者拉近边区政府与乡村社会的距离。只有切近生活的法律才能塑造人人守法的习惯。这就是人们将传统习惯的约定俗成自觉地转换为对国家法律的普遍遵守。

二、多元主体的互动合作

　　判决型司法是一个较为封闭的治理体系，而调解型司法是一个较为开放的治理系统。调解型司法最大限度地调动治理资源。调解型司法是一种多元主体互动合作的司法模式，具体表现为司法人员与当事人、当事

---

　　① Jiwei Ci, *The Two Faces of Justice*, Cambrige and London: Harvard University Press, 2006, pp. 16–17.

　　② 郭道晖：《论法治社会及其与法治国家的关系》，《中共中央党校学报》2015 年第 1 期。

人与当事人、司法人员与案外人、当事人与案外人之间的多元互动。调解主体的多元化是中国共产党社会整合的实践过程,其内在机制是群众路线的价值引导、国家法与民间法的制度融合、国家力量与民间力量的组织整合。边区调解主体的多元化的成功实践集中反映了中国共产党的价值引导能力、制度创新能力、组织动员能力,而这三项能力的运用和提高是实现边区社会有效治理的基本保证和必然要求。

社会控制能力反映了一个国家、政府中的执政党的执政能力。中国共产党从局部执政走向全局执政,必须依靠强大的社会力量。民间社会是社会治理的主场,而不是边缘地带。只有民间社会力量解决社会纠纷的能力得到壮大,国家和政府解决社会纠纷的能力才能同时得以强大。1944 年 6 月 7 日,边区政府下发给各专员、各县长以及各高等分庭庭长、各县司法处处长的《陕甘宁边区政府指示信——关于普及调解、总结判例、清理监所的指示》中提出,"百分之九十以上甚至百分之百的争执,最好都能在乡村中由人民自己调解解决"①。发动群众,普及民间调解,是党的群众路线的基本反映。毛泽东曾强调:"我们共产党人无论进行何项工作,有两个方法是必须采用的,一是一般和个别相结合,二是领导和群众相结合。"②党领导司法,必须要将司法和群众相结合的群众观点作为指导司法的方针和政策。党的群众观点为人民调解制度的形成与运行奠定了深厚的思想基础,指明了正确的政治方向。

新民主主义的政策和法令是否能变成人民大众获得解放的有力武器,很大程度上是由乡村政权的能力和效能来决定的。边区政府将民间纠纷交给民间社会解决,并不是强迫命令或者强制动员,而是一种政治远景和目标。普及调解的政策在乡村社会的推行是一个民主协商的过程。根据 1943 年 2 月 24 日公布的《陕甘宁边区简政实施纲领》的要求,调解民间纠纷是乡政权的主要任务之一。边区政府要求各级政府,尤其是乡政府要将调解这件事作为自己的主要工作来做。区政府和乡政府要实行两级联动,并增强积极性和主动性。区、乡两级政府变被动为主动,在行

---

① 《红色档案——延安时期文献档案汇编》编委会编纂:《陕甘宁边区政府文件选编》第 8 卷,陕西人民出版社 2013 年版,第 204—205 页。

② 《毛泽东选集》第三卷,人民出版社 1991 年版,第 897 页。

政工作当中找寻调解纠纷的机会,工作人员下乡时,遇到群众闹纠纷就应调解。区级政府发现纠纷需要调解,可以联系乡级政府协同调解。但是边区政府一再强调,对于调解工作不能采取强迫命令,要遵守自愿原则。只要政府为群众着想,有了信用,纠纷当事双方经常"打伙儿"请求政府调解。

边区发动群众解决纠纷并不是一种放任的无组织的民主秩序。组织化的方式有利于群众主动参与社会治理。边区的群众团体或者专门的调解组织的主要职责是参与民间调解,推动民间调解的组织化、程序化,促进国家司法与民间调解的有机互动。《陕甘宁边区民刑事件调解条例》规定:"调解之进行,得由双方当事人各自邀请地邻、亲友,或民众团体,或乡长从场评议曲直,视事件情节之轻重利害,予以劝导";"乡、区、县(市)各级政府接受调解事件,必要时,得邀请当地各机关人员及民众团体公正士绅,从场协助调解";"系属法庭之案,得由法庭以职权依据本条例之规定进行调解,或指定双方当事人之邻居亲友或民众团体在外从事调解"。① 尤其是民间先进人士参与司法调解或者主持民间调解能够获得更强的社会认同性。边区高等法院要求法官下乡不仅仅是法官主持调解,更是要发动群众(尤其是先进人士)参与司法调解或者主持民间调解。1948 年 9 月 1 日的《陕甘宁边区高等法院指示信——为指示加强调解,劳役交乡执行,法官下乡就地审判,以发展生产由》中要求:"发动群众,主要是当地积极公正的群众,进行周密调查和详细研究,使其是非轻重完全符合实际。"②

边区的各级司法机关依职权可以将本属于自己主管的案件采取司法干部与群众结合的庭外调解方式,其典型方式如下:

"(1)法庭指定双方当事人的邻居、亲友、当地公正士绅、年老长者、劳动英雄、乡参议员或工会、农会、商会、妇女联合会、青年救国会及抗援会等民众团体进行调解。(2)法庭指定区、乡政府调解。司法处向区乡政府指出案件的关键,把一些案件发回区乡进行调解。(3)审判人员会

① 《红色档案——延安时期文献档案汇编》编委会编纂:《陕甘宁边区政府文件选编》第 7 卷,陕西人民出版社 2013 年版,第 256—258 页。
② 艾绍润、高海深编:《陕甘宁边区法律法规汇编》,陕西人民出版社 2007 年版,第 347 页。

同区乡干部、当地群众代表及双方亲族邻里共同进行调解。这种方式运用较多,对调解复杂案件效果更好。由司法干部亲自主持,依靠基层干部和群众进行思想工作,严格掌握政策,依据法律,合乎人情,实事求是地调解纠纷。(4)高等法院定期派出理事,协同县司法处裁判员,一起深入乡间,到争端多的地点,集中调解案件。"①

上述庭外调解方式是一种官方、民间共同参与的半官方、半民间纠纷解决方式。黄宗智曾将清代的介于民间调解和官方审判之间的领域称为"第三领域",在此领域中国家与社会展开了交接与互动。②边区时期,不论是法庭指定社会第三方或者政府调解,还是审判人员会同干部群众调解,这和单独的司法调解、政府调解和民间调解是有形式区别的。也就是说,存在"第三领域"之中的多元主体的互动性更强,信息的流通更快,相互之间的沟通更加容易。

图 5-1　古元的木刻画《马锡五同志调解婚姻诉讼》

---

① 延安市中级人民法院审判志编委会:《延安地区审判志》,陕西人民出版社 2002 年版,第110 页。

② Philip C.C.Huang,*Between Informal Mediation and Formal Adjudication:The Third Realm of Qing Civil Justice*,Modern China,Vol.19,No.3,1993,pp.251-298.

我们在古元的木刻画《马锡五同志调解婚姻诉讼》中可以看到,不在场的古元根据《解放日报》对马锡五在场调解封芝琴与张柏的婚姻案的报道,形象地呈现了边区的群众化的司法场景,司法人物、旁听观众以及司法礼仪等司法符号展现了广场化的司法剧照,使人历历在目,身临其境。① 既然群众普遍关心,社会广泛关注,作为画作人也不能落场。古元将自己的生活体验和案件信息统摄在了真实的司法活动之中,似乎自己也身临其境。边区司法的艺术、技术通过一片木刻画栩栩如生地表现出来。古元的这幅成名之作反映了边区多元主体互动合作的调解模式。多元主体互动的司法治理逻辑是案件内部法律关系与案件外部的社会关系相互交织和相互影响。法院与政府帮助群众调解或者让群众参与调解,一方面提高了群众调解纠纷的技能,另一方面实现了群众的自我管理、自我教育。1944 年 6 月 7 日的《陕甘宁边区政府指示信——关于普及调解、总结判例、清理监所的指示》中指出:"政府和人民共同断案,真正实习了民主;人民懂得了道理又学会了调解,以后争讼就会较少。"②

国家权力介入民间社会并非对民间自治的强迫干预,而是对民间自治的引导与规范。民间自治能力的提高必须依赖于政府的指导和帮助。但是民间自治应有自我发展的权力支配空间。边区时期一方面强调政府、法院对民间调解的指导与帮助,另一方面强调放手发动群众,增强群众团体的非官方属性,推动农村政权建设。人民调解委员会的成立,一方面凝聚了民间调解力量,另一方面便于民间调解的规范化。但是人民调解委员会不能变为政府机关,必须是具有群众性的自治组织。习仲勋指出,调解委员会的成立,必须是"民办公助",而"公办"和无工作内容的,非但不能组织,已组织起来的,亦应取消,以防流弊。③

边区政府将纠纷交给民间社会解决,并非对纠纷解决责任的推卸。边区政府千方百计地试图将民间绝大部分纠纷交给民间社会来处理,这

① Xueshan Wu, Hui Xiao, *Forging Marriage*, Inter-Asia Cultural Studies, Vol. 7, No. 3, 2006, pp. 504-512.

② 《红色档案——延安时期文献档案汇编》编委会编纂:《陕甘宁边区政府文件选编》第 8 卷,陕西人民出版社 2013 年版,第 205 页。

③ 《习仲勋文集》上卷,中共党史出版社 2013 年版,第 30 页。

是符合人类社会纠纷解决规律的。人民自己组成纠纷解决团体解决自己的纠纷,这是国家权力向社会转移的表现,也是权力回归性的必然结果。

　　人民调解是人民司法的重要组成部分。由相互了解、相互信任的群众组成群众团体来解决群众纠纷,既易于明辨是非、合理解决纠纷,又能赢得群众的信赖和支持。边区创建的"人民调解"为"社会司法"。我国著名的司法学家熊先觉认为,"社会司法省时省事,不伤感情,具有优越的社会性和广泛的民众性,具有不可替代的社会自治功能"①。边区推行民间调解,将纠纷解决机制民间化,有力地推动了司法的社会化。司法社会化是司法治理化的必然结果。

第三节　边区治理化司法的实践场域

　　司法是一项极具实践特性的活动。司法活动的开展必须有一定的实践场域。从古至今,法场、法庭和监狱是最具代表的司法场域符号。治理化司法是一种开放式、体验式的法律实践活动。治理化司法的实践场域不局限于法场、法庭和监狱,而且辐射于生活以及社会的广阔空间。革命战争年代的边区司法经历了从战场到法场、从法庭到家庭、从监狱到社会的多层次宽领域的治理空间。当事人从案件中回归家庭、回归社会,恢复正常生产、生活关系。这就是治理化司法的社会重建功能表现。

一、从战场到法场

　　正义是人类的普遍愿望和价值追求。从古至今,不论是正义还是非正义的战争,人们都不想看到相互杀戮的场景。人们主张用正义的战争消灭非正义的战争。但战争只能是暂时的,生活是永久的。从规模和危害程度上看,虽然生活中的杀人犯罪与战场中的杀人行为有所不同,但是理性的人们树立了生命权不可侵犯的思想:不要有战场上的伤亡和生活中的流血案件发生。

　　"刑起于兵",这是中国古代关于刑罚起源于战争的主流观点。战争

---

① 熊先觉:《司法学》,法律出版社 2008 年版,第 438 页。

不当然造就刑罚,但是战争会招致刑罚,而刑罚是由法场来确定和执行。广义的法场是一个司法审判或者执行刑罚的场域,包括法庭、刑场以及监狱。法场理应代表正义。司法正义就是要树立用法律手段解决纷争,而不赞成通过武力甚至战争解决冲突。作为国家机器的法庭应是"缓和冲突,把冲突保持在'秩序'的范围以内"①的力量。

战场和法场的相同点是正义与非正义的较量,但其不同点是战场带来的是社会动荡,法场带来的是社会秩序。法场给人们带来的是广场化的切身体验。人们能够从先前剧场中对司法故事或者剧情的感性认知转化到法场中对现实案件审判的理性认知。人们通过对真实案件的视听,切实感受法律的威严,认知法律的不可侵犯性,切记违法应受到相应的惩罚。

不论是战争状态还是和平时期,法律都是解决社会矛盾、维护社会秩序的重要制度安排。战场必须受法律来规制,战场会产生战俘、战犯,但不能虐待战俘,战犯最终由法庭来审判。根据 1937 年 10 月 25 日的《中国国民革命军第八路军总指挥部命令——对日军俘虏政策问题》的精神,对于被我俘虏之日军,不许杀掉,并须优待之。② 对战犯不是用战争方式解决,而是用理性的审判方式解决。

革命时期的社会变革的重要手段是正义的战争和正义的法律。正义的战争的首要任务是夺取革命政权。正义的法律的任务是保障革命政权和维护革命秩序。战争不是最终的目标,目标是消除相互残杀、实现永久和平。政权创建中,局部取得政权或者全部取得政权,革命的任务就应转向革命秩序重建,从而法律的功能就愈加凸显。革命法制建设中,战争思维必须转变为秩序思维。列宁指出:"随着政权的基本任务由武力镇压

---

① 恩格斯在《家庭、私有制和国家的起源》中指出:"国家决不是从外部强加于社会的一种力量。国家也不像黑格尔所断言的是'伦理观念的现实','理性的形象和现实'。确切地说,国家是社会在一定发展阶段上的产物;国家是承认:这个社会陷入了不可解决的自我矛盾,分裂为不可调和的对立面而又无力摆脱这些对立面。而为了使这些对立面,这些经济利益互相冲突的阶级,不致在无谓的斗争中把自己和社会消灭,就需要有一种表面上凌驾于社会之上的力量,这种力量应当缓和冲突,把冲突保持在'秩序'的范围以内;这种从社会中产生但又自居于社会之上并且日益同社会相异化的力量,就是国家。"参见《马克思恩格斯文集》第 4 卷,人民出版社 2009 年版,第 189 页。

② 中央档案馆编:《中共中央文件选集》第 10 册,中共中央党校出版社 1985 年版,第 367 页。

转向管理工作,镇压和强制的典型表现也会由就地枪决转向法庭审判。"①根据列宁的观点,在政权建设中实施法律的法庭审判成为管理工作的重要内容。我们形象地将"枪杆子"比作"战场"、将"秤杆子"比作"法场",借用毛泽东的话"枪杆子里面出政权"②,那么,"秤杆子上面出秩序"。

边区高等法院审理的"黄克功案件"成为"从战场到法场"的治理化司法场域转换的历史见证。战场造就了黄克功的革命英雄形象,法场确定了黄克功的反革命杀人犯的罪人面孔。革命军人如何理性处理战场上英勇杀敌与生活中相互尊重的关系,这对营造安全和谐的后方至关重要。黄克功在革命战场上的功绩不能规避日常生活中犯下的杀人罪责。对于一个革命军人在非执行军务时所犯的罪行,应通过法场上的公开审判和行刑方式来惩罚,而不能采用战场上惯用的"戴罪立功"而免罚。"黄克功案件"成为边区时期中国共产党从严治党、依法治军的历史典范。

革命法庭不仅仅是"为了促进革命发展而设立",③而且是为了社会发展而设置。苏维埃政权时期,为了纠正中国共产党"肃反"工作中出现的极端错误,中央执行委员会决定必须设立国家司法机关,应由司法机关执掌"生杀予夺"的审判权与处决权。边区政府成立前后,在苏维埃政权既有的裁判部的基础上建立了边区政权体制下的边区高等法院以及高等分庭、县司法处等司法机关。这足以说明,司法机关维护革命战争任务和社会秩序的法治理念在边区逐步树立。

土地改革运动中产生的人民法庭,既是镇压破坏经济建设和确保土地改革彻底完成的斗争工具,又是保护人民民主权利和保障人民土地等财产权益的维权装置。斗争工具与维权装置的统一,体现了人民法庭的工具理性与目的理性的有机融合。

---

①　列宁认为,"法院正是吸引全体贫民参加国家管理的机关(因为司法工作是国家管理的职能之一),法院是无产阶级和贫苦农民的权力机关,法院是纪律教育的工具"。参见《列宁选集》第3卷,人民出版社 2012 年版,第 498 页。

②　《毛泽东选集》第二卷,人民出版社 1991 年版,第 547 页。

③　法国大革命时期的革命领导人罗伯斯庇尔论述"改组革命法庭"时认为,"法庭是为了促进革命发展而设立的"。参见[法]罗伯斯比尔:《革命法制和审判》,赵涵舆译,商务印书馆 1965 年版,第 168 页。

土地改革是阶级斗争的特殊表现形式。土地改革的主体是群众,土地改革是一种典型的群众运动。中国共产党一贯主张的群众斗争是在党的领导下开展的有序的群众运动,并非"无政府主义的乱打乱杀",而对于群众自发的"过火"斗争应及时说服和纠正,并予以正确引导,从而形成有序的民主秩序。由于一些解放区群众开展的"对汉奸、特务的控诉复仇的清算运动"和减租减息斗争中,已经出现了"乱打乱杀"的过火行为。为了克服和纠正土地改革运动中群众的"过左"行动,努力将群众性的土改运动转变为保护和发展边区经济的有益方式,这就必须正确处理阶级斗争和人权保护的关系。而要实现阶级斗争与人权保障的有机统一,必须依靠平和的政治思维和理性的法律手段,而不是依靠"整人"的极端心理或者"打人"的暴力方式。

从革命到法制、从革命到治理的思维转变,是中国共产党从"马上打天下"逐步走向"下马治天下"的成熟发展的历史转变。1939 年 12 月,毛泽东强调:"领导人民对敌斗争的策略,必须是利用一切可以利用的公开合法的法律、命令和社会习惯所许可的范围,从有理、有利、有节的观点出发,一步一步地和稳扎稳打地去进行,绝不是大唤大叫和横冲直撞的办法所能成功的。"①既要顺应解放区广大群众"从地主手中夺回土地"的革命热情,又要保持反封建的广泛的农村统一战线,必须建立合法、有理的土地改革秩序。

党中央坚持土地改革运动与土地法令颁布实施相配合的原则,依法实现"耕者有其田"。在 1947 年 7—9 月召开的全国土地会议期间,刘少奇提交的报告中指出:"为避免在运动中群众随便打人、杀人,派可靠干部在各地普遍建立人民法庭,接受群众控诉,并加调查审讯,有罪者适当分别处刑,群众向干部斗争时,则严格保障少数人应有基本权利,干部有否认、辩护、发表不同意见、出席、退席大会等自由权,并禁止打人及一切肉刑、在大会逼供等行为,群众在大会上对干部只有批评、罢免、选举及控诉之权,干部如有犯罪部分,必须交法庭调查审讯后,由法庭处理,只有法

---

① 《毛泽东选集》第二卷,人民出版社 1991 年版,第 636 页。

庭才有权逮捕监禁。"①这段话既阐明了土地改革运动必须理性开展、依法运行，又阐释了中国共产党初建人民法庭的基本动因。1947 年 9 月 13 日的《中国土地法大纲》要求，将"人民法庭"作为规范土地改革和保护土地改革权益的重要司法组织。土地改革运动中产生的人民法庭，是中国共产党有理、有利、有节地处理阶级斗争的理性工具。历史的经验证明，采用暴力手段或者无组织无纪律的群众运动，只能造成一片混乱或者无序，最终将会引起人民对政权的怀疑与恐惧乃至反抗。因此，只有通过党领导的政权及其政权的合法手段，才能树立国家权威；只有普遍建立了法律秩序，尊重和保障人的权利，人民才会真正获得安全和幸福。

二、从法庭到家庭

近现代中国，战争与灾荒并存，逃难、逃荒是社会的主要历史特征。传统的血缘、地缘关系在一定范围内被打破。家庭关系与社会秩序重建是这一历史时期的重要任务。法庭和家庭可以作为司法场域的两端。把家庭作为司法实践拓展和延伸的核心场域，其目的就是要将"家庭伦理与道德看成是中国法理精神的起点和终点，将家庭文化与家庭精神看成是现代社会公共文化与精神生活的有力支点，将家庭秩序与关系看成是社会关系与秩序的基础"②。法庭上的所有人一般来自不同的家庭。司法人员的作风既代表了司法作风，又代表了家风。当事人和旁听群众的作风既代表了社会风气，又代表了家风。法庭的建立也是为了确保和维系和谐的家庭关系。"法律是对人群生活普遍看重的生活意义的选择和设定。构成中国人重要的生活意义的不是个体，而是家庭。"③边区的法庭不仅仅是为了裁判是非、解决社会纠纷，更重要的是重塑平等、团结、互助、互敬、互爱的家庭关系，这是促进新旧社会转型的历史要求。

虽然封建的包办、买卖、强迫婚姻习俗在边区乡村社会根深蒂固，但是随着妇女解放的思想不断向边区乡村社会传播，平等、自由的婚姻法律

---

①　中央档案馆编：《中共中央文件选集》第 13 册，中共中央党校出版社 1987 年版，第 693 页。

②　方乐：《法律实践如何面对"家庭"？》，《法制与社会发展》2011 年第 4 期。

③　张龑：《何为我们看重的生活意义——家作为法学的一个基本范畴》，《清华法学》2016 年第 1 期。

观念不断向边区乡村社会输送,边区新的婚姻自由观念逐渐形成。边区的许多包办、买卖的旧婚姻当事人纷纷走向法庭要求解除婚姻关系。"遇婚姻说和"的善良司法传统在边区遇到了婚姻自由的社会新风的时代挑战。边区的"进步的法律法规,大大提高了广大干部和人民群众的思想觉悟,尤其男女知识青年拍手叫好。一些包办、买卖、童养媳、受虐待的、感情意志不合的男女,要求婚姻自由,提出离婚的案件逐年增多,充分说明边区婚姻条例的进步。如1938年,全边区审结民事案件357件,其中审结婚姻案件94件,占民事案件总数的26.3%;1942年,全边区审结民事案件830件,其中审结婚姻案件272件,占民事案件总数的32.8%;1946年,全边区审结民事案件828件,其中审结婚姻案件224件,占民事案件总数的27%;1949年6月至11月,陕北人民法院,审结民事案件726件,其中审结婚姻案件427件,占民事案件总数的58.8%"①。旧的婚姻关系在法庭得到解除,新的婚姻家庭关系在不久的将来很快形成。从旧的家庭走向法庭,又从法庭走向未来的新的家庭,构建了法律生活与家庭生活的新型关系。

司法机关的司法行为反映一定的司法作风,当事人的诉讼行为和诉讼心理同时反映一定的家风和社会风气。"马锡五审判方式"以亲民、爱民、为民的司法作风促进了平等、团结、互助、互敬、互爱的善良家风的生成,这是一种以优良的政风带动形成善良民风的司法治理理念。1943年,边区高等法院陇东分庭就地调解处理的"合水县丁、丑两家土地争议案"②,改变了群众的"谁家有势、谁家有钱就能左右司法"的错误观念,为

---

① 高海深、艾绍润编著:《陕甘宁边区审判史》,陕西人民出版社2007年版,第131页。

② "合水县五区六乡丑怀荣,在丑家梁拥有山地一处。二乡丁万福,在川子河及其附近,拥有山地二百四十亩。后来,丁、丑两家都企图扩大土地面积。于是丁姓就从川子河山上向北发展,丑家便从丑家梁山上向南发展,双方土地相接触后,遂发生冲突。1938年,这一带还没有正式建立革命政权,丁、丑两家便到宁县国民党县政府告状。丑怀荣依仗其侄女婿在该县当保安队长的势力,从县政府领取了'补契承业执照'一张。根据这张执照,不仅丑家梁山地归其所有,而且连丁家老业川子河及其附近的山地,也据为己有。丁姓不服,上诉到国民党的平凉高等法院,并在该地杀猪请客,以金钱贿赂得力士绅和法官。结果,法院判决,丁家不仅收回川子河及附近山地,而且连丑家梁山地和丑家的坟地,都一并归其所有。这样,丑家当然也不服气。群众纷纷议论说:'贪赃枉法,徇私舞弊,两家都无理,谁有面子能顶事,谁有金钱能顶事。'"参见张希坡:《马锡五与马锡五审判方式》,法律出版社2013年版,第180页。

树立良好家风起到了很好的教育意义。边区司法机关处理此项案件时，不仅仅是要依法公正地保护双方的土地权益，更重要的是要改变两家不择手段倚仗权势和金钱攫取不正当利益的丑陋心理和不良家风。陇东分庭通过就地勘查，依照《陕甘宁边区地权条例》来确定土地产权，由审判人员、地方行政首长、当地群众和干部共同参与的调解，最终达成协议确定了地界。双方当事人从内心认识到了边区法庭的公正公道，也反省了各自的错误。当事人和群众的评语为："民主政府处理案件，真是深得人心"①。这是司法的公心换来民心的历史写照。

法庭上的当事人来自相同或者不同的家庭。不论何种纠纷的当事人的诉讼活动均会影响一个家庭的正常生活，而一个家庭成员的诉讼活动最终会影响到整个社会的和谐稳定。孔子所主张的"天下无讼"的思想，并不是不让人诉讼，而是能够互谅互让、和睦相处，尽量避免和减少诉讼，从而获得整个社会的和谐稳定。边区司法的过程必须唤醒民众的权利意识，必须让民众能够从遵守法律获得福利的感受中培养法律意识，必须让民众能够形成良善的道德习惯与和谐的生活方式。正如习仲勋所指出的，"我们的司法工作方针是要团结人民，教育人民，保护人民的正当权益。越是能使老百姓邻里和睦；守望相助，少打官司，不花钱，不误工，安心生产，这个司法工作就算做得好。"②值得关注的是，习仲勋在此处所讲的"守望相助"，既从国家司法层面阐释了中国共产党领导的司法建设的家国情怀，又从历史社会层面指明了人民司法必须懂得人生冷暖和注重人文关怀。

陕北米脂地区的快板剧"赞调解"③中"上门调解""有理摆桌面""满堂和气"的写照，成为边区法官从法庭到家庭的美好司法图景。边区法官下乡上门调解，这种从法庭到家庭的调解模式就是为了彻底解决群众实际纠纷，减少讼累，促进生产，使群众真正得到福利，形成团结互助和谐

---

① 张希坡：《马锡五与马锡五审判方式》，法律出版社 2013 年版，第 181 页。
② 《习仲勋文集》上卷，中共党史出版社 2013 年版，第 28 页。
③ 边区时期曾流行于陕北米脂地区的快板剧"赞调解"中歌颂到："调解好，调解好，群众闹纠纷，法官找上门来调。省时、省钱、不跑路，省下时间把生产搞。有理摆在桌面上，法官给咱评公道。有错当众承认了，该怎处理大家吵。十年纠纷一朝了，和和气气重归好。"参见高海深、艾绍润编著：《陕甘宁边区审判史》，陕西人民出版社 2007 年版，第 72 页。

的乡里乡亲关系。1943 年 6 月 8 日的《陕甘宁边区高等法院指示信——令各高等分庭及各地方法院、县司法处实行调解办法改进司法工作作风减少人民讼累由》中指出："调解是边区司法政策的新制度，是教育人民服理向善，维护人类和平，增进社会生产，于公于私均有利益。"①1943 年12 月 20 日的《陕甘宁边区高等法院指示信——注意调解诉讼纠纷由》中强调："边区的司法工作作风，要以能替人民解决实际问题为主，不以判决为重。司法人员能多尽一分心力，社会即多蒙受一分福利。"②1948 年9 月 1 日的《陕甘宁边区高等法院指示信——为指示加强调解，劳役交乡执行，法官下乡就地审判，以发展生产由》中再次强调："对发生的纠纷进行耐心的[地]说理和实事求是的[地]调解，使农村劳动力不作无谓的浪费，求达集中全力提高生产的目的。"③边区调解政策的运用使群众真正享受到了民生幸福。

"马锡五审判方式"不排除"坐堂问案"，"马锡五审判方式"的精髓在于审判不能脱离生产、生活实际。马锡五本人走出窑洞主要是为了就地调查案情，将生产生活中获知的案件事实和社会经验，应用到具体的案件审理之中。走出窑洞是为了脚踏实地走回窑洞，因为最终的裁决还是在窑洞里产生，而不是在田间地头或者炕头上产生。一个个纠纷产生在社会生产或者家庭生活当中，一个个纠纷也是对正常的社会生产或者家庭生活的破坏。司法人员只有查清案件中的生产、生活事实关系，才能依据对应法律作出公正的判断，最终让责任人承担相应的法律责任，从而恢复社会生产和家庭生活关系。"马锡五审判方式"是一种"从生产生活中来、到生产生活中去"的司法治理模式。这一模式实现了法庭与家庭的程序正义与实质正义的同时转换。

"马锡五审判方式"的司法话语是一种朴实的家庭生活话语，尤其在处理家务纠纷中效果显著。曲子县天子区的同族弟兄潘文治和潘文焕因土地多次发生纠纷，曲子县政府曾于 1941 年派人上门调解、1943 年县长主持调解、1944 年派人上门调解，每次调解均能达成一定内容的调解协

① 艾绍润、高海深编：《陕甘宁边区法律法规汇编》，陕西人民出版社 2007 年版，第 340 页。
② 艾绍润、高海深编：《陕甘宁边区法律法规汇编》，陕西人民出版社 2007 年版，第 343 页。
③ 艾绍润、高海深编：《陕甘宁边区法律法规汇编》，陕西人民出版社 2007 年版，第 346 页。

议,但事后双方又起纠纷。1944年5月22日,马锡五没有下乡上门调解,而是在陇东专署办公室里接待了双方当事人。马锡五了解本案经过和相关事实后,认为本案属于家务纠纷,应和解处理。马锡五给弟兄俩说:"你们过去的山地根本未分,今后分好了,政府保证你们的土地所有权。政府的政策是使大家都有地种,都能生产,并且生产得好,不仅要有土地,还要耕种得好,多打粮食。你们都是弟兄,他的地不够种你应该分给他些。"①然后,马锡五又给潘焕文说:"这时正值农忙,不能老在庆阳待着,误了庄稼,大家都该互相让一让,这不是赌气的时候。"②双方的气都消了,并达成了和解协议。最后,马锡五对弟兄俩再三叮嘱:"回去一定要把关系搞好,不要为此耽误生产。"③马锡五如同双方的家长或者族长一样,首先从家庭关系的亲情出发,兼顾双方的生产利益,从而取得双方的共同信任,其次以政府法令、政策为依据,告知双方政府一旦确认了土地权属,就法律保护和政策支持,从而打消了双方的顾虑。此案的历史价值在于法庭借鉴家庭处理模式达到情、理、法的统一,只有从家长的个人权威转换为国家法律权威,司法权威才能得到树立。

总之,法庭是传递公平正义理念的重要载体。法庭上的诉讼行为、言语、文书等诉讼信息所承载的公平正义理念通过案件向当事人家庭甚至众多家庭传递。官司带来的不应是仇恨,一代官司应给世代传递正义的司法文化。

三、从监狱到社会

中国传统儒家刑罚伦理的核心思想是教化。这一思想与西方古典刑事法学派的观点是相通的。西方古典刑事法学派代表人物贝卡里亚以反对死刑为基点,主张"奖励美德、完善教育可以预防犯罪"的思想。④从生命刑到自由刑、从惩罚刑到教育刑,这种刑罚理念的转变旨在向世人昭示刑罚的人道主义与人文关怀。监狱应是权力、精神与物质的统一构造体。

---

① 张希坡:《马锡五与马锡五审判方式》,法律出版社2013年版,第179—180页。
② 张希坡:《马锡五与马锡五审判方式》,法律出版社2013年版,第180页。
③ 张希坡:《马锡五与马锡五审判方式》,法律出版社2013年版,第180页。
④ 曾粤兴:《刑罚伦理》,北京大学出版社2015年版,第13页。

国家刑罚不是仅仅对罪犯肉体或者身体自由的控制,更重要的是对罪犯心灵的改造。因为,"精神作为权力的铭文的表面,而符号学作为工具,通过观念的控制去降服肉体。这种权力形式比拷打和烙刑等公众仪式更为有效,更为经济。"①

刑罚宽和、缓和成为刑罚发展的历史趋势。有学者认为,现代刑罚受理性发展的制约和影响,其发展趋势为:非刑化、轻缓化、自由刑的纯化、非监禁化。② 边区的刑罚制度顺应了现代刑罚发展的历史社会要求。为了团结一切可以团结抗日的力量,为了积累抗战的物质与人力资源,为了培育自觉守法的善良群众,边区刑罚的价值取向是符合功利主义的理性要求的。正如边沁所说:"热爱那些有益于我们的,痛恨那些有害于我们的,乃是人心的普遍原则。因此,从世界的一端到世界的另一端,人们对有益的或有害的行动报以同样的赞许或拒绝的感情。道德和司法,在这种本能的驱使下,经常在没有明确的关于功利的观念的情况下,达到了功利的伟大目的。"③边沁对功利的阐释旨在表达人们所追求的利益,是普遍化的有利于人类自身的利益,而这种功利并非个别化私利,但是功利的实现也必须顾及个人利益,不能恣意剥夺个人利益。刑法的功利主义的核心观念是对社会整体利益的维护。

以少量且适度的刑罚维护最大的利益,是刑法资源合理配置的价值取向和基本准则。随着革命形势和社会发展的需要,边区刑罚的强度处于不断调适状态。基于宽大政策和战时状态下不方便长期监禁的原因,边区政府成立初期将国民政府有期徒刑的最高期限 15 年降低为 5 年。边区刑事审判中主要采用训诫的方式释放了大量的罪犯,或者采取不关押的"苦役"形式提高矫正效果,而有期徒刑的适用率相对较低。由于徒刑幅度配置较低,尤其是 5 年的有期徒刑与死刑的间距过大。这样死刑恰当适用的余地和空间其实很小,极易造成"该杀不杀"和"该宽又杀"的两极分化局面。例如,"吴占福曾为匪抢劫,又曾混入革命部队,后借故

---

① 孙运梁:《福柯刑事法思想研究——监狱、刑罚、犯罪、刑法知识的权力分析》,中国人民公安大学出版社 2009 年版,第 121 页。

② 张峰、连春亮:《行刑与罪犯矫治社会化研究》,群众出版社 2007 年版,第 50—53 页。

③ [英]吉米·边沁:《立法理论》,李贵芳等译,中国人民公安大学出版社 2004 年版,第 11 页。

逃跑、拐诱、奸淫妇女,并杀害与其合伙经商的韩方候,抢劫其财物。罪恶深重,论罪本应处死,1941 年 9 月边区高等法院判决:因死者家属未经追诉,且有老母在堂,生活困难,需要抚恤赡养,为抗战期间珍惜人力起见,以吴占福杀人抢劫罪,判处有期徒刑 5 年,教育感化促使其转变。并将其全部营业财产拍卖,将其中的 1000 元交给其弟,以赡养老母"①。该案在适用宽大政策的时候存在严重失衡的问题。为了达到罪与刑的适当,必须提高刑罚的伸缩性,拓展宽大政策适用的合理空间。1942 年 3 月 31日,《陕甘宁边区政府命令——令边区高等法院将最高刑由五年改为十年》中指出:"边区之最高徒刑定为十年。因为许多案子如判死刑殊觉太重,有失宽大之意,但如判刑五年又嫌太轻,影响人权财权之保障,故改定最高判刑为十年。"②从表面上看,有期徒刑刑期的增高加大了刑罚的幅度,但实质上降低了刑罚的强度,尤其是死刑的适用率将会大大降低,特别是犯罪者获得改过自新的机会随着徒刑期限的加大而增多。

　　边区的有期徒刑的刑期处于历史调整期,以及无期徒刑暂且取消③,这是特殊历史阶段的需要。但是罪犯在监狱服刑期限很短,这样势必增加了边区监狱的教育改造工作的难度。由于监禁周期短,必须增加教育改造的力度,这样罪犯被释放后再犯的危险性就会降低。边区"1940—1944 年,贯彻教育与生产相结合方针,把生产劳动教育提到三大教育(政治、文化、劳动)的地位,提出'在生产中感化教育'、'寓教育于生产之中'的口号,开展'生产、学习、守法三位一体的竞赛'。在生产中实行奖励和

---

　　①　汪世荣等:《新中国司法制度的基石——陕甘宁边区高等法院(1937—1949)》,商务印书馆 2011 年版,第 161 页。

　　②　艾绍润、高海深编:《陕甘宁边区法律法规汇编》,陕西人民出版社 2007 年版,第 102 页。

　　③　边区取消无期徒刑,其理由是:"一个人犯了罪,既然还不到排斥于社会外的程度,那么,只有给他一个相当时期的制裁,即是在有期徒刑中加以教育,然后等到刑期满了后,便恢复了他的自由,仍在社会上做一个好的公民。若既不采用这种办法,偏要在死刑的下面定一个无期徒刑,虽然犯罪者的生命还没有断绝,而终其身于家庭、社会都脱离了关系,这与死刑何异?而且在旧社会的监狱犯人既不参加生产还需要国家担负一个人的终身供养,这于国库亦有很大的损失。总而言之,无期徒刑不论在国家或个人都没有什么好处,同时我们对于犯人是采取教育政策的,教育一个时期后,便要他再在社会上服务。若无期徒刑使犯人永远没有出狱的时候,即令教育出来了,又有什么用呢?"参见《陕甘宁边区刑罚的特点》,载艾绍润、高海深编:《陕甘宁边区法律法规汇编》,陕西人民出版社 2007 年版,第 98 页。

分红制度,为犯人建立家务,创造彻底改造犯人的物质条件,探索防止重犯的途径。"①边区1937—1939年判处刑事案件的统计中"罪犯训戒后即放所占全数的32.3%,六月以下苦役的占33.7%,徒刑占22.3%,死刑只占5.3%"(详情见表5-2)。边区"1942—1946年,共释放犯人276人,仅有2.7%重新犯罪"。② 1945年3月10日,边区高等法院院长雷经天向边区政府转呈的"同意陇东马专员关于教育释放匪犯"的资料中记载:"余长延、马文标、马金山、李占荣等犯,在守法期间表现很好,劳作方面亦很努力,教育释放该犯等后,回民均深为感动而庆幸,该犯等亦均积极,查该犯等均系回民,在旧社会不良习俗下习染殊深,致构成犯罪事实。今对该犯等教育释放,不但争取到该犯等彻底转变,同时可影响到该县回民普遍向善之心。"③

表5-2　1938—1939年全边区判处刑事案件统计表④

刑期	1938 年	1939 年	合计
教育释放	409	376	785
六月以下苦役	345	474	819
一年以下徒刑	233	84	317
二年以下徒刑	108	47	155
三年以下徒刑	49	22	71
四年以下徒刑	31	4	35
五年以下徒刑	24	12	36
死刑	83	46	129

　　监狱的重要功能就是通过一个相对封闭的场所让罪犯能够面壁思过、悔过自新。监狱所具有的惩罚与教育功能的价值在于将犯罪责任主

① 延安市中级人民法院审判志编委会:《延安地区审判志》,陕西人民出版社2002年版,第113页。

② 延安市中级人民法院审判志编委会:《延安地区审判志》,陕西人民出版社2002年版,第114页。

③ 《红色档案——延安时期文献档案汇编》编委会编纂:《陕甘宁边区政府文件选编》第9卷,陕西人民出版社2013年版,第99—100页。

④ 艾绍润、高海深编:《陕甘宁边区法律法规汇编》,陕西人民出版社2007年版,第101页。

体转化为社会责任主体。"边区的监狱,固然是惩罚犯人的场所,同时,也是犯人的教育机关"①。边区的刑罚以教育改造为主,通过"教育驯化"使犯人恢复理性,回归人性。

人的社会性决定了人是社会生活中的人。监狱也是一个小社会,不能将罪犯与社会生活完全隔离。边区政府和高等法院强调,司法过程中必须尊重犯人的人格,把犯人当"人"对待,不得体罚和侮辱犯人,并给犯人创造良好的改造环境,使犯人除了人身自由受到一定的限制外,能像"正常人"一样生活。1944 年 5 月 11 日的《陕甘宁边区政府命令——为在各分区、县设立监狱看守所由》中要求,"监狱、看守所内,要经常注意清洁卫生,室内要干燥,光线充足,空气流通"②。《吴堡县一九四四年全年各县工作总结报告》中关于"犯人卫生与生活待遇"问题指出:"每一窑洞每日有值日者,轮流打扫二次,晒太阳二次(要犯者轮流晒),每月理发一次,洗衣二次。犯人伙食与一般公务人员同样待遇,平时保证不吃生冷,平均每日送喝开水二次。如发生疾病另换窑洞设法医治,隔一二日下午领导犯人做一些游戏活动,如下棋、定方、打老虎、唱小曲等。"③

只有关爱罪犯,罪犯被释放后才会关爱社会上的人。1944 年 6 月 7 日的《陕甘宁边区政府指示信——关于普及调解、总结判例、清理监所的指示》中强调:"犯人是人,且多是社会上不幸的人,对他们关心应该多,各地要学习志丹县的办法,帮被释放的人搞家务,督促他们向好路上走,不再犯罪。在监所的犯人,一方剥夺其自由,一方要尊重他的人格,改善他的环境,才能激发他的上进心羞恶心。"④1946 年,国民政府法院的法官在对边区监狱的参观考察记中写道:"因为记着他们是人,一切人所有的要求,被照顾到了,除允许他们的父母妻子来监探视外,轻刑犯每年有一度假日,许其回家一次。刑较重的犯人虽不允许请假回家,但在规定假期

---

①　张希坡、韩延龙主编:《中国革命法制史》,中国社会科学出版社 2007 年版,第 472 页。

②　《红色档案——延安时期文献档案汇编》编委会编纂:《陕甘宁边区政府文件选编》第 8 卷,陕西人民出版社 2013 年版,第 181 页。

③　《红色档案——延安时期文献档案汇编》编委会编纂:《陕甘宁边区政府文件选编》第 9 卷,陕西人民出版社 2013 年版,第 73 页。

④　《红色档案——延安时期文献档案汇编》编委会编纂:《陕甘宁边区政府文件选编》第 8 卷,陕西人民出版社 2013 年版,第 207 页。

中,准其妻室到监中与其同居。……就是日常他们的亲属来监视探绝不像外边一样只隔绝铁窗外短促的 5 分钟的会晤。这里根本没有铁窗隔开人们的互相接触,是让他们父子、夫妻们聚首一室,从容谈话的。这些犯人的家属如果是远道而来的,当局还招待他们宿食,和工作人员家属受同等看待。这一切合乎人情的待遇,不外是想积极推动犯人改正错误,力求上进,变成一个普通的善良的公民,在这里这种办法收到了它应得的效果。"①再如,"犯人白××,其母去世,准假回家办理丧事。他回监后说:'我再不学好,良心上也过不去,对不起共产党和边区政府。'"②

监狱管理人员不能歧视甚或虐待罪犯,监狱管理中必须让罪犯之间相互尊重、相互监督、相互提高。1941 年 5 月 10 日,边区高等法院要求,"为着加强犯人的管理,在看守员的监视检查之下,可以将犯人分别组织起来,由犯人自己管理自己,互相帮助,互相保证,互相检讨,互相批评,纠正日常思想意识和行动表现错误的倾向,注意改善生活和待遇,不准对犯人施以打骂,提高犯人的情绪,并减少其肉体与精神上的痛苦,使犯人能够自觉地守法,免至发生悲观失望或盲动冒险的行动。高等法院采取这些新的方法管理犯人颇有效力,各县也可以照着去做"③。1944 年 5 月 11日的《陕甘宁边区政府命令——为在各分区、县设立监狱看守所由》中要求,"对犯人着重教育感化,不得有虐待行为,犯人在管教期间,帮助他们自觉的守法,帮助他们订出个人生产及学习政治文化的计划,对犯人之生活,如饮食、起居、疾病等,亦须经常关切之"④。

边区监狱对罪犯的人格尊重以及生活和人际交往的关注,具有社会化改造的显著特点。监狱产生的最终目的不是终身监禁或者完全封闭,而是为了教育罪犯恢复理性,从而回归社会。监狱不是人的归宿,监狱只能是罪犯的临时居所。刑罚的个别化原则的确立就是说明犯罪是个别的人的行为,而不是普遍的人的行为,即便是被判决执行终身监禁的罪犯也

①　高海深、艾绍润编著:《陕甘宁边区审判史》,陕西人民出版社 2007 年版,第 181 页。

②　杨永华、方克勤:《陕甘宁边区法制史稿(诉讼狱政篇)》,法律出版社 1987 年版,第 351 页。

③　韩延龙、常兆儒编:《革命根据地法制文献选编》中卷,中国社会科学出版社 2013 年版,第832—833 页。

④　《红色档案——延安时期文献档案汇编》编委会编纂:《陕甘宁边区政府文件选编》第 8 卷,陕西人民出版社 2013 年版,第 181 页。

只能是极少数人。在监狱服刑的罪犯,绝大部分还是要回归社会。安塞尔所主张的"刑事政策的目标不是要把犯罪人排斥在社会之外,而是应当尽一切努力将犯罪人重新纳入社会"①。刑罚的最大收益就是"刑罚最终能使一个人重新成为社会共同体的成员"②。边区高等法院院长雷经天指出:"犯了罪,一定要受法律制裁,但是只要他对社会还有一点用处,社会对他还有一些需要,边区的法律尽一切可能来挽救他们,改正他们的错误,这是给犯人一条回头的道路,不希望他错到底,我们希望犯人将来继续为社会努力。"③

让罪犯走出监狱融入社会生活,这是一个再社会化的过程。边区实施的假释制度、外役制度、苦役制度以及交乡执行制度就是一种特殊的再社会化教育手段。国家向社会移交权力,同时国家向社会移交责任。假释制度并非是国家对刑罚权的放弃,而是国家信任罪犯在监狱服刑期间获得了教育、恢复了理性。国家刑罚效果不仅仅体现在监狱之内,更重要的是体现在监狱之外。假释制度既考验了刑罚的社会化效果,又考察了社会接替国家教育改造罪犯责任的能力。假释制度在世界范围内的普遍传播和成功实践,证明了刑罚社会化理论的科学性。我国清末政府移植了国外的假释制度,国民政府对其予以沿袭,在边区政府对假释制度予以认可。在边区政府工作报告中曾指出:"提前假释:边区司法不采取报复与惩办主义,而只是施行感化与教育。除必不可救的汉奸匪头处死刑外,徒刑的罪犯,则尽一切可能,使能自觉的改正。取消绝望的无期徒刑,徒刑最长期限为五年,在守法期内,考察其思想与言行的转变,不等期满,就可假释。边区罪犯大多数是'假释'了的,假释后又重犯的很少。"④将服刑期限未满的罪犯附加一定的条件提前释放,经过一定期限的社会化考验,这既是对罪犯悔过自新的信任,又是对社会吸纳被提前释放罪犯的信任。1939 年 4 月 19 日,边区高等法院通知要求,"本院已判决的人犯,在

---

① 张峰、连春亮:《行刑与罪犯矫治社会化研究》,群众出版社 2007 年版,第 64 页。

② ［意］杜里奥·帕多瓦尼:《意大利刑法学原理》,陈忠林译,法律出版社 1998 年版,第349 页。

③ 杨永华、方克勤:《陕甘宁边区法制史稿(诉讼狱政篇)》,法律出版社 1987 年版,第 265 页。

④ 《红色档案——延安时期文献档案汇编》编委会编纂:《陕甘宁边区政府文件选编》第 3 卷,陕西人民出版社 2013 年版,第 223 页。

刑期未满,所以假释到各机关分配工作的意义,原为要各机关负责管理教育及考查,使人犯在工作中间去彻底了解和转变自己的错误,故凡在假释中的人犯,应由各分配工作的机关帮助他们成为一个新的革命斗士。"①边区假释扩大适用的制度初衷为:"一是鼓励犯人进步,促进犯人转变错误;二是顾及犯人家庭困难,有利发展社会生产;三是扩大政治影响,体现教育改造的宽大政策。"②为了防止随意假释,边区要求假释必须经过高等法院批准,并且执行当中必须有指定的机关团体或者个人代为管教,不接受社会教育和遵守法律规定者有随时被撤销假释的可能。因为实践中,有些地方竟然将杀人犯假释,"分配到机关内当保姆,穿公家衣服,看戏坐前排,影响太不好,失掉了对社会的教育意义"③。

边区的外役制度一方面实现了劳动改造从监内向监外的场域转换,另一方面实现了社会劳动替代监内刑罚的方法转换。外役并非提前释放罪犯,而是对已经在监狱内执行了一定刑期的罪犯,将其直接或者间接脱离监管,安排在监狱之外的生产单位或者机关单位从事劳动或者工作。边区的外役制度分为保外服役和调外服役两种,保外服役是在担保的条件下脱离监狱监管在监狱外从事生产劳动,而调外服役是不脱离监狱监管在监狱外从事生产劳动。"外役是犯人由监狱的羁押生活到社会的自由生活的过渡和桥梁,是重新步入新社会生活前的演习和锻炼。"④边区外役制度为罪犯尽快融入社会,促进罪犯就业树立劳动获益的正义观念,起到了很大的社会治理作用。

边区的劳役是刑罚的一种方式,其中监内的劳役为拘役,监外的劳役称其为苦役。边区对一些轻微的刑事犯罪判处六个月以下的苦役。苦役区别于拘役,属于非监禁的劳动改造的替代刑罚。边区将一定范围的拘役改为苦役的理由为:"拘役是把犯人拘禁起来,而令服劳役。苦役是不拘禁犯人而令服劳役,从文字上来看,就已经很明白地告诉了我们,不拘禁的理由在哪里呢? 因为这种轻微犯罪在拘禁中,一来怕染上其他犯人

---

① 杨永华、方克勤:《陕甘宁边区法制史稿(诉讼狱政篇)》,法律出版社 1987 年版,第 355 页。
② 杨永华、方克勤:《陕甘宁边区法制史稿(诉讼狱政篇)》,法律出版社 1987 年版,第 353 页。
③ 高海深、艾绍润编著:《陕甘宁边区审判史》,陕西人民出版社 2007 年版,第 280 页。
④ 杨永华、方克勤:《陕甘宁边区法制史稿(诉讼狱政篇)》,法律出版社 1987 年版,第 357 页。

的恶习,二来丧失了犯人的体面,很足以减低以后向上奋进的情绪,纵然在狱中可以施以教育,但为时既暂,是不会收到何种效果的。所以凡是这种轻微的罪犯,只有不拘禁而令其服一定的劳役,比较有效些。"①边区对于判处六个月以下的劳役的罪犯可以选择性地交乡执行。1948 年 9 月 1 日,陕甘宁边区高等法院指示信中要求,"交乡执行时应注意:(一)慎选对象,凡初次犯罪,被判处六个月以下劳役(六个月以上者为徒刑),交乡执行,无重大影响者,或原属好劳动,估计其回乡后确能改正错误,积极生产者均可交乡执行。(二)虽同属判处劳役,但属窃盗、赌博、贩毒、吸大烟的屡犯,尤其不务正业的二流子屡犯,不得交乡执行。(三)交乡执行的人犯,由区乡政府负责调剂分配给贫苦无劳动的军烈属生产,其次给贫苦无劳力的工属生产,同时若本人家境贫困者,还可给自己生产一些。饭食由使用者供给,衣物等由该犯自备。区乡政府本身不得使用此种人犯。(四)对交乡执行的人犯交乡前,应将交乡执行的道理向他解释清楚,交乡后,一方面同样应将交乡执行的道理向群众解释清楚,责成大家切实监督。另一方面继续直接了解表现好的予以奖励或提前免除刑罚,不积极生产或又犯错误的,组织群众予以说理斗争,不听者送回原司法机关看押教育"②。

交乡执行制度赋予了区乡政府调配管理罪犯的职责,限制了区乡政府拉用罪犯的权力,交给了群众监督的义务和批评教育的权利,留下了不配合执行而被收押的余地。边区的交乡执行制度是利用社会资源优化刑罚执行方式的重要举措,是行刑社会化的有益实践。例如,"1949 年 5 月至 11 月份,甘泉 29 个轻微刑事犯交乡执行,共计做了 725 个劳工(劳动等),除修道佐埠、高家咀两处小学、劳山仓库外,给 35 家烈军工属砍柴2.5 万斤,种地 8 亩;绥德县交乡执行劳工 683 个,给烈军工属锄地 335 垧,翻麦地 42 垧半"③。

边区政府要求清理监所人犯的目的主要是让情节较轻或者剩余刑期较短的罪犯尽快进入社会。1944 年 1 月 6 日,林伯渠在边区政府工作报

---

① 艾绍润、高海深编:《陕甘宁边区法律法规汇编》,陕西人民出版社 2007 年版,第 99 页。

② 艾绍润、高海深编:《陕甘宁边区法律法规汇编》,陕西人民出版社 2007 年版,第 347 页。

③ 高海深、艾绍润编著:《陕甘宁边区审判史》,陕西人民出版社 2007 年版,第 179 页。

告中指出:"刑事案情轻微者,可以斟酌情形交保或缓刑。一般二流子性质的过犯,以不羁押为原则,交由乡市政府与群众负责约束改造之。立即着手清理各地监犯,其有可以送回当地约束改造者,即行交保释放。"①1944年2月18日,《陕甘宁边区政府指示信——关于传达政府委员会第四次会议关于改善司法工作的总结并指示执行的具体任务》中要求,关于清理犯人方面,应依下列原则:"(一)凡属二流子性质的过犯,如犯赌博、偷窃、卖烟和抽大烟等,而非反革命行为者,应一律准予具保释放,交由乡(市)政府约束改造;无保的,即由乡(市)政府或群众团体领回。(二)一般案情轻微的刑事犯(破坏边区的反革命犯、匪犯及杀人犯不在此内),在守法中表现悔悟改正者,可准予保释。其刑期或残余刑期在一年以下者,由县(市)政府直接处理,一年以上至两年者,则须呈报专署分庭批准。(三)其他刑期或残余刑期在两年以上,而因特殊情形以为可以保释者,则均须呈报高等法院批准。(四)凡属过去分配在各机关生产或工作的犯人,刑期已满着,须宣布释放,刑期未满者,依前(一)、(二)两项原则清理,均须通知犯人本人及其所在机关。"②根据上述指示信的要求,各县清理监所要在1944年4月完成。如,"志丹县放二流子性质的犯人,经过说服,都自动做了生产计划,找了保证计划完成的保人,政府替他们解决了生产上的困难"③。志丹县这种关心"二流子"犯人的生产生活,对人民负责的工作态度,成为各地学习的典范。

第四节　边区司法与社会的实践关系的认同

革命的任务不仅仅是要通过正义的战争取得人民民主政权,而且要给人民创造良好的社会秩序环境。边区将司法作为治理社会的重要方式,试图营造有序、文明的社会秩序,为建立中国共产党领导的新中国政

① 《红色档案——延安时期文献档案汇编》编委会编纂:《陕甘宁边区政府文件选编》第8卷,陕西人民出版社2013年版,第23页。

② 《红色档案——延安时期文献档案汇编》编委会编纂:《陕甘宁边区政府文件选编》第8卷,陕西人民出版社2013年版,第68—69页。

③ 《红色档案——延安时期文献档案汇编》编委会编纂:《陕甘宁边区政府文件选编》第8卷,陕西人民出版社2013年版,第207页。

权创造良好的社会基础。边区司法的实践理性将司法的制度文明融入社会心理、树立法治信仰、融洽社会关系,力图达到法律效果与社会效果的统一。

一、司法改造社会心理的认同

边区司法治理是要解决社会问题,同时要塑造理性的社会公民。社会问题是在一定的社会环境中由一定的人群引起的不正常的社会现象,社会问题直接影响了社会整个群体的正常生活。边区司法治理社会问题的核心是对人的关注,特别是矫正人的思想、解放妇女、拯救吸毒人员、改造"二流子"。社会治理就是共同推进良善生活,培养公众的全局意识、相互团结的社会责任感。[①] 司法过程中,"司法民主与新秧歌、旁听审判等结合在一起,在边区组成了一套严密的社会控制体系,它们通过一场场静悄悄的心理革命,改造着边区的思想"[②]。边区司法治理在解决社会根源问题的同时,将法律所体现的善良正义输送到乡村社会,实现了对人的思想的改造,从而达到对整个社会心理的改造。

司法一方面给"牛鬼蛇神"的扮演者戴上了脚镣手铐,另一方面给被愚昧了几千年的穷苦百姓打开了心灵枷锁。"巫神杨汗珠捉鬼治病致人死亡案"的公审是在法院主持下由延安市委、市政府、抗联以及两千多群众的共同参与下进行的,其一表明法院依法严厉惩处巫神的公开态度,其二表明党委政府以及民众团体对法院工作的支持和对破除封建迷信的积极态度,其三表明群众的觉醒和对巫神的愤恨。公审容易引发群众的情绪。用"群情激愤,不可抑止"来渲染当时的公审现场群众的情绪,确实不过分。但是司法必须能够控制情绪化的气氛感染。法院非常理性地考虑了民众的意愿,而没有受到民众呼声的左右,作出了比较理性的裁判结果。民众心理从开始受封建迷信的蛊惑到深受其害的醒悟,这是乡村社会心理的一大进步。民众让罪孽深重的巫神以死为报应,一方面说明群众对封建迷信的痛恨;另一方面反映了群众的"以暴制暴"的心理。司法

---

① Michael J.Sandel, *Justice: What's the Right Thing to Do*, Penguin Books, 2010, pp.261-264.
② 梁洪明:《马锡五审判与中国革命》,《政法论坛》2013 年第 6 期。

的宽和并非对封建迷信的迁就,而是对利用封建迷信的犯罪之人的挽救。法院的裁判从犯罪的主客观因素考虑,从"长期教育计,特从宽处理",这说明了法律以教育为本,一方面教育犯罪分子,另一方面教育思想文化落后的群众。群众所痛恨的已不是一个个具体的巫神,而是封建迷信行为和思想。群众已经深深体会到相信科学、反对迷信的重要性。这样,司法的治理目的就达到了。

鉴于乡村社会里妇女主动拿起法律武器维护自己合法权益的法律意识还没有形成,边区司法过程中必须强化婚姻法律政策的宣传。法律进入民间社会是一个潜移默化的过程,如果采取强行楔入或随意短接,就会产生消极抗法或者普遍违法现象。由于父母唯利是图形成"一女多许"的情形较为普遍,导致抢婚事件时有发生。如,华池县封彦贵于1928年将其女封棒儿(5岁)与张金才的次子张柏定为"娃娃亲",1942年5月封彦贵又将女儿卖给张宪芝之子为妻,在经张金才告发后被华池县政府撤销,但封彦贵又于1943年3月将女儿卖给朱寿昌为妻,由于封棒儿愿与张柏成婚,张金才急于让封棒儿与张柏结婚便聚集户族亲戚发生抢婚事件。[①] 抢婚事件的发生,一方面说明了破除一项旧的社会陋习不难,最难的是改变一以贯之的旧的社会心理;另一方面说明婚姻制度还没有得到乡村社会的普遍认同。边区司法必须起到弥合法律与现实社会隔阂的作用,实现法律与民间社会的有效沟通,从而获得"法治的向心力"。边区司法实践中逐步将符合当地婚姻习俗的一定数量的彩礼与买卖婚姻予以区分,起到了"使乡村传统婚姻习俗得到法律的一定范围的许可,同时限制企图利用婚姻大量索取财物而牟利"[②],从而培育善良婚姻习俗。

边区法庭之上的司法话语代表了平等、自由的现代家庭的文明理念。这一理念破除了旧的婚姻习俗,树立了新的婚姻法制观念。这一理念不仅仅是法庭上的司法理念,更是家庭中的生活理念。法庭给社会带来文明,给家庭带来幸福。中立的法庭不能与生活中的家庭相隔绝的,建立法庭也是为了有美好的幸福家庭生活。黄克功强迫与刘茜结婚不成,枪杀

---

① 赵崑坡、俞建平:《中国革命根据地案例选》,山西人民出版社1984年版,第177—179页。

② Xiaoping Cong, *From "Freedom of Marriage" to "Self-Determined Marriage": Recasting Marriage in the Shaan-Gan-Ning Border Region of the 1940s*, Twentieth Century China, Vol.38, No.3, 2013, pp.184-209.

刘茜,自己被刑罚剥夺了生命。黄克功未能建立自己的革命家庭,刘茜也丧失了与自己心仪的爱人组建幸福家庭的机会。边区高等法院的刑事法庭对该案的审理,旨在警示边区干部和群众在生活中要尊重自由、尊重生命,幸福美满的婚姻家庭是靠平等、自由、法制建立的,而不是靠地位权势、金钱来维系。

二、司法塑造法治社会的认同

在近代世界,法律是依赖强力实现社会控制的主要手段之一。[1] 中国传统司法的程序价值偏向于社会控制[2],这是传统司法的实践理性。当然,中国传统司法实现社会控制的方式除了依赖具有强力的法律之外,司法过程中伦理道德发挥着重要的社会控制作用。印度学者阿玛蒂亚·森在论述"制度与人"的关系时认为,促进社会公正的策略应是制度推进与行为变革两者并重。[3] 在社会变革中,制度和行为两个变量处于不断交互状态,互变的制度、行为与人的交互作用形成了新型的社会控制关系。传统司法所达成的社会控制不仅仅是一种个体行为控制,而且是要形成社会群体的整体性控制。如果法律的强制能够逐步转化为社会群体的行为自觉,法律的社会控制模式就从管制走向治理。司法活动本质上是对社会关系或者社会秩序的有效控制。司法的这种有效控制是社会治理的有效形式。

社会治理的目的是要促进实现社会变革。从传统向现代的新旧社会转型中,法律是促进实现社会变革的重要工具。[4] 法律为秩序而产生,法律成为社会治理的重要方式。主张社会变革法律先导观点的学者认为,"无论是通过司法途径实现社会发展,还是通过立法途径实现社会发展,

---

[1] Roscoe Pound, *Social Control Through Law*, New Brumsck and London: Transaction Publishers, 1997, p.20.

[2] 左卫民、周长军:《变迁与改革——法院制度现代化研究》,法律出版社 2000 年版,第 166 页。

[3] Amartya Sen, *The Idea of Justice*, USA and Canada: Penguin Group, 2010, pp.75-77.

[4] 黄文艺认为,在如何看待法律功能的问题上,现代化范式与本土化范式的分歧在于,法律仅仅是维护既定秩序的力量,还是实现社会变革的工具;现代化范式认为,法律不仅是维护既定秩序的力量,更重要的是实现社会变革的工具;本土化范式认为,法律的主要功能是维护既定的社会秩序,而不在于变革。参见黄文艺:《中国法律发展的法哲学反思》,法律出版社 2010 年版,第 62 页。

二者的共同点都在于在社会变革中,始终以法律为先导,都是将社会变革的要求、观念首先通过法律途径转换为社会现实,始终保持法律在社会发展中的排头兵作用"①。德国著名的政治思想家威廉·冯·洪堡认为:"为实现移风易俗以适应促进安全的最终目的,各国一般采取的最后手段是颁布各种法律和法规。然而,因为这是一条不能直接促进良好习俗和高尚美德的途径,因此这类机构设置不得不局限在禁止或界定共鸣的一些行为,公民的这类行为本身虽然不损害他人的权利,但是部分是伤风败俗的,部分是容易导致伤风败俗的。"②解决边区新旧社会转型中的突出社会问题必须注重法律手段。1937年10月16日,刘少奇代表中共中央起草的《抗日游击战争中各种基本政策问题》中明确提出:"颁布法令——宣布婚姻自由,信仰自由,禁止大烟毒品,禁止缠足,禁止人口买卖等。"③对于社会问题必须进行国家或者政府的强制干预,从而运用司法手段治理社会问题就成为边区政府的重要职责。

社会的法律安排不仅仅是一种形式意义上的尺度或者准绳,更重要的是观念,以及有助于维护、促进和传送文明。④边区时期中国共产党已逐步形成了"法律治理"的基本理念,并非一味的"政策治理"。革命战争年代,中国共产党已经形成了及时将"政策"转化为"法律"的优良传统。1939年1月的《陕甘宁边区第一届参议会对陕甘宁边区政府工作报告的决议》,在"巩固团结"方面,要求"更进一步调整边区内各阶层的关系,一方面对于在土地改革后被剥夺了公民权的人,在抗日和遵守边区法令的原则下,应完全恢复其公民权;另一方面,切实保障人民由土地改革获得之利益,不使其受到任何侵犯";在"精神动员"方面,要求"加强干部教育,在干部中加紧自我学习运动,以提高其理论水平与

---

① 蒋立山:《法官·法律·社会——读伯纳德·施瓦茨〈美国法律史〉札记》,《中外法学》1994年第1期。

② [德]威廉·冯·洪堡:《论国家的作用》,林荣远、冯兴元译,中国社会科学出版社2009年版,第97页。

③ 中共中央党校党史教研室选编:《中共党史教学参考资料》(2),人民出版社1979年版,第116页。

④ Roscoe Pound, *Social Control Through Law*, New Brunsck and London: Transaction Publishers, 1997, p.32.

工作能力,并养成其遵守纪律、尊重法律的习惯";在"发扬民主"方面,要求"依据中央法令基本原则,制定适合于边区的地方单行法令,使政府与群众工作有所准绳"。① 边区各级司法机关以普及法律、实施法律、培养守法习惯为重要工作,为逐步实现"法律之治"的目标做出了努力和尝试。

三、司法与社会互动的认同

司法的社会治理理念改变了国家权力的单向运行方式,促进国家与社会的有机互动。自从刑罚权专属于国家之后,刑罚所具有的公共理性得到了社会的普遍认同。但是实践中,国家单向运行刑罚权难以实现刑罚的全部功能,必须依靠犯罪人的积极配合与社会力量的共同参与,才能取得刑罚的最佳效果。边区采用的社会化的行刑方式(如外役、交乡执行等)增强了刑罚的社会治理效果。边区刑事调解所建构的"国家——被害人——犯罪人"的"三元结构模式",改变了传统的"国家——犯罪人"的"二元结构模式",搭建了被害人与犯罪人相互协商的结构性平台。② 刑事调解所具有的恢复性司法的功能,一方面弥补了被害人的精神与物质损害,另一方面修复了犯罪行为破坏的社会关系。

司法的社会治理是一个刚柔相济的治理模式。要形成法治状态或者法治秩序,必须从社会内部着手,即要建构内生性的法治路径。因为单靠刚性的法律约束,只能治标不能治本。要建构和实现法治,不能忽视伦理规范和道德准则的作用发挥。边区以调解为特征的审判模式减弱了判决型司法的对抗性,加大了司法的亲和力,增强了当事人守法的自觉性。因为,"就权威的手段而言,我们同样可以清楚地看到,通过说服而实施的领导比通过强制而实施的领导与被领导的那些人的自主性更为吻合。由此,自由的进步意味着用说服取代强制,只要这种取代能够以理性的方式予以实现"③。1960 年 2 月 27 日,谢觉哉在全国第五次司法工作会议上

① 中国社会科学院近代史研究所、《近代史资料》编译室主编:《陕甘宁边区参议会文献汇辑》,知识产权出版社 2013 年版,第 38—40 页。

② 潘怀平:《陕甘宁边区时期刑法的"三元结构模式"》,《检察日报》2011 年 7 月 29 日第 3 版。

③ [法]耶夫·西蒙:《权威的性质与功能》,吴彦译,商务印书馆 2015 年版,第 33 页。

要求,"事实证明调处工作已经做出很多成绩,这里边一定有许多好的经验和新的创造。各级人民法院要派人到调处组织里边亲自去工作一下,从中发现新的东西出来,也许发现出来的,不只是消极的解决他们的纠纷,而且是如何积极的发展我们人民中间的关系,发展人民的优良道德等等"①。

司法的过程是一个社会治理的过程。一个时期,同类案件因不同的人发生,同类案件又往往会反复发生,这很大程度上反映了这个时期的社会风气的好坏程度和人的素质的高低水平。1949 年 1 月,谢觉哉在司法训练班上讲话中指出:"司法工作者一面办案,一面要考虑案件的社会原因。有些司法工作者,在一个地方做了相当时期的工作,对那个地方存在些什么问题,其原因如何? 应如何解决? 答不出来。这不是我们司法工作者应有的态度。我们不但要办理案子,而且要把那案子发生的原因,以及对社会各方面的影响,加以注意和研究,求出诊治社会的方法";"社会上的事,没有一件是孤立的,总是千丝万缕地牵连的。现在社会上抢劫、偷盗的治安案子,都有其一定的社会原因。因此,我们一面办案子,一面要考察社会原因,就可得出哪是治标的,哪是治本的"②。

本章以社会问题的治理为切入点,以调解型司法为突破口,以边区司法治理空间转换为创新点,揭示了司法与社会的互动关系,聚焦了司法的社会属性的社会认同。司法的社会治理是国家权力与社会权力的结构性配置和有机互动。治理化司法反映了社会权力与国家权力的关系。国家权力与社会权力相互依存,其依存状态表现为国家中的社会权力与社会中的国家权力。民主国家倡导的国家权力来源于人民,就是说国家权力来自社会权力。民主国家倡导的"还权于民",就是让国家权力回归为社会权力。司法的社会治理的本质就是司法权回归为社会权力。民间社会规范代表了社会权力的行为要求。司法过程中国家法律规范与民间社会规范的共同作用,表明了国家权力与社会权力的协调共治的良性状态。脱离社会权力的国家司法,或者脱离国家权力的民间司法,均会走向极

---

①　《谢觉哉文集》,人民出版社 1989 年版,第 1030 页。

②　《谢觉哉文集》,人民出版社 1989 年版,第 649 页。

端。良性的司法运行模式应该是国家权力与社会权力的协调共治。本章以宣示、沟通和转换为逻辑分析路径,勾勒了边区司法治理的内在逻辑。宣示就是让全体社会知道哪些是法律允许的、哪些是法律禁止的。沟通就是让法律政策通过商谈进入内心世界,将法律内化于心、外化于行。转换就是让法律通过时空的移转让全体社会成员进入社会生活,使守法成为一种生活方式。司法在社会中成长,司法促进社会进步。社会善良风俗的形成是实现法治的基础。司法不仅仅解决个案正义,司法更应以促进提高社会整体公平正义水平为己任。边区司法治理社会的实践,体现了司法的法律效果与社会效果的有机统一。边区司法与社会的实践关系体现的司法改造社会心理、司法塑造法治社会、司法与社会互动的社会理性,应获得现代认同。

第 六 章

边区司法的正规化的实践理性认同

正规化的语词在边区时期频繁使用,不乏在司法领域。[①] 边区的司法制度建设经历了从"旧正规化"向"新正规化"发展的历史过程。之所以划分为"旧正规化"与"新正规化",是因为近代中国在走向现代中国的过程中,经历了西化与本土化的过程。西方文化给旧中国的政治体制注入了正规化的理念,但是失去本体的全盘西化导致移植而成的中国政治体制不符合中国的发展道路,此阶段的正规化被称为"旧正规化"。中国共产党将马克思列宁主义结合中国实际,使得西方文明理论与共产主义精神融入创建新民主主义国家的历史实践中,推进新中国的新型的正规化政治体制的建立,此阶段的正规化被称为"新正规化"。由于历史社会发展的局限性和不可逾越性,边区司法无法达到现代司法的正规化要求。

---

① 首先,在边区比较早的提出"正规"话语的领导人是谢觉哉。1939 年 6 月 21 日,谢觉哉在日记中写道:"建立正规的民主制度";"建立正规的法治,克服政治上的游击现象"。参见《谢觉哉日记》(上卷),人民出版社 1984 年版,第 309 页。其次,边区提出的"正规化"话语主要是在开展整风运动和精兵简政期间。1943 年边区政府报告中针对教育问题指出,"旧型正规化思想的高度发展,则在四二年,夏季起草的中学教程与师范教程,正是旧型正规化的集中表现";"我们需要正规化,但我们所需要的是新民主主义的新型的正规化,适合于边区政治发展与边区人民需要的正规化"。参见《红色档案——延安时期文献档案汇编》编委会编纂:《陕甘宁边区政府文件选编》第 7 卷,陕西人民出版社 2013 年版,第 456 页。最后,边区政府指出,旧正规化主要存在于教育和司法领域。1944 年 1 月,边区政府工作报告中有"旧型正规化倾向特别严重的教育、司法部门"的话语。参见《红色档案——延安时期文献档案汇编》编委会编纂:《陕甘宁边区政府文件选编》第 8 卷,陕西人民出版社 2013 年版,第 13 页。

但是正规化是边区司法建设的目标或者理想。边区政权建设的目标是区别于国民政府的新型正规化政权,同样司法制度建设的目标是新型正规化。对边区司法正规化的研究,成为化解中国司法传统规范认知危机一个重要的突破口。

第一节　边区司法的"正规化":对旧正规化的扬弃

对边区提出的司法的"旧正规化"可以从两个方面来理解。一是旧政权的司法正规化,即国民政府移植西方三权分立体制所构建的正规化司法制度。二是边区适用国民政府"六法全书"的法律体系下的司法正规化(如"坐堂问案"的庭审模式),由于此种正规化不切实际,所以称之为"旧正规化"。

边区对"旧正规化"的批判不仅仅是司法技术层面,而且是从司法体制层面。列宁创建的社会主义司法制度是建立在彻底废除旧的资产阶级政权基础上的,但是列宁并没有彻底抛弃沙俄的"法庭""法官"的司法符号,因为"法庭""法官"是世界司法文明的重要范畴。共产党领导的新民主主义革命的任务是要反帝反封建,但对中国古代和西方的文明成果并非全盘否定。所以,接受和批判就成为新民主主义革命中新旧社会转型中的核心问题。当然,这种接受和批判不是改良性的,而是革命性的。正如,列宁对资产阶级法庭的革命性批判为:"让别人去叫喊,说我们不进行改良而一下子就废除了旧法庭吧。我们这样做,为创造真正的人民法庭扫清了道路,并且主要不是用高压的力量,而是用群众的实例,用劳动者的威信,不拘形式地把法庭这一剥削的工具改造成了按照社会主义社会坚定的原则施行教育的工具。"①面对国民政府的以三权分立政治理论建构的司法体制,必须拿起马克思列宁主义法律思想武器予以批判,从而划清分界线。1949年1月17日,习仲勋指出:"旧的反动政治机构,如各级政府机关、保甲、军队、警察、法庭以及反动党派等组织,必须彻底粉碎,

①　列宁认为:"自称维持秩序的资产阶级法庭,实际上是一种盲目的、被用来无情镇压被剥削者以保护富人利益的精巧工具。苏维埃政权遵照历次无产阶级革命的遗训,立即废除了旧法庭。"参见《列宁全集》第33卷,人民出版社1985年版,第271页。

不能利用,而代之以人民的政治机构;但其设备则要保护和保存,接收过来,其人员除首恶分子、破坏分子必须惩办外,对于一般的旧的政府公务人员也不一律排斥,而是经过必要的改造后,可以酌量使用。这叫做'拆散机构,利用材料'"①。特殊的历史阶段,边区司法的正规化是在对旧正规化的接受与批判的基础上建立的新型正规化。从司法体制层面,边区反对三权分立体制的司法制度。但是从法教义学来讲,边区司法不能抛弃规范理性,否则就会违背司法的基本规律。

一、旧正规化的接受

旧正规化伴随着西方的制度文明。19世纪的中国,"正是在'遭遇西方'之时,新参照物的出现,传统中国的弊端得到了充分暴露"②。传统中国的司法行政合一的体制导致的司法专制,尤其是刑讯、司法腐败,既受到了外国人的频频指责,又受到了本国人的极力抗争。外国人看到了在中国司法场景中大量存在"只要你肯花钱,就能买来证人""只要稍稍用刑,就会真相大白"等现象③。中国几千年形成的"司法行政合一"传统体制的合理性乃至合法性遭到了质疑和批判。

然而,西方"分权理论"框架下所建构的司法独立原则以限制王权和保障人权为核心理念的资产阶级民主宪政思想,在近代中国备受仁人志士的膜拜和传播。诸如马建忠在《上李伯相言出洋工课书》中所言,"各国吏治异同,或为君主,或为民主,或为君民共主之国,其定法、执法、审法之权分而任之,不责于一身,权不相侵,故其政事,纲举目张,粲然可观"④;梁启超在《各国宪法异同论》中指出,"行政、立法、司法三权鼎立,不相侵轶,以防政府之专恣,以保人民之自由。此说也,自法国硕学孟德斯鸠始倡之"⑤。

大清帝国还没来得及自行革除封建政权体制中不合时宜的弊端,

---

① 《习仲勋文集》上卷,人民出版社2013年版,第111页。
② 李贵连、李启成:《中国法律思想史》,北京大学出版社2010年版,第135页。
③ 参见李贵连、李启成:《中国法律思想史》,北京大学出版社2010年版,第139页。
④ (清)冯桂芬、(清)马建忠:《采西学议——冯桂芬马建忠集》,郑大华点校,辽宁人民出版社1994年版,第156页。
⑤ 范忠信:《梁启超法学文集》,中国政法大学出版社1999年版,第2页。

西方列强就已经采用坚船利炮使得貌似强大的大清帝国的主权遭到了严重创伤。随之,以英美为首的西方国家与中国签订不平等条约,以治外法权为蒙蔽,纷纷建立起领事裁判权,使得近代中国的司法主权遭到了严重践踏。司法危机使得大清帝国的统治危机不断升温。迫于"及时变革是所有面临不可抗拒变革压力的法律制度获得生命力的关键"①,清末以"仿行宪政"为核心的法律改革成为应对统治危机的重要举措,尤其是以移植西方司法独立原则为中心的司法改革,成为废除领事裁判权的根本途径。厘定立法、司法与行政权限,实现三权分立,确保司法独立,乃宪政精义之根本要求。改官制,分官权,配律例,乃预备立宪之首要任务。1906 年 9 月,清政府的《宣示预备立宪先行厘定官制谕》中要求"郭清积弊,明定责成,必从官制入手,亟应先将官制分别议定,次第更张,并将各项法律详慎厘订"②。改革官制是革除司法与行政权限不分的基本前提。1906 年 11 月,《庆亲王奕劻等奏厘定中央各衙门官制缮单进呈折》中特别指出,要革除"以行政官而兼有司法权,则必有循平时之爱憎,变更一定之法律,以意为出入"③的弊端,必须"分权以定限……司法之权则专属之法部,以大理院任审判,而法部监督之,均与行政官相对峙,而不为所节制。此三权分立之梗概也"④。1906 年 11 月,根据谕旨要求,"刑部著改为法部,责任司法;大理寺著改为大理院,专掌审判"⑤。1906 年 12 月,清政府颁行的《大理院审判编制法》中规定:"自大理院以下及本院直辖各审判厅局,关于司法裁判,全不受行政衙门干涉,以重国家司法独立大权,而保人民身体财产。"⑥司法独立终于从观念意义上落实到了制度层面,迈出了历史性的一大步。作为专门司法机关的"大理院以下及本院直辖各审判厅局"的独立审判地位的

---

① 　[美]哈罗德·J.伯尔曼:《法律与革命——西方法律传统的形成》,贺卫方等译,中国大百科全书出版社 1993 年版,第 25 页。

②　故宫博物院明清档案部编:《清末筹备立宪档案史料》上册,中华书局 1979 年版,第 44 页。

③　故宫博物院明清档案部编:《清末筹备立宪档案史料》上册,中华书局 1979 年版,第 463 页。

④　故宫博物院明清档案部编:《清末筹备立宪档案史料》上册,中华书局 1979 年版,第 464 页。

⑤　上海商务印书馆编译所编纂:《大清新法令(1901—1911)点校本》第 1 卷,李秀清等点校,商务印书馆 2010 年版,第 39 页。

⑥　上海商务印书馆编译所编纂:《大清新法令(1901—1911)点校本》第 1 卷,李秀清等点校,商务印书馆 2010 年版,第 381 页。

确立,标志着作为舶来品的司法独立原则正式引入中国司法制度之中。从形式意义上来看,司法独立理念在晚清中国司法制度中得以正式确立,似乎"在观念上宣告,并且以具体行动促使了传统司法体制及其审判制度的解体,提出了现代司法的基本轮廓与改革方向"①。这种来自西方的正规化司法理念的侵袭,是好是坏,是机遇还是灾难,待由历史与现实以及后人来评说。

被奉为资产阶级法治原则的三权分立及其司法独立,必然体现于推翻封建帝制的资产阶级性质的辛亥革命胜利之后的国家根本大法和司法制度之中。1912 年 3 月的《中华民国临时约法》第四条规定:"中华民国以参议院、临时大总统、国务员、法院行使其统治权"②,以及第五十一条规定:"法官独立审判不受上级官厅之干涉。"③这是中国历史上第一次以宪法文件的形式确立了法院、法官在整个国家权力结构中的地位。当然,《中华民国临时约法》所表达的司法独立原则仅仅是"法官独立审判",而没有表达"法院独立行使审判权"的基本原则。袁世凯攫取政权之后的北洋政府初期,沿袭清末"大理院专掌审判"的精神,形成了从中央到地方的四级审判系统(即大理院为最高审判机关、地方分设高等审判厅、地方审判厅和初级审判厅),并在各级审判机关内设推事若干人负责刑民审判事宜。设立地方司法机关是实现司法独立的重要一环。但由于北洋政府司法财力、人力的极度不足,全国绝大多数的地方审判厅和全部初级审判厅被裁撤,从而形成了县知事兼理司法的局面,传统中国的司法行政合一体制有所回归。如居正所言"北洋时代,县长兼理司法者约占全国百分之九十二(以民国十五年计),而新式法院不过略资点缀而已"④。特别是北洋政府军阀割据期间,司法大权实际上由军阀执掌,法院的审判权被剥夺,司法独立名存实亡。1927 年"四一二"反革命事变之后,南京国民政府训政期间,国民党所倡导的

---

① 方立新:《传统与超越——中国司法变革源流》,法律出版社 2006 年版,第 110 页。
② 魏新柏:《孙中山著作选编》(上),中华书局 2011 年版,第 167 页。
③ 魏新柏:《孙中山著作选编》(上),中华书局 2011 年版,第 171 页。
④ 范忠信、尤陈俊、龚先砦选编:《为什么要重建中国法系——居正法政文选》,中国政法大学出版社 2009 年版,第 343 页。

"司法独立"也被一党专政和一党独裁的政权模式所践踏。虽然在孙中山先生的"三民主义"和"五权宪法"理论的推动下,司法独立的境遇有所改观,但事实上仍未彻底改变县长兼理司法以及修正后的县司法处附属于县政府的基层司法模式,特别是未摆脱国民政府一党专政和司法党化权力体制的掣肘。

回溯历史,近代中国的晚清政府为了应对"丧权辱国"的统治危机,从"变法图强"转为"变法救国",以"西方各国法律为模式"来修订法律和改革传统法制。据此,西方司法文明成果的大量引入成为近代中国司法变革的重要特色。西方司法文明成果承载着的以"分权思想和人权理论"为核心的西方政治法律思想极大地冲击着以"君主专制理论和宗法伦理原则"为重要特征的中华传统法制体系。由于中国传统司法所体现的"专制主义唯权是从特色的司法正义路径,基于官本位形成的依身份而定的特权主义诉讼观,国家至上的威权主义的泛罪化诉讼程序,维护绝对君主权威的轻程序重实体的'正义'观,重刑轻民、民刑混同、一任刑讯的办案思路"[①]等非理性因素,与司法独立性、司法公正性、司法民主化、司法专业化等全球化的司法现代性要求是相悖的。西方"分权思想和人权理论"所体现的"反对专制、追求民主"的启蒙思想是人类近代社会的进步动力,是世界文明的进步因素。不同国家的司法制度受其政治经济体制、社会结构和文化传统等因素的制约,但司法所追求的公平、正义的取向以及维护其价值实现的独立性、公正性、民主化、专业化的机制是世界司法文明的进步特征。有学者认为,"自清末修律,受西方人权与人道主义思想的影响,国家安全与人权保障的平衡,得到了较为妥善的制度安排,刑事诉讼初步呈现控辩双方对抗、法官居中裁断的三角模式,被告人的诉讼地位逐渐主体化。在此基础上,无罪推定、审判公开、两造平等、程序法定等重要的刑事诉讼法律原则得到大力借鉴;四级三审制度、检察制度、律师制度引入后迅速发展;体现人道主义的执行制度也开始步入近代中国。所有这些变革,不仅对传统诉讼制度中野蛮的、落后的因素进行了否定

---

① 方立新:《传统与超越——中国司法变革源流》,法律出版社 2006 年版,第 61 页。

与抛却,也为国人开启了一扇诉讼文明的窗户,并在一定程度上减少了司法冤滥,这无疑是中国诉讼制度史上一场革命性的变革,反映出它的历史进步性"①。

学习进步文化,有鉴别地吸收或者借鉴外国文明成果,是新民主主义文化政策的基本要求。中国共产党的创建者绝大多数受到了西方宪政、民主、自由、平等、人权等思想的早期熏陶,他们深受中国资产阶级改良派和资产阶级革命派的思想理论的影响。近代中国的法学家、资产阶级改良派代表人物梁启超,是西方民权、法治思想的重要传播者。梁启超主编的《新民丛报》以"西学新知"为主要思想资源,尤其对法国资产阶级启蒙思想家孟德斯鸠、卢梭等人提出的人权学说及其法学理论进行了大量传播,该报对近代中国的思想启蒙起到了推波助澜的作用。中国近代伟大的革命先行者、资产阶级革命派领袖孙中山先生推崇西方民主与法治思想,主张以西方国家为模式建立民主共和国,他的政治法律思想直接影响到了中国革命的前途和命运。基于统一战线政策,孙中山的"三民主义"(即"民族主义、民权主义②、民生主义")曾成为边区制定施政纲领的基本指导思想。《陕甘宁边区抗战时期施政纲领》将"建立便利的人民司法制度"列入了"民权主义"范畴。所以客观地讲,边区以"民权保障"为核心的司法制度建设批判地吸收了西方的"人权"思想理论。真可谓"启蒙运动是一项非常伟大的成就,并已经成了我们传统的一部分"③。中国共产党一方面大力拥护"三民主义"中的"民权主义",另一方面着力实现"民权"向"人权"的制度转化。从而"人权"从革命的政治口号逐步发展成为党的政策和法律制度的重要内容。1940 年 12 月 25 日,毛泽东在《论政策》中以"人民的权利"对"人权"问题作出了论述。他指出:"关于人民权利。应规定一切不反对抗日的地主资本家和工人农民有同等的人权、财权、选举权和言论、集会、结社、思想信仰的自由权,政府仅仅干涉在我

①　李春雷:《中国近代刑事诉讼制度变革研究(1895—1928)》,北京大学出版社 2004 年版,第 262—263 页。

②　孙中山的民权主义深受西方"天赋人权"理论的影响,但其更重视民权,因而不同于西方人权的理论。

③　[美]爱德华·希尔斯:《论传统》,傅铿、吕乐译,上海人民出版社 2009 年版,第 355 页。

根据地内组织破坏和举行暴动的分子,其他则一律加以保护,不加干涉。"①边区"司法保障人权"的规定,是中国共产党对国外司法文明的有益成果借鉴的重要标志。

中国共产党认为,以"三权分立"为代表的资产阶级宪政原则不适合中国的国情,不宜在边区适用,但是并未完全排斥或者不可能完全排斥外国法律与司法文明。从清末修律及嵌入西方"司法独立"的司法改革到民国政府"全盘西化"而成的"六法体系"及司法体制,这些法制改革的影响曾遍及中华大地,其对不断成长壮大的革命根据地法制初创的影响,是毋庸置疑的。更何况,国民党政府的法律曾一度作为边区立法、司法的依据。所以说,外国司法文明成果在边区直接或者间接地被借鉴是非常客观的,这是绝不能否认的历史事实。

国民党"六法全书"虽然吸收了国外立法的先进经验,使得中国法律具有了现代意义,并与世界接轨。但是法律不是无意识形态的"自然物","六法全书"集中体现地主和买办官僚资产阶级的主张和利益诉求。基于统一战线政策,在同一司法系统内,对于国民政府司法程序的合理因素予以接受,而对于国民政府司法中的那些不适合边区实际的体制机制必须予以批判。例如,"国民政府诉讼程序采用八大原则:1. 原被告平等;2. 公开辩论;3. 直接审理主义;4. 真实发现主义;5. 重证不重供;6. 经济主义;7. 不告不理;8. 一事不再理。边区采用其 1、3、4、5、6 五种,不采用 2、7、8 三种。因为只要有确实证据,不一定要举行公开辩论。由于边区交通不便,要原被告同时到庭辩论,也是很困难的。民事本来不告不理,但边区一般人民没有法律知识,他自己应得的权利往往不知道请求,这样法院如果不代为主张,就是没有做到为人民谋利益的本旨。法院是为人民解决实际问题的,第一次未解决了,第二次还要替他解决,不是判决了就再不管了,所以在边区一事不再理也不适用"②。当然,边区不适用公开辩论、不告不理、一事不再理三种原则,只是根据当时的历史状况所采取的策略,并非对新中国诉讼原则的设计。因为,公开辩论、不告不

---

① 《毛泽东选集》第二卷,人民出版社 1991 年版,第 768 页。
② 高海深、艾绍润编著:《陕甘宁边区审判史》,陕西人民出版社 2007 年版,第 65 页。

理、一事不再理三种原则,至今依然是普遍化的司法正义原则,应贯彻到诉讼制度和实践之中。

二、旧正规化的批判

以历史唯物主义为指导的马克思主义法律观,揭示了"法律根源的物质性、法律本质的阶级性、法律与国家的互相依存性、法律发展的规律性以及法律文化的继承性等法学基本原理"①。据此,马克思主义法学与资产阶级唯心主义法学划清了界限,为无产阶级领导全体人民取得革命政权和实现共产主义,提供了强大理论武器。伟大的革命导师列宁同志在领导俄国人民进行的无产阶级革命和社会主义建设中,创造性地继承和发展了马克思主义法律观,将马克思主义法学推进了一个新的历史阶段——列宁主义阶段。苏维埃政权是一种新型的民主制政权,苏维埃政权的司法制度是一种新型的司法制度。

边区政权是对中国共产党领导的苏维埃政权的继承与发展。虽然边区政权属于国民政府管辖下的地方政权,但其性质属于民主集中制的政权。所以,边区处于新旧政权、新旧司法制度并存的历史状态。相对而言,国民政府实行的以三权分立体制为内核的司法制度,是一种旧正规化的司法制度。由于统一战线政策的实施,边区司法系统与国民政府的司法系统进行了一定程度上的衔接。尤其是国民政府"六法全书"在边区司法中的适用,使得边区司法具有了旧正规化的表现。当然,也不能完全把责任归结于国民政府司法的影响。

边区政权保持了苏维埃政权特征和根本属性,边区司法所具有的旧正规化不是来自政权体制本身,一方面来自国民政府司法制度的形式影响;另一方面来自边区司法自身运行机制方面的缺陷,这两方面集中表现在司法方式和司法作风层面。如,主观主义、官僚主义、教条主义和闹独立性的严重问题。正是"各种各式与边区实际脱节或违反边区实际需要的旧型正规化倾向,把外边的一套硬搬过来,要求削足适履"②的弊端表

---

① 付子堂:《马克思主义法律思想研究》,高等教育出版社 2005 年版,第 48 页。
② 《红色档案——延安时期文献档案汇编》编委会编纂:《陕甘宁边区政府文件选编》第 8 卷,陕西人民出版社 2013 年版,第 13 页。

现,其结果"给边区司法工作带来了'坏作风'"①。

边区司法工作中存在的不注重调查、不从实际出发,就是主观主义的表现;缺乏为群众解决问题的心思、不照顾家庭状况,就是官僚主义的表现;从条文出发、硬搬条文,就是教条主义的表现;不够尊重区乡政府及其他党政负责人的意见,就是闹独立性的表现。这些现象就是边区司法中存在的"旧正规化"的典型表现。

关于边区司法中的主观主义。1943 年 7 月 8 日,陕甘宁边区高等法院陇东分庭对有关封捧儿与张柏婚约引起的"抢亲案"的第二审判决认为,"封捧儿与张柏本质上双方早已同意,在尊重男女婚姻自主原则下,应予成立,而华池县初审判决,系极端看问题,只看现象,不看本质,对封姓过于放纵,对封捧儿、张柏自主婚姻尚未真正顾到,所以该判决应予以撤销"②。我们从该判决书中可以看出,华池县司法处存在"极端看问题,只看现象,不看本质"的错误司法行为,正是"主观主义的"突出表现。只听一面之词,不做全面调查,也是边区司法中主观主义的典型形式。边区高等法院对《1942 至 1944 年两年半来工作报告》中指出:"有对口供不研究,对区乡正确意见不采纳,审讯不问被告历史,相信犯人假话,不分别是非轻重,凭主观臆断。如延川前审判员王××,即是典型,人称之为'糊涂官'、'半脑子'。"③又如,《吴堡县一九四四年全年各县工作总结报告》中指出:"对于调解工作中存在着以下的缺点:(1)深入农村调查研究调解人民纠纷这一点上做的不够。(2)或听一面之词的地方致个别案件不能适当调解,影响群众纠纷。"④

关于边区司法中的官僚主义。官僚主义的司法形式就是一种"官老爷"做派,或者称其为"衙门作风",它以"坐堂问案"为基本方法,以远离当事人和外界环境为基本要求,局限于"堂上"或者"法庭上"所查明的事

---

① 侯欣一:《从司法为民到人民司法——陕甘宁边区大众化司法制度研究》,中国政法大学出版社 2007 年版,第 172 页。

② 艾绍润、高海深编:《陕甘宁边区判例案例选》,陕西人民出版社 2007 年版,第 83 页。

③ 高海深、艾绍润编著:《陕甘宁边区审判史》,陕西人民出版社 2007 年版,第 254 页。

④ 《红色档案——延安时期文献档案汇编》编委会编纂:《陕甘宁边区政府文件选编》第 9 卷,陕西人民出版社 2013 年版,第 69 页。

实。"坐堂问案"原本是从古至今的一种基本审判方式。可以说,"坐堂问案"是一种常态化的审判方式。但是,一味地习惯于"坐堂问案"就会产生官僚主义。由于"六法全书"在边区的运用,以及国民党从西方拿来的现代的"坐堂问案"模式在边区一定程度的影响,边区司法中的"坐堂问案"也有一定的习气。1944 年 11 月 5 日,习仲勋在边区绥德分区司法会议上的讲话中指出:"在我们这里,假如有一个司法人员,仍然是'断官司'、'过堂'板起面孔,摆起架子,叫人家一看他,是个'官',是个'老爷',那就很糟糕。"①官僚主义的司法,形式上是舍不得脱下官服,不愿走出"衙门"或者"法庭",不愿采用实地调查或者走访群众去核实案件情况,而本质上是一种脱离实际、脱离群众的表现。边区高等法院对《1942至 1944 年两年半来工作报告》中指出:"一般的审判员还是坐在窑洞里审判,只凭当事人的口供,缺少实地调查,以'听断'为能事,不免口头上是'重证据,不重口供',实际上还是'重口供不重证据'。由于缺乏调查研究而错办之案件亦不在少数。如合水 1942 年 5 月唐子光与张仲光土地案,根据地主唐之光有买契,约上有官印,便认定买卖行为成立,而且家长对外订立契约应有效,因而判决唐之光买得张仲光之兄(仲棋)的地105 亩,取得所有权,实际是张仲光之兄(仲棋)被唐之光诱赌输钱迫使仲棋偷卖家产 105 亩。该县裁判员只看见契约上有官印就认为有效,不想想无亲房户内签押,或无说合人,只表面的认为家长订约有效,而不想想张仲棋好吃好赌之人,岂无可能盗卖家产? 特别是毫不向约载之说合人或代书人做调查,致流于错误。"②官僚主义的司法是漠视群众诉讼利益的,只管了事,但最终仍未了事,因此群众只能看见"官老爷"躲着走,或者只能望着"衙门"而却步。当然,群众"上诉"或者"缠诉",还是对政府和法院有期望或者有信心,因为他们深信终有为民做主的"青天"在世。

关于边区司法中的教条主义。1943 年 5 月 17 日,谢觉哉指出:"边区司法干部有旧的教条主义——国内外法律专门学校毕业的;也有新的教条主义——内战时的司法经验。"③1943 年在边区政府工作报告中曾对

---

① 《习仲勋文集》上卷,中共党史出版社 2013 年版,第 29 页。

② 高海深、艾绍润编著:《陕甘宁边区审判史》,陕西人民出版社 2007 年版,第 254 页。

③ 《谢觉哉日记》上卷,人民出版社 1984 年版,第 468—469 页。

具有"旧的教条主义"的"国内外法律专门学校的毕业生"界定为,"戴着旧司法的眼镜,夸大边区司法工作的缺点,否定它的新民主主义的实质及其初步的正规化,主张代之以他们熟悉的旧型法律,不加选择或者不加改造的代之以所谓的'司法专门人才'"①。司法中旧的教条主义实质上就是不加甄别地照抄照搬西方法学理论,孤立地、机械地适用法条,如同上述审判委员会存在的问题。而新的教条主义所指的内战时的司法经验,主要指不能跟随时局发展,不能动态地分析阶级力量对比关系,静止地运用苏区时期的经验办案。由于统一战线方针指引下边区土地政策不断调整,对待地主的司法政策就得调整,"打土豪、分田地"的打击性的司法模式就得变为"团结一切可以团结的力量"的争取性的司法模式。

关于边区司法中闹独立的问题。1943 年 12 月 4 日,谢觉哉指出:"司法独立在旧社会有好处,在新社会政权下独立的好处已渐失去而成了害。现在闹独立表现在:1. 和行政不协调;2. 和人民脱节;3. 执行政策不够。"②其一,边区司法和行政不协调主要就是各级审判机关以其审判职权独立自居,不积极配合政府中心工作或者和其他部门工作。1942 年 10 月的《边区高等法院晋西北行署、绥德地方法院等关于组织机构成立、撤销和领导问题的呈、命令、批答函》中指出:"边区现处抗战非常时期,一切政权供作必须统一领导,方能收敏活进行之效,嗣后各县司法工作,应由县长负领导之责,各裁判员关于司法行政,以及审判工作,概须商同县长办理,不得固执己见,以及闹独立性之现象,所有一切对外司法文件,由县长领衔,裁判员副署,特此通令,望各遵照。"③除延安市地方法院外,边区各分区中心县曾经设立的绥德地方法院、新正地方法院、庆阳地方法院被裁撤的一个重要原因,可归于"独立性较强的地方法院与一元化的领导体制也不符"④。在

---

①　《红色档案——延安时期文献档案汇编》编委会编纂:《陕甘宁边区政府文件选编》第 7 卷,陕西人民出版社 2013 年版,第 459 页。

②　《谢觉哉日记》上卷,人民出版社 1984 年版,第 557 页。

③　汪世荣等:《新中国司法制度的基石——陕甘宁边区高等法院(1937—1949)》,商务印书馆 2011 年版,第 43—44 页。

④　边区各分区地方法院设立及撤销时间分别为:绥德地方法院(1941.10.1—1943.4.1)、延安市地方法院(1941.12.8—1949.3.15)、新正地方法院(1942.4.5—1943.4)、庆阳地方法院(1942.4.23—1943.4.24)。地方法院被撤销后,由边区高等法院分庭取代。参见汪世荣等:《新中国司法制度的基石——陕甘宁边区高等法院(1937—1949)》,商务印书馆 2011 年版,第 47 页。

特殊历史时期,边区高等法院受边区政府领导,但边区高等法院院长单独任职,不由边区政府领导兼任;边区高等法院分庭设在专员公署内,分庭庭长基本上由专员兼任;县司法处处长直接由县长兼任。因而,不能简单地按照西方三权分立的标准来衡量和评价边区司法,关于边区司法与行政分立的观点和提法是不适当的。其二,边区司法和人民脱节主要表现为:司法人员认为司法是一门专业性工作,不去主动倾听群众意见和征求群众意见,导致裁判结果脱离群众生产生活需要。1945 年 12 月 29 日,边区高等法院代院长王子宜指出:"我们有些同志不愿听人家讲自己一个'不'字,事先把门关起来,或者满觉得审判是独立的,人家一张嘴,心里就想你又在干涉我呀,这样就很不好,处理一个问题,应该倾听各方面意见,和各方面商量研究,所得结论才会比较全面、正确。"①其三,边区司法执行政策不够主要表现为:司法中不能将法律与党的政策相统一,不能在司法当中贯彻党的路线方针政策。党的政策虽然不能成为司法的直接依据。但是,党的政策应是立法、司法的指导思想或者指导方针。有些同志一味地强调"法律是司法的唯一依据",而拒绝对党的政策贯彻,这就是典型的闹独立性的表现。

第二节　边区司法正规化发展的原则

边区司法工作的正规化指的是什么呢? 1943 年边区的政府工作报告中对其论述如下:

"我们历来认定,边区司法工作应确立在下面两个原则之上:(1)司法与行政一致,司法机关受政府直接领导。(2)司法机关审判案件,要根据边区政府的政策、法令,照顾边区人民的实际生活,不抄袭旧型法律。边区政权是边区人民自己的政权。因此'司法独立'就完全失去它原有的积极意义,边区的司法工作就应该在政府统一领导之下进行。在新民主主义政治下,边区人民的生活比旧时完全改变了样子,而边区政府的政策、法令则是人民利益的集中表现。因此,大地主、大资产阶级专政的法

---

① 高海深、艾绍润编著:《陕甘宁边区审判史》,陕西人民出版社 2007 年版,第 280 页。

律就根本不能适用于边区人民。我们司法机关审判案件时,就只能根据边区人民的实际生活及其集中表现的政策、法令。这是边区新民主主义司法基本特点,也就是边区司法工作的正规化。"①

由此可见,边区司法的正规化要求司法必须符合边区政治体制的发展要求,必须服从一元化的领导,即坚持民主集中制的政权原则;边区司法的正规化要求司法必须以边区的政策法令为司法依据,即坚持法律适用的自主性原则;边区司法的正规化要求司法工作必须符合边区的实际,即坚持从实际出发的原则。这就是边区司法正规化的三项原则要求。

一、民主集中制原则

边区的政权结构形态是以民主集中制为原则的立法、行政、司法统一的政权体系,既不同于西方的三权分立的政权体制,又不同于国民政府"五权宪法"的政权体制。边区政权结构的建构虽然经历了一个动态变化的历史转型过程②,但是民主集中制的精神实质没变。在民主集中制的政权原则下,边区不存在司法独立的司法体制。在民主集中制原则下的议行合一政权结构形态中,以西方的标准认识边区司法体制,是不符合政治原则要求的,以"半独立"来认识边区的司法体制就不是很适当了。③

边区时期,关于"司法半独立"的认识或者评价在一定范围内普遍存在。谢觉哉曾指出:"某些学过法律的同志说:边区司法只半权,不全是瞎说。"④"半权"的认识成为司法"半独立"观点的主要原因。杨永华认为,"边区司法只有'半权',是一种半独立"⑤。有学者认为,"边区的政

---

① 《红色档案——延安时期文献档案汇编》编委会编纂:《陕甘宁边区政府文件选编》第 7 卷,陕西人民出版社 2013 年版,第 458—459 页。

② 边区时期的政权建设经历了议会制向人民代表大会制的历史过渡。"议行并立"只是一个形式上的临时制度安排。从总体上来看,共产党建立中华人民共和国的政权建设路线图为:中华苏维埃工农兵全国代表大会制(全国性)→议会制(地方性)→参议会制(地方性)→人民代表大会制(全国性)。

③ 潘怀平:《陕甘宁边区审判体制的建构经验与现实价值》,《中共中央党校学报》2015 年第 6 期。

④ 《谢觉哉日记》(下卷),人民出版社 1984 年版,第 756 页。

⑤ 杨永华:《陕甘宁边区法制史稿(宪法、政权组织法篇)》,陕西人民出版社 1992 年版,第 262 页。

权结构模式,既不同于西方资本主义制度的'三权鼎立'(即立法、司法、行政独立),也不同于国民政府的'五权宪法'(即立法、行政、司法、监察、考试五权分离),而是介于两者之间,时人称之为'两权半',即立法、行政的独立和司法的'半独立'"①。侯欣一从共产党对司法的领导、边区不实行三权分立的体制、司法机关与行政机关并不是分立的关系,解释了边区"司法半独立"的含义。②

关于"半权""半独立""司法半独立"观点的提出和一定范围内的认同,是与当时边区政权初创时议会组织与政府关系的定性分不开的。杨永华认为,按照议会与行政组织纲要的规定,"立法与行政的并立与制约关系"③具体表现为:"边区议会、县议会与边区政府、县政府,在行政上各自独立,不存在从属或领导关系,各自有自己的系统,分别行使其职权"④;"乡议会与乡政府不采用并立状态,实行议行合一制"⑤。《陕甘宁边区议会及行政组织纲要》的说明进一步解释为,"边区法院审判独立,但仍隶于主席团之下,不采取司法与行政并立状态。"⑥在议行并立与"司法与行政不并列"的政权状态下,"司法半独立"的观点就应运而生了。

---

①　宋金涛、李忠全主编:《陕甘宁边区政权建设史》,陕西人民出版社 1990 年版,第 162 页。

②　侯欣一将边区的"司法半独立"解释为:"'司法半独立'是一个全新的概念,其含义似乎应该从以下几个方面来理解:①边区司法工作必须坚定不移地接受中国共产党的领导,成为执行党的路线、方针和政策的工具。②边区不实行三权分立的体制,司法权并非一项独立的权力,其产生和监督均受制于参议会。③司法机关与行政机关并不是并立的关系,而是上下级关系,司法机关由参议会产生,受其监督,受同级政府领导,在行政机关领导下独立审判,司法机关对同级政府负责并报告工作。司法机关的财政完全由政府负责。"参见侯欣一:《从司法为民到人民司法——陕甘宁边区大众化司法制度研究》,中国政法大学出版社 2007 年版,第 89—90 页。

③　杨永华认为,按照议会与行政组织纲要的规定,"陕甘宁边区改制后,人民直接选举边区议员、县议员、区议员和乡代表会代表,各级议会和乡代表会是人民的权力机关。各级议会选举政府领导人员,政府对议会负责,并报告工作。边区议会、县议会在闭会期间,选出常驻议员委员会。常驻议员委员会不是边区和县议会闭会期间的最高权力机关,无权领导政府,仅可代表议会,对政府行使监督之责。这样,势必形成立法与行政的并立与制约关系"。参见杨永华:《陕甘宁边区法制史稿(宪法、政权组织法篇)》,陕西人民出版社 1992 年版,第 250 页。

④　杨永华:《陕甘宁边区法制史稿(宪法、政权组织法篇)》,陕西人民出版社 1992 年版,第 251 页。

⑤　杨永华:《陕甘宁边区法制史稿(宪法、政权组织法篇)》,陕西人民出版社 1992 年版,第 252 页。

⑥　《陕甘宁边区政权建设》编辑组:《陕甘宁边区参议会(资料选集)》,中共中央党校科研办公室发行(党校系统内部发行)1985 年版,第 46 页。

　　"半独立"观点的提出,是一个参照系的问题。对照西方的三权分立体制下的司法独立,很容易产生"半独立"的认识。谢觉哉之所以有"某些学过法律的同志说,司法只是半权,不全是瞎说"的认识,是因为受到了西方法学思想的影响。边区一些学过法律的同志主要是"以李木庵、张曙时、鲁佛民、朱婴、何思敬、陈瑾琨"为代表,他们曾系统地接受过西方法学教育,他们对边区的司法专业化困乏的现状难以接受。①　当然,李木庵等人的观点的出发点是好的,他们试图建议改革边区司法制度存在的一些弊端,客观地讲,他们的一些具体改革建议得到了边区政府一定程度上的采纳。李木庵的观点很大程度上影响到了谢觉哉,使得谢觉哉对法学理论和司法制度产生了新的认识。谢觉哉和李木庵多次交谈后,在日记里深刻体会到,"前闻木老谈:'司法是统治权之一,不可和行政分割的。资产阶级民主的司法独立,只是审判独立,审判前的检察阶段,检察官是代表国家,即代表政府;审判后政府又有特赦、减刑等权。'我过去不赞成司法权独立,持论没体察到此。专门知识不足,立论不免外行"②。谢觉哉对自己法律知识和司法理论的重新审视,或多或少地反映了"西方法学理论"对中国共产党主要司法领导人有所触动。

　　总之,对于边区的司法正规化发展,必须坚持马克思主义理论,防止思想领域受到西方法学理论的侵袭。对待西方三权分立的法学思想的正确态度是:西方的三权分立思想是一种可供研究的知识和思考资源,但不能作为共产党政权建设的理论向导。马克思主义法学理论是边区政权建设的根基,不能动摇,否则,必将走向西方资本主义的发展道路。

二、法律自主性原则

　　法律与国家主权和政权紧密相关。法律是国家主权和政权的一个重要标志。国家主权和政权的独立性要求法律适用③具有自主性。法律适

---

　　① 侯欣一:《从司法为民到人民司法——陕甘宁边区大众化司法制度研究》,中国政法大学出版社 2007 年版,第 124—127。

　　② 《谢觉哉日记》上卷,人民出版社 1984 年版,第 427 页。

　　③ 狭义的法律适用特指司法机关适用国家法律的司法行为。本书论及的法律适用属于狭义的范畴。

用的自主性要求具备国家主权的独立性和立法的自主性的两大先决条件。

近代中国受到西方列强的多次侵略，国家法制的自主性受到严重损害。"西法东渐"的浪潮成为强行推动近代中国法制现代化的"寒流"。这种伴随着侵略战争和践踏主权的所谓法制现代化是中华民族的历史灾难，绝不能称其为历史机遇。如，"日本入侵的时候，正是中国现代司法制度产生和发展的关键时期。日本侵华战争打断了中国恢复其合法权利和促进司法的现代化进程。入侵给司法资源带来了巨大的损失"①。

面对西方法律文明的强大冲击，近代中国的法制现代化只有进行创造性的自主转换才能走向独立国家的法律文明之路。王立民认为："由于中国近代的法制是以引进西方近代法制为主的法制，因此这一活动亦包括研究、吸收、消化西方近代法制的过程。这在近代中国的各个时期、各个政权里都是如此。在这一过程中，中国的法制自主性始终存在，没有丧失，也不存在要求恢复的问题。"②中国的法制自主性的自信心来自历史实践。一定区域内的"治外法权"或者"领事裁判权"以及国民政府"立法体系"的建立，不能否定中国法制自主性的坚实根基和内在动力。因为，"中国司法现代化必须是具有中国特色的司法现代化。它应该在中国本土范围内并且适合中国人。最重要的是，中国政府应该有效地控制它的发展。在殖民地半殖民地背景下的中国，这是夺回被侵略的司法主权的迫切任务"③。

苏维埃政权成为中国共产党政权初创阶段的直接借鉴。1917年俄国"十月革命"胜利后，列宁继承借鉴"巴黎公社"政权体制，结合1905年俄国革命时期的"工人代表苏维埃"和1917年"二月革命"期间的"工人和士兵代表苏维埃"的革命政权建设经验，建立了全俄工农兵苏维埃政

---

① Chunlan Qiu, Keke Liu, *Japanese Invasion Baffled Radically the Modernization of China's Judicial System*, Asian Social Science, Vol.4, No.4, 2009, pp.151–155.

② 王立民在这里所阐释的"近代中国的法制自主性始终存在"，是因为近代中国的政权基础一直存在，始终具有中国性质。参见王立民、练育强、姚远主编：《"西法东渐"与近代中国寻求法制自主性研究》，上海人民出版社2015年版，"前言"第2页。

③ Chunlan Qiu, Keke Liu, *Japanese Invasion Baffled Radically the Modernization of China's Judicial System*, Asian Social Science, Vol.4, No.4, 2009, pp.151–155.

权。这种旨在打碎人类剥削历史而建立起来的苏维埃政权,是半封建半殖民地国家完成反帝反封建任务建立民主共和国的必经模式。按照列宁的苏维埃政权理论模型和《俄罗斯社会主义联邦苏维埃共和国宪法》的基本精神,中国共产党建立了中华苏维埃政权。中国共产党领导的新民主主义革命的目的,是要建立独立自主的人民民主专政的社会主义新中国。《中华苏维埃共和国宪法大纲》的诞生,标志着新民主主义独立政权的建立。根据《中华苏维埃共和国中央苏维埃组织法》的规定,全国工农兵苏维埃代表大会及其中央执行委员会享有国家立法权,最高法院享有最高审判权。根据各中央执行委员会制定的《裁判部的暂行组织及裁判条例》规定,各级苏维埃政权设立的裁判部享有审判权。中华苏维埃政权建立了自主性的法律体系和司法体系。苏维埃政权时期颁布的刑事、土地、劳动、婚姻、诉讼等法律法规,成为各级苏维埃司法机关的法律适用依据。

边区政权形式上与国民政府相衔接,但是政权具有一定的自主性。1945 年 12 月 29 日,边区高等法院代院长王子宜指出:"边区是新民主主义社会,人民有自己的政权和法律。"①边区参议会享有自主立法权。1939 年边区第一届参议会通过了政府组织条例、选举条例、各级参议会组织条例、高等法院组织条例、土地条例、婚姻条例等法律。上述条例由边区政府进行公布后实施。边区政府享有行政方面的立法权,可以制定单行条例和规程。根据授权,边区政府对《陕甘宁边区高等法院组织条例》《陕甘宁边区婚姻条例》等法律享有解释权。边区政府可以采用命令、通令等方式对法律适用作出解释,并且对具体案件的法律适用有权作出解释或者指示,如,《陕甘宁边区政府给庆环专署马专员的便函——关于解决土地问题》(1939)、《陕甘宁边区政府命令——令边区高等法院将最高徒刑由五年改为十年》(1942)、《陕甘宁边区政府关于严禁买卖婚姻的具体办法的命令》(1942)等。1944 年边区第二届参议会通过了各级参议会选举条例、地权条例、土地租佃条例等法律。1946 年边区第三届参议会通过了边区宪法原则、婚姻条例(修正稿)等法律。边区参议会制定

---

① 《王子宜院长在边区推事、审判员联席会议上的总结报告》,陕西档案馆档案,全宗 15—70。

的上述法律是边区各级司法机关的法律适用依据。

基于统一战线政策指导下形成的同一司法系统，国民政府"六法全书"在边区的适用成为历史的需要。如杨永华、段秋关认为，对于国民政府法律"援用的政治基础是抗日民族统一战线的建立、国共两党第二次合作和共同抗日局面的形成。边区政府接受中华民国国民政府的行政管辖，有必要适用国民党政府的某些法律"①。目前学术界亦有学者认为，边区适用"六法全书"的主要原因是，"成文法不足、审判缺乏依据"②，"不能简单地归结为是统一战线工作需要"③。立法不足只能是一种表象的理由。立法不足是法制发展的历史长河中长期面对的问题，至今哪个国家也没完全解决。而以立法不足而失去法制的自主性，是不适当的。边区与国民政府之间的统一战线的抗日民主政权关系应该是法制建设的历史背景和前提基础。

虽然对"六法全书"的援用应坚持"有选择、有限制、有条件的，并非全部照搬"④的原则立场。但是仔细分析历史文献就会惊人地发现，国民政府的法律在一定时期是优先适用的，其表现为：一是无国民政府法律才适用边区单行法令，而不是无边区单行法令才适用国民政府法律；二是国民政府法律在某些领域是一般适用的，而边区的法令才是特别适用。如，1939 年 5 月 21 日的陕甘宁边区党委、政府发布的《边区保安处、边区高等法院关于目前各县司法干部补救办法的意见》中要求，"判罪根据，尽量找国民政府的成文法为根据（如国民政府所公布施行的民法、刑法、海陆空军刑法、惩治汉奸条例、战时军律、禁烟禁毒条例等），若为国府成文

---

① 杨永华、段秋关：《统一战线中的法律问题——边区法制史料的新发现》，《中国法学》1989 年第 5 期。

② 如胡永恒认为，"当时边区援用六法，是边区领导层的一致主张，其初衷是为应付立法不足的局面"。参见胡永恒：《陕甘宁边区的民事法源》，社会科学文献出版社 2012 年版，第 37 页。

③ 如欧阳湘认为，"根据地援用国民政府法律问题与统一战线是密不可分的。第二次国共合作是根据地援用国民政府法律的政治基础，国共关系的变化还直接影响援用的程度与方式。但应该强调的是，这种援用并非偶然、一时的策略运用，也不能简单地归结为是统一战线工作需要，而忽视其特殊的历史背景"。参见欧阳湘：《中国共产党领导的抗日根据地援用国民政府法律问题论析》，《抗日战争研究》2009 年第 3 期。

④ 杨永华、段秋关：《统一战线中的法律问题——边区法制史料的新发现》，《中国法学》1989 年第 5 期。

法所无者,亦可根据边区的单行法令。在判决书上或布告上,应引用法律条文。案件判决之后,仍应报告高等法院备案与批准,然后再执行,以昭慎重"①。再如,1942 年边区高等法院在边区政府关于佃权、债权等法律问题的同意批答所附的呈文中的意见为:"(一)其土地佃权之期限除依照双方契载(如曾立有典约,载有期限者)及当地正当习惯外,一般应参酌国府民法物编之规定(三十年),但在特殊情形时,又须依据中央土地政策决定之精神,同时照顾出典及承典双方之生活。(二)关于债务纠纷,参考二届参议会通过之债务(条)例草案第二条,除一般适用国府民法债编外,应依据土地政策决定附件二之原则。"②

"六法全书"的优先或者一般适用主要归于统一战线政策,但"六法全书"的停止援引和废除,并不是对统一战线政策的否定。统一战线政策是共产党长期坚持的一项好政策。在统一战线政策的指导下,如果国共两党在法律的阶级性质上出现分歧,那就应该适用适合各自阶级利益的法律。这也符合中国共产党主张的保持"国共两党关系上共产党的独立性"③。"如果正义只是一个遵循共识的问题,那么当没有共识时,各方又如何讨论正义呢?"④由于"六法全书"与边区政权存在阶级性质上的根本冲突,从 1943 年下半年开始"六法全书"在边区逐渐停止援用。⑤ 从立法数量来看,边区停用"六法全书"并非因为立法不足得到缓解。从本质上来看,建立在一定的经济基础之上的阶级利益,是决定法律自主性发展的根本原因。1949 年 2 月,中共中央发出《关于废除国民党〈六法全书〉和确定解放区司法原则的指示》中要求,人民司法工作的法律依据是人

---

① 《红色档案——延安时期文献档案汇编》编委会编纂:《陕甘宁边区政府文件选编》第 1 卷,陕西人民出版社 2013 年版,第 253—255 页。

② 《红色档案——延安时期文献档案汇编》编委会编纂:《陕甘宁边区政府文件选编》第 6 卷,陕西人民出版社 2013 年版,第 218—219 页。

③ 1937 年 5 月 3 日,毛泽东在《中国共产党在抗日时期的任务》的报告中指出:"在特区和红军中共产党领导的保持,在国共两党关系上共产党的独立性和批评自由的保持,这就是让步的限度,超过这种限度是不许可的。"参见《毛泽东选集》第一卷,人民出版社 1991 年版,第 258 页。

④ Ronald M.Dworkin, *A Matter of Principle*, Oxford:Oxford University Press, 1985, p.217.

⑤ 胡永恒:《1943 年陕甘宁边区停止援用六法全书之考察——整风、审干运动对边区司法的影响》,《抗日战争研究》2010 年第 4 期。

民政权的新法律①。

总之,建立自主的立法与司法体系是独立主权国家的内在要求。边区政权虽然属于地方性政权,但有其独立性,并且边区的"三三制"政权具有全国普遍性。边区司法的自主性发展是确保共产党全局执政的有力保障。只有坚持法律适用的自主性,才能取得政权建设和全局执政的主动权。"六法全书"的停止援用和最终废除,是边区司法逐步独立于国民政府司法系统的显著标志。

三、从实际出发原则

法首先由社会建构,其次才发生规制社会的效用。法无法脱离或者超越社会而存在。法脱离社会实际就会形成"失灵之法"。法只有切合实际,才能形成"有效之法"。法只有切合民众的现实需要,司法只有切合民众诉讼能力,才能形成良性的"法民关系"。"法民关系"一方面反映了法律与民众的距离,另一方面反映了司法职业与民众的交互关系。②从实际出发或者从实践出发,这是社科法学的基本特点和主要优势。

司法符合社会实际是司法发展规律的基本要求。边区司法中的教条主义、经验主义和官僚主义,依然"是以主观和客观相分裂,以认识和实践相脱离为特征的"③,已经严重违背了从实际出发原则的要求。边区高

---

① 该指示明确指出:"无产阶级领导的、工农联盟为主体的、人民民主专政的政权下,国民党的《六法全书》应该废除,人民的司法工作不能再以国民党的《六法全书》作依据,而应该以人民的新的法律作依据。在人民的新的法律还没有系统地发布以前,则应该以共产党的政策以及人民政府和人民解放军所已发布的各种纲领、法律、命令、条例、决议作依据。在目前人民的法律还不完备的情况下,司法机关的办事原则应该是:有纲领、法律、命令、条例、决议之规定,从纲领、法律、命令、条例、决议之规定;无纲领、法律、命令、条例、决议规定者,从新民主主义政策。同时,司法机关应该经常以蔑视和批判国民党《六法全书》及其他一切反动法律法令的精神,以蔑视和批判欧美日本资本主义国家的一切反人民法律法令的精神,以学习和掌握马克思列宁主义、毛泽东思想的国家观、法律观及新民主主义的政策、纲领、法律、命令、条例、决议的办法,来教育和改造司法干部。"参见中央档案馆编:《中共中央文件选编》第14册,中共中央党校出版社1987年版,第573—574页。

② 凌斌:《当代中国法治实践中的"法民关系"》,《中国社会科学》2013年第1期。

③ 毛泽东在《实践论》中指出:"唯心论和机械唯物论,机会主义和冒险主义,都是以主观和客观相分裂,以认识和实践相脱离为特征的。以科学的社会实践为特征的马克思列宁主义的认识论,不能不坚决反对这些错误思想。"参见《毛泽东选集》第一卷,人民出版社1991年版,第295页。当然,边区司法中的教条主义、经验主义和官僚主义,也不例外。

等法院的《1942 至 1944 年两年半来工作报告》中指出："区上有些较复杂的案子，只送来犯人或附简单的介绍信，没有具体的材料，或者区乡供给材料不及时不充分，往来写信拖延时间，因县上办案主要的靠区乡供给材料，人力有限不可能出差调查，就是实行马锡五方式，也只能个别案件那样做，大部分案件还是要靠区乡供给材料，有的因为调查很少，问过来问过去还是那几句话，得不到真实情况。"①要改变司法中存在脱离实际、不重视调查研究的现实情况，必须坚持做到从实际出发。

从实际出发，就是要从生活实际出发。法律生活必须和现实社会接轨。司法必须切合生活实际。由于"法官的行为是法律生活中一个重要的实践领域，其首先要面对的是问题，而不是知识与逻辑，所以法官要具有处理问题的能力"②。中国的法律制度必须切近中国人民生活，否则就会出现法律适用的不协调；法律的权威不仅仅来自法律规则和技术，更重要的是人民对法律接受而产生的权威。③"马锡五审判方式"是符合中国乡村社会实际的乡土化司法，而且是乡村百姓能够普遍接受的司法方式，产生了很强的司法公信力。陇东分区专员兼陇东分庭庭长马锡五同志考虑到了边区司法供给能力不足、群众诉讼能力低下的"法律贫困"状况，带头携卷下乡，在"田间、地头"一边帮群众干农活、一边调查案情，创造了具有乡土特色的"马锡五审判方式"。从一定程度上来讲，"马锡五审判方式"的产生不仅仅是社会实际的需要，更重要的是司法技术的需要。司法只有接近现实生活，才能发现案件事实。因为，窑洞里的形式化审理是很难查明案件真实情况的。所以，在当事人法律意识薄弱和诉讼能力低下的情况下，企图实现当事人主义的正规化审理模式只能是一种不切实际的幻想。

符合实际是客观要求，司法为民是动力源泉。只有做到了从实际出发，才能做到司法为民。马克思指出："在民主制中，不是人为法律而存

---

① 《1942 至 1944 年两年半来工作报告》，陕西档案馆档案，全宗 15—193。

② 武建敏：《司法理论与司法模式》，华夏出版社 2006 年版，第 20—21 页。

③ Roscoe Pound, *Comparative Law and History as Bases for Chinese Law*, Harvard Law Review, Vol. 61, No.5, 1948, pp.749-762.

在,而是法律为人而存在"①。司法的群众立场和群众观点,就是要从最大多数群众的最高利益出发决定司法工作的政策和策略;从不同地区、不同历史条件、不同群众需要和觉悟程度决定司法工作的任务与执行司法任务的步骤和方法。② 正规化司法必须以方便人民诉讼、保障人民诉权为出发点和落脚点。"马锡五审判方式"之所以得到边区政府的高度重视和大力推行,就是因为"马锡五审判方式"体现了从实际出发、司法为民的司法精神。1944 年 1 月 6 日,林伯渠在陕甘宁边区政府委员会第四次会议上的工作报告中要求:"司法机关审判案件时,须切实照顾边区人民的实际生活,切实调查研究案情的具体情况,分别其是非轻重","诉讼手续必须力求简单轻便,提倡马锡五同志的审判方式,以便教育群众,判决书必须力求通俗简明,废除司法八股"③。这就是一切从边区实际出发、一切从边区群众的法律意识状况出发的实用的、有效的正规化。

边区司法的正规化不但要适应外部的社会实际,而且也要适应内部的司法人力数量和专业素质的现实状况。司法的正规化要求具有专业化的司法人员。但是边区司法人员缺乏,尤其缺乏接受正规法学教育的司法干部,因而难以实现司法专业化。边区虽然有以李木庵为代表的法律专业人才,但是他们的审判方式被认为是脱离边区实际的教条主义。这似乎给人们带来一种错觉:边区不需要法律专业人才,因为边区不是依法审判。有学者认为:"在马锡五审判方式中,作为法官无须懂法律,只要能够因地制宜地解决纠纷,将实事求是的态度和群众路线的工作方针运用到审判工作中来,做到马克思主义理论与当时的革命实践相结合,作出令广大劳动人民满意的判决就行了";"在充当审判主体的专业素质这一

---

① 《马克思恩格斯全集》第 3 卷,人民出版社 2002 年版,第 40 页。
② 1948 年 7 月 1 日,在纪念中国共产党创立二十七周年延安干部党员大会上,林伯渠以"学习毛主席思想,执行党的路线与政策"为题的演讲中指出,"从最大多数群众的最高利益出发决定工作的政策与策略;从不同地区、不同历史条件、不同的群众需要和觉悟程度决定工作的任务与执行任务的步骤和方法。这就是群众立场或阶级立场、群众观点或阶级观点、群众方法或阶级方法"。参见《红色档案——延安时期文献档案汇编》编委会编纂:《陕甘宁边区政府文件选编》第 12 卷,陕西人民出版社 2013 年版,第 357 页。
③ 《红色档案——延安时期文献档案汇编》编委会编纂:《陕甘宁边区政府文件选编》第 8 卷,陕西人民出版社 2013 年版,第 23 页。

问题上,马锡五审判方式也与现代意义上的司法制度存在一定的差异:法官只是一种人格化、家长式的纠纷解决者,无须具备任何法律知识,也无须依法审理案件,只要能够为民作主,在解决纠纷时能够让广大人民满意就可以了"。① 这种认识在很大程度上对"马锡五审判方式"有所曲解。张希坡认为:"马锡五在办案过程中,还认真执行法律中规定的各项诉讼原则和制度,如公开审判、辩护原则、上诉制度和案件复核制度,并和广大司法干部一起,充分发挥就地审判、巡回审判的作用,积极推行人民调解工作。历史经验证明,所有这些制度和程序,都是正确审理案件必不可少的基本条件,也是考察司法人员是否依法办事的重要标志。"②

　　正义似乎是一个矛盾体。司法职业不允许法官曾经的社会经历造成司法偏见,但是又允许法官的阅历能够洞察社会、知晓民情。从实际出发与司法的专业化并不矛盾。司法正规化所需要的专业化不能脱离人民与社会实际。"从实际的'法民关系'出发,综合考虑法律教义与民众情感,寻求法民兼顾与情法协调"③,这应该是中国传统司法的思维模式。边区时期,乡土化的司法语言很容易得到老百姓的接受和认同。调解、和解中经常用到的话语有:"吃亏吃亏,人在一堆,人有一亏,天有一补";"美不美,泉中水,亲不亲,一乡人";"大家拾柴火焰高";"三人合一心,黄土变成金"等。④ 乡土语言发挥了重要的功能:形象生动,简明易懂,贴近百姓。乡土语言拉近了法官和乡民的情感距离,所以司法效果就容易达到了。乡土法官能和乡民打成一片,就是因为他们能想百姓所想,急百姓所急。乡土法官是从乡村社会实际出发,体察民情,感受民意,所以能创造性地开展工作,成效显著。

第三节　边区司法正规化发展的实践路径

　　从非正规化走向正规化,是革命司法制度发展的历史方向。罗伯斯

---

① 张泽涛:《司法权专业化研究》,法律出版社 2009 年版,第 353 页。
② 张希坡:《马锡五与马锡五审判方式》,法律出版社 2013 年版,第 196 页。
③ 凌斌:《"法民关系"影响下的法律思维及其完善》,《法商研究》2015 年第 5 期。
④ 《1942 至 1944 年两年半来工作报告》,陕西档案馆档案,全宗 15—193。

比尔指出,革命法庭的"形式和组织方面都是有缺点的";"革命法庭要改革,并根据新的形式迅速改组"。① 边区司法也不例外。1943 年开始,边区政府已经认识道:"必要法规不完备,因此司法机关判案的依据不足,地方上任意逮捕罚款的现象还未能完全纠正;此外,司法机关本身也未能熟悉人民的生活,未能总结司法工作的经验,也有闹独立性的毛病。这些缺点,表现出边区新民主主义的司法工作还在创造过程中,正规化还不足。但总的方向是正确的。"②要克服边区司法正规化不足的缺陷,"一方面要彻底纠正被侵入的坏作风,另一方面要在正确传统的基础之上,发扬新的创造,使司法工作完全符合于保卫边区民主政权与人民权益的需要"③。边区司法正规化发展的实践路径主要在于正确地对待和运用调解传统,相对地实现审判业务的独立,不断地强化司法的人权保障。

一、调解

司法的正规化必须在坚持本国司法传统的基础上实现新的创造。司法的正规化是在正确地对待和运用司法传统的基础上发展起来的,绝不能排斥和抛弃司法传统。调解不应成为司法正规化的障碍,而应成为司法正规化的动力。相反,"坐堂问案"的程序模式,成为边区司法正规化的现实障碍。边区司法传统保持了中国调解传统的历史转换的惯性力,以调解为主要审判模式,创造性地改变了"判决模式为正规化司法方向"的片面认识。

具有合意性、合法性要求的调解程序与具有强制性、合法性要求的判决程序都是审判程序的两个方面。调解程序与判决程序的正规化是司法正规化发展的两翼,任何一个方面也不能偏废。1944 年 6 月 7 日的《陕甘宁边区政府指示信——关于普及调解、总结判例、清理监所的指示》中

---

① ［法］罗伯斯比尔:《革命法制和审判》,赵涵舆译,商务印书馆 1965 年版,第 168 页。
② 《红色档案——延安时期文献档案汇编》编委会编纂:《陕甘宁边区政府文件选编》第 7 卷,陕西人民出版社 2013 年版,第 459 页。
③ 《红色档案——延安时期文献档案汇编》编委会编纂:《陕甘宁边区政府文件选编》第 7 卷,陕西人民出版社 2013 年版,第 460 页。

指出:"审判与调解是一件事的两面。"①边区一度时期在政策和实践层面对调解与审判关系的认识上出现了偏差。究其原因,主要是将调解程序视为非正规的审判方式,而将判决审理程序视为正规的审判方式。这样导致在司法语言上就出现了"审判为主""调解为主"的话语。当然,这不是简单的字面差异,而是走入了司法理论认识层面的误区。

审判是诉讼的中心环节。为了达到普遍化的公正和平等对待,审判程序发展为固定化、格式化、流程化、严密化的审理模式。这是现代司法程序正义理论对实践的经验总结,也是司法正规化发展的集中体现。近现代中国在坚持传统的"坐堂问案"的基础上,接纳了西方的程序正义理论。边区时期,国共合作政治格局下的司法模式很大程度上受到了国民政府的所谓正规化司法的形式上的影响。因而不拘形式的调解一度被视为非正规化的审判模式。

"坐堂问案"曾经是边区的主要审判模式。边区曾经对"马锡五审判方式"有很大的抵触情绪。例如,边区"在 1944 年之前,基本上处于单纯审判的阶段,调解只在个别地方开始试行,县区干部思想上很少接受马锡五审判方式,对于调解工作'多数县拖着不信任与不起劲的态度'"②。为了确保边区政府公布的《陕甘宁边区民刑事调解条例》在各级司法机关的普遍实施,1943 年 6 月 8 日边区高等法院曾以指示信的方式要求各级司法机关实行调解办法。边区各级司法机关在 1943 年 6 月以前主要以判决方式审理案件。边区推行调解就是为了克服判决型司法的局限,改变程序正义的片面认识,将司法正义最终建构在"解决实际问题"的实体正义层面。

边区的调解是以就地调查取证为实践理性。举证模式下"坐堂问案"不适合边区的司法实际。查明案件事实是调解的基础。调查是为了分清事实和责任,调解是对责任的协商承担。调解正义的程序理性就是要查明事实。"马锡五审判方式"体现了一个调查与协商的过程,不是一种简单的让步与妥协。"马锡五审判方式"的实践理性在于就地调查取

---

① 《红色档案——延安时期文献档案汇编》编委会编纂:《陕甘宁边区政府文件选编》第 8 卷,陕西人民出版社 2013 年版,第 206 页。

② 高海深、艾绍润编著:《陕甘宁边区审判史》,陕西人民出版社 2007 年版,第 68 页。

证基础上的调解。

边区政府及高等法院自上而下地推行调解,旨在整合民间司法力量和调整社会权力关系。但是这种来自社会生活的调解方式原本带有浓厚的乡野气息,与来自西方文明城市的正规化审理模式相比,格格不入。尤其是,边区政府希望社会纠纷能够交给民间社会自行解决,政府和法院最好是进行指导和规范,这种纠纷解决的方式配置和角色分工,更加减弱了边区司法的程式化、固定化、格式化、流程化、严密化的程度。所以,边区司法的规范化的发展重心不在于判决型的审理程序,而在于调解型的纠纷解决模式。可以说,边区司法的规范化是伴随着调解的规范化而发展起来的。

边区推行调解制度的过程中出现了以调解率作为考核司法成绩的一个衡量标准①,这样导致从"审判为主"的一个极端走向了"调解为主"的另一个极端。在以调解为主政策的指导下,就出现了将"调解作为诉讼的必经程序",从而严重违反了调解的自愿原则。革命政府把民间调解和政府调解设定为诉讼离婚的前置条件,迫使许多感情不好的夫妻长期勉强共同生活,或虽然分居但因为不能离婚,不可能找到新的伴侣。②1945 年 12 月 29 日,边区审判推事联席会议上所形成的共识:"新的审判应包含调解因素在内"③。边区逐步厘清了调解与审判的关系。边区推事审判员联席会议上确立了"调解不是诉讼的必经程序"的原则。

二、司法业务独立

在民主集中制的政权原则下,边区不采取行政与司法分立的政权形态,但边区政府逐步厘清了行政事权,将行政职权与司法职权进行了一定的区分。边区高等法院受边区政府领导,但毕竟高等法院和边区政府的职权分工不同。1942 年 1 月 24 日,边区政府关于"孙长旺应等候地方法

---

①　1943 年 6 月 8 日的《陕甘宁边区高等法院指示信——令各高等分庭及各地方法院、县司法处实行调解办法改进司法工作作风减少人民讼累由》中曾要求,"今后各审判人员办案的成绩,即以每月案件调解成立的多少,列为政绩标准之一"。

②　Philip C.C.Huang, *The Past and Present of the Chinese Civil and Criminal Justice Systems: The Sinitic Legal Tradition from a Global Perspective*, Modern China, Vol.42, No.3, 2016, pp.227—272.

③　《王子宜院长在边区推事、审判员联席会议上的总结报告》,陕西档案馆档案,全宗 15—70。

院判决事"的批答中提出,边区政府有受理不服高等法院判决的上诉案件的职权。① 这是边区政府以公开文件的形式较早的表明了边区的三级三审制。边区政府作为一个审级解决了群众逐级上诉的问题。一方面,群众对边区高等法院的判决或者地方法院的判决不服,经常向边区政府控告,边区政府委员会也就对案件组织复查;另一方面,边区"高等法院复审的重要案件,要送边区政府委员会审查"②。边区政府委员会审查案件势必形成政府干预或者包办司法的现实情况,当时也受到了诸多质疑和批判。在边区政府内设专门的审判组织势在必行。

1942 年 7 月 10 日,边区政府命令设立边区审判委员会。边区政府审判委员会设立的初衷,主要是为了弥补当时三审制程序的机制缺失问题,同时边区政府也认识到了应由司法机关行使审判权的正规化要求③。从程序设计来看,边区政府审判委员会的设立,增加了一个审级,赢得了案件的终审权,满足了群众的上诉权。从司法正规化来讲,边区政府委员会的设立,表明了审判工作应由专门的司法组织,而不是行政机构。边区政府审判委员会虽然是由政府设立,但是属于边区的一级审判组织,它区

---

① 边区政府对孙长旺批答为:"你的这个案子,既然向延安市地方法院起诉,就应该听凭该院处理,如果不服该院判决的话,可以向高等法院提起上诉,再不服的话,才可以向本府提起上诉。现在你应等候地方法院的判决。"参见《红色档案——延安时期文献档案汇编》编委会编纂:《陕甘宁边区政府文件选编》第 5 卷,陕西人民出版社 2013 年版,第 76 页。

② 《红色档案——延安时期文献档案汇编》编委会编纂:《陕甘宁边区政府文件选编》第 3 卷,陕西人民出版社 2013 年版,第 221 页。

③ 《陕甘宁边区政府关于设立审判委员会受理第三审案件的命令》中指出:"查边区为一地方行政区域,则凡关于人民诉讼事件,只应设立高等法院受理第二审,至于第三审案件,应由重庆最高法院受理;不过边区与重庆相隔甚远,事实上不服第二审判决者,再向重庆提起上诉,绝少可能。依保障人权财权条例第十八条规定:'边区人民不服审判机关判决之案件,得依法按级上诉'云云,所谓按级,当然系指自第一审至第三审而言,若如上述情形,仍只到第二审为止,而该条例之精神尤无贯彻。事实上人民不服高等法院判决的案件,来本府上诉的已不少,不设置一定机关,无法办理此类案件,现为事实上的急需,不能不采取临时办法解决。本府特于第二十五次政委会提出在边府内暂设一审判委员会,以委员五人组织之,下设秘书一人,经全体讨论通过,并决定林伯渠、李鼎铭、刘景范、毕光斗五人为委员,以林伯渠为委员长,又派朱婴为秘书。以后凡遇有第三审上诉案件、行政诉讼案件及死刑复审等,均由审判委员会负责办理。此外,现在边区司法逐渐走向正规化,一切诉讼案件,均应由司法机关受理,其他如民政机关,仅能负调解责任,调解不成即应移送司法机关,不得自为审判,致紊组织系统,切切为要。除令高等法院、民政厅外,合行令仰知照,并转饬所属一体知照。"参见《红色档案——延安时期文献档案汇编》编委会编纂:《陕甘宁边区政府文件选编》第 6 卷,陕西人民出版社 2013 年版,第 248—249 页。

别于行政机构。边区政府行政首长兼任审判人员,原则上以会议决策形式行使司法职权,兼任审判职务的行政首长对一定范围内的案件具有自主处理权限。时任边区政府审判委员会秘书的朱婴同志曾试图将法官独任制、司法程序规范化的司法独立理念体现于工作当中。[①] 边区审判委员会曾因工作中的"衙门习气""脱离实际""搬用旧法""闹独立性"等受到批评,但这不是被撤销的直接原因。根据 1942 年 8 月 22 日《陕甘宁边区政府审判委员会组织条例》的规定,边区审判委员会属于临时性的司法组织,若法院组织法颁布后该条例即失效。1944 年 1 月 6 日,《边区政府一年工作总结》中指出:"在边区与国民政府间的合法关系尚未解决期间,暂行确定两级两审制。县司法处(或地方法院)对县政府(或)市政府负责,进行初级审判;高等法院及其分庭对边区政府负责,履行终审职权。"[②]一旦确立两级两审制,作为第三审级的边区政府审判委员会就应予以撤销了。1944 年 2 月 15 日,边区政府决定边区司法审判改为二级审判制,边区政府审判委员会随即取消,边区高等法院为终审机关。[③] 边区政府审判委员会的历史任务终结,政府与司法机关的职能划分关系逐步明晰。

从表面上看,边区政府审判委员会撤销之后,边区政府对群众不服高等法院的终审判决的诉求进行答复或者命令,存在行政干预司法的嫌疑。但从实质上看,边区政府对群众上诉的积极回应,并非实质性的审判行为,而是对群众来信来访的处理。这在一定程度上说明,边区的审判监督制度以及检察制度不尽完善,当事人只好向边区政府表达诉求。边区政府对群众的诉求不能置之不理,也就担当了审判监督者的角色。边区政府对高等法院的终审判决没有改判的权力,只能对相关案件调查了解后,确实发现案件裁判存在不公或者瑕疵,建议边区高等法院予以复审,或者命令边区高等法院再作调查,而不是由政府予以审理,这足以说明边区政

---

① 汪世荣等:《新中国司法制度的基石——陕甘宁边区高等法院(1937—1949)》,商务印书馆 2011 年版,第 67 页。

② 《红色档案——延安时期文献档案汇编》编委会编纂:《陕甘宁边区政府文件选编》第 8 卷,陕西人民出版社 2013 年版,第 22—23 页。

③ 《红色档案——延安时期文献档案汇编》编委会编纂:《陕甘宁边区政府文件选编》第 8 卷,陕西人民出版社 2013 年版,第 67 页。

府对审判权独立行使原则的尊重。边区政府对高等法院的终审判决经审查后认为判决正确的评价，是对高等法院司法权威的维护，而不是一种权威性的认定。边区政府驳回当事人不服高等法院终审案件的上诉请求的批答，并非司法行为，而是对缠诉缠访作出的一种行政性的书面告知。当然，为了促进司法正规化发展，边区政府对高等法院的终审判决多提改进性建议，少些命令，这样才能确保审判权的独立行使。从目前公开的史料来看，边区政府对高等法院的判决绝大部分还是予以肯定，对当事人耐心答疑使其服判，以维护司法权威。边区政府对当事人不服高等法院的终审案件的上诉采取了答复或者命令，详细情况见表6-1。

表6-1　边区政府对当事人不服高等法院终审案件的上诉的批答、命令或者函

时间	批文	答复情况
1945.1.24	《陕甘宁边区政府批答——薛张氏为争继承权上诉案应予驳回》（批字第509号）（注：毛主席曾对该案呈状批示）	原判适当，驳回上诉。
1945.4.3	《陕甘宁边区政府批答——批王子良与吉根云赁房合伙纠纷案》（批字第518号）	原判合理，驳回上诉。
1945.4.5	《陕甘宁边区政府批答——关于童宪能与常桂英婚姻纠纷案处理意见》（批字第523号）（注：边府办公厅提出复审建议；高等法院对此案复审，将处理意见呈请边区政府）	最好调解，如调解不成，则以合乎情理的判决。
1945.4.7	《陕甘宁边区政府命令——为黄清福与黄仲高房屋土地纠纷案希再作调查由》（战字第865号）	命令高等法院判再行调查，妥善处理。
1945.7.9	《陕甘宁边区政府批答——薛长荣同李桂英离婚纠纷问题》（批字第540号）	服从高等法院判决，停止上诉。
1945.7.25	《陕甘宁边区政府批答——批驳常鸿育和吴常氏争买土地案上诉》	服从高等法院判决，停止上诉。
1945.7.25	《陕甘宁边区政府函——关于史俊臣离婚纠纷处理意见》（到字第424号）	再行考察，予以适当解决，以昭折服而达息诉。
1946.1.11	《陕甘宁边区政府批答——批驳王生成为王生发与秦手班婚姻纠纷上诉案》（批字第560号）	尊判领回原聘礼，停止上诉。
1946.1.11	《陕甘宁边区政府批答——批驳马万高为马万钧争执土地纠纷案的上诉》（批字第559号）	遵照息讼，不必再争意气。

续表

时间	批文	答复情况
1946.3.12	《陕甘宁边区政府批答——批驳高延士为高余立离婚纠纷的上诉》（批字第 568 号）	不要固执，停止上诉。
1946.3.28	《陕甘宁边区政府批示——批驳王子德为担保艾毓洲欠债案上诉》（批字第 569 号）	遵照执行，停止上诉。
1946.5.2	《陕甘宁边区政府批答——批驳绥德李万表为包庇土地摊派不公案的上诉》（批字第 571 号）	特此驳复，停止上诉。
1946.5.9	《陕甘宁边区政府批答——批驳子洲县薛张氏为争继承及被盗两案上诉由》（批字第 572 号）	勿得再行纠缠滋事。
1946.5.16	《陕甘宁边区政府批答——批驳史文炳为史忠贤土地权涉讼案上诉由》（批字第 575 号）	接受高等法院判决，停止上诉。
1946.5.23	《陕甘宁边区政府批答——批驳刘汉章为与周崇西争买土地上诉无理希息讼由》（批字第 576 号）	特此批驳，希即息讼。

边区政府审判委员会具有对重大疑难案件的讨论决定权，边区政府审判委员会撤销之后，边区高等法院未能及时建立审判委员会，边区高等法院针对疑难案件难以下判时只好主动向边区政府请示，请求边区政府予以决断①。此种方法虽然能够提高裁判的合理性，但是高等法院的独立审判权很大程度上受到了损害。因此，要确保审判业务的独立，必须确保司法决策的独立。

边区曾经在县级政权设立县裁判委员会。当然这也是继承了苏维埃政权的司法传统。设立县级裁判委员会的目的主要是加强政权机关对基层司法的领导，促使裁判符合社会实际。各县设裁判委员会，由县委书记、县长、县保安科长、县保安大队队长和县裁判员 5 人组成。为了防止裁判员推卸审判责任，必须强化裁判员的审判职责。1941 年 5 月 10 日《陕甘宁边区高等法院对各县司法工作的指示》中指出："各县司法的组

---

① 例如，1945 年 7 月 20 日，边区高等法院院长雷经天就"固临县桃枝村白丹章与白居仁争执水路"一案的处理办法，向边区政府林主席（林伯渠）、李副主席（李鼎铭）请示。之后，边区政府于 8 月 9 日批答同意该院意见。参见《红色档案——延安时期文献档案汇编》编委会编纂：《陕甘宁边区政府文件选编》第 9 卷，陕西人民出版社 2013 年版，第 221—222 页。

织,最低限度要有裁判员主持审判事务";"各县裁判员的审判是独立的,但为着加强对于各县裁判员工作的领导,在各县成立裁判委员会,裁判员所处理的案件,都应经过裁委会的讨论。但对比较重大的案件的判决有不同意[见]的时候,可由裁判委员会将不同的意见直接报告高等法院做最后的决定。"①裁判员代表一级审判组织,但是裁判员的独立性只能体现在"审理"层面,"审而不判"是其显著特点。裁判委员会属于司法机构之外设立的裁判决定组织,它的权限是对裁判结果的讨论决定权,"判而不审"是其典型特征。裁判委员会认为有重大疑难的案件,交由边区高等法院决定,这种方式是值得予以肯定的,至少是由司法机关来决定,而不是通过行政的方式来处理。②

县级裁判委员会和边区政府审判委员会的性质不同,裁判委员会不是一级审判组织。边区县级裁判委员会的撤销原因在于违反了"三三制"原则③,而不是"判而不审"。当然,县级裁判委员会撤销之后,县级政府对司法业务的直接领导有所凸显。④ 但是审判业务由司法机关以外的行政领导部门讨论决定导致司法效率低下,浪费行政资源。1945 年 12 月 29日,在陕甘宁边区推事审判员联席会总结会上,代院长王子宜对于高等分庭、县司法处的审判业务受行政领导的弊端进行了深刻反思。⑤ 审判不仅

---

① 韩延龙、常兆儒编:《革命根据地法制文献选编》中卷,中国社会科学出版社 2013 年版,第831 页。

② 潘怀平:《陕甘宁边区审判体制的建构经验与现实价值》,《中共中央党校学报》2015 年第6 期。

③ 1942 年 11 月 12 日,《陕甘宁边区高等法院命令——通令取消裁判委员会》中指出:"查各县之裁判委员会系沿袭苏维埃时代之组织,由县委书记、县长、裁判员、保安科长、保安大队长组织而成。已不适合现时之三三制政权形式。早于去年边区司法会议时宣布取消,而各县仍有尚未废弃者。兹再明令将裁判委员会取消。所有比较重要复杂之案件即由县政府委员会讨论决定。"艾绍润、高海深编:《陕甘宁边区法律法规汇编》,陕西人民出版社 2007 年版,第 39 页。

④ 如 1943 年 3 月公布的《陕甘宁边区县司法处组织条例草案》中规定:"司法处受理民刑案件,如系下列各案,经过侦讯调查后,须将案情提交县政府委员会或县政务会议讨论,再行判决。(一)民事案件诉讼标的物其价格在边币一万元以上者,婚姻、继承、土地、案件与政策有关,或与风俗习惯影响甚巨者;(二)刑事案件中之案情重要者;(三)军民关系案件之情节重大者。"参见韩延龙、常兆儒编:《革命根据地法制文献选编》中卷,中国社会科学出版社 2013 年版,第 837—838 页。

⑤ 王子宜郑重指出,"由于职权划分不清,有些地方闹得推事审判员在工作上完全处于被动,大事小事,都要请示,都要经过批准,结果上面忙不过来,下面办事不便,上下都苦"。参见《王子宜院长在边区推事、审判员联席会议上的总结报告》,陕西档案馆档案,全宗 15—70。

仅是事实的查明与认定,更重要的是作出判定。司法的结果应由司法机关作出,而不是由行政机关作出。代院长王子宜提出的"司法机关及其审判人员决定审判业务"①的观点显然是对司法正规化要求的积极响应。

三、人权保障

近现代中国的"权利意识"经历了从"民权"向"人权"的转化过程。这一过程是"民权在近现代史上更多时候只是成为政治斗争的工具"②向"人权是人的基本权利能够得到享有和保护的权利"的转型和建构过程。

人权理念的关键点是对"人"的关注,即把"人"作为"权利主体"。人权既具有自然性又具有社会性。人权本无差别,这是由人权的自然性所决定和要求的。但是人权的享有和保护基于社会状况是有差别的。在阶级剥削和阶级压迫的社会里,被剥削阶级和被压迫阶级"无人权可言"。"为人权而斗争"成为被剥削阶级和被压迫阶级的革命指南。从而,人权的获得途径和保护方式就极具"意识形态"色彩。只有通过"政权"才能取得民主。只有获得民主才能获得人权。

边区的人权是作为"人"所具有的基本权利。边区以"人民"的范畴界定人权主体,是为了体现无产阶级专政的政策,即对人民实行民主、对敌人实行专政。一切破坏抗日民主政权和人民民主政权的敌人的人权将予以一定范围内的剥夺。《陕甘宁边区施政纲领》和《陕甘宁边区保障人权财权条例》相继以"人民"的范畴确定了人权的主体③。当然,边区的人

---

① 王子宜特别强调,对于高等分庭、县司法处的行政领导,应该着重于政策上的领导,而不是事事过问;推事审判员对于处理民事案件时,标的物在小米5石以下并与政策无重大关系及刑事案件徒刑在1年以下者,审判员得直接处理;高等分庭、县司法处对民刑案件之处理,不必经过专署署务会议、县政务会讨论,如认为有商讨之必要时,由司法机关召集各有关方面研究,但决定权属于司法机关。参见《王子宜院长在边区推事、审判员联席会议上的总结报告》,陕西档案馆档案,全宗15—70。

② 袁兵喜:《从近代民权向当代人权的接转:观念重构与制度更新》,《法学杂志》2011年第7期。

③ 如《陕甘宁边区施政纲领》规定:"保证一切抗日人民(地主、资本家、农民、工人等)的人权、政权、财权及言论、出版、集会、结社、信仰、居住、迁徙之自由权。除司法系统及公安机关依法执行其职务外,任何机关部队、团体不得对任何人加以逮捕审问或处罚,而人民则有用无论何种方式控告任何公务人员非法行为之权利。"再如《陕甘宁边区保障人权财权条例》规定:"本条例以保障边区人民之人权、财权不受非法之侵害为目的。"

权保护主体,不仅仅是人民,而且扩大到了战俘、罪犯等。

　　国家权力和人权之间具有共存共生的关系。人权无保障,国家权力就会丧失。国家权力无保障,人权同样会丧失。尊重和保障人权是化解国家权力(尤其是执政权力)风险的必然要求。威廉·布莱克斯东主张法律是一种理性的科学,其理论根基是法律的最终目的是保障人的基本权利。[1] 如果法律给人带来的是伤害,而不是保护,法律就会沦为暴力。运用司法权保障人权是国家权力配置和运行的理性表现。司法保障人权的外部路径有两条,一条是规范和监督其他国家权力,防止制止国家权力侵犯人权,并救济人权;另一条是防止或制止他人侵犯人权,并救济人权。司法保障人权的内部路径也有两条,一条是防止司法权侵犯人权;另一条是规范司法程序,为保障人权提供正当的程序保障。

　　程序性保障是人权从"应然"走向"实然"的必需条件。1941 年 5 月 10日的《陕甘宁边区高等法院对各县司法工作的指示》中曾强调:"我们需要建立革命的秩序,首先就以法律保障人民的权利。我们在边区必要做到真正尊重人民的权利,边区就不会再有对群众打骂威胁、任意拘捕捆绑、滥用刑讯"[2]等事件发生。根据《陕甘宁边区保障人权财权条例》的规定,边区司法机关及公安机关依法专门行使逮捕审问处罚等权力;逮捕人犯,必须有充分的证据,并按法定手续执行;拘捕后,检察或公安机关必须在 24 小时内侦讯;审理民刑案件从传到之日起,应 30 日内宣告判决;判决死刑案件,必须经过复核程序,方得执行。《陕甘宁边区保障人权财权条例》的显著特点就是,用正当的司法程序保障人权。《陕甘宁边区保障人权财权条例》的实施对司法中侵犯人权的违法行为起到了很大程度的遏制作用。

　　针对司法实践中存在的"拘捕后 24 小时内不审讯""久拖不决""有案必押人"的现象,特别是"个别滥押变相刑讯逼供"甚至"先斩后奏"的严重问题,边区高等法院要求,司法人员必须从保障人权与民主政治之不可分割、切实执行保障人权之政治意义政治影响的角度认识人民自由权

---

　　① Richard A. Posner, *The Economics of Justice*, Cambridge and London: Harvard University Press, 1983, p.15.

　　② 韩延龙、常兆儒编:《革命根据地法制文献选编》中卷,中国社会科学出版社 2013 年版,第831 页。

利之不可侵犯性,必须认识之所以要实行"24 小时内审讯"和审限制度,是因为在于防止滥押错押或押起长久不管或羁押很久,结果无罪释放;在于使案件进行迅速以免当事人花销大,耽误生产,遭讼累之痛苦;在于重证不重供,侦查审讯应在审限以内进行,如若超过审限必须再押审讯的,应说明理由;在于保障人身自由以免长系囹圄之苦。① 边区高等法院要求建立未决羁押案件的月报和检查制度。司法机关负责人及审判员检查未决羁押月报表时,必须检查每个刑事被告的羁押日数,对于超审限尚需羁押侦讯者,应注明延长羁押的次数及理由;必须经常检查未结案的收案日期及未结原因,以便注意对在押犯人的情形迅速给以解决②。

边区政府在处理"清涧县保卫科刘光荣、惠志升刑讯逼供案"③时发现:"部分干部缺乏群众观点,缺乏调查研究、实事求是的精神,因而各县用刑逼供,捆打人民实事,仍时有发生,这种违反边区施政纲领及政府法令政策的行为,实为我民主政治中的严重缺点。"④边区政府特别强调:"清涧县保卫科同志这种滥用职权,侵害人权的错误行为是相当严重的。我们边区为民主政治实施地,决不容有此项不法刑讯现象的发生。兹为教育大家,特将此案通令各级政府,希即以此为戒,检讨自己,教育干部切实注意遵守法令,不得再有随意捕人捆打滥权刑讯之事,如有故犯,一经本府查实,必予以应得之罪,绝不宽贷,望各勉惕为要。"⑤

---

① 《1942 至 1944 年两年半来工作报告》,陕西档案馆档案,全宗 15—193。
② 《1942 至 1944 年两年半来工作报告》,陕西档案馆档案,全宗 15—193。
③ 抗战时期,陕甘宁边区的清涧县曾发生了这样一件事。八月初一晚,王六儿、刘过斌在清涧师家园子公家店里偷布一驮(二捆)。当晚,清涧县政府保安科将王六儿捕获,交出布一捆,在找寻另一捆时,王六儿趁机逃跑。刘过斌做贼心虚,自动到乡政府报告王六儿给他的布在垴界上地窖子里。经乡政府报告到县府,保安科派王安祥带领警卫队员前去寻布时,刘过斌又生贪财念头,不说真实藏布地方,胡乱指点应付。经盘查解释,交出一部,尚短十八匹隐藏不交(此布后来才全部交出)。再加追问,便诬称师张锁、郝二成、郝高月、师老命等四人知道并同伙偷布。该保安科当将师张锁等四人一齐捕拿到县,科长刘光荣,科员惠志升先后审问,因无口供,便乱用刑法,捆吊烤打,四人中师张锁捆打较重,将右手伤坏,已失作用。真实案情至最后,又将王六儿捕获,才知偷者确系王六儿与刘过斌二人,师张锁等四人都系刘过斌诬称供。《红色档案——延安时期文献档案汇编》编委会编纂:《陕甘宁边区政府文件选编》第 9 卷,陕西人民出版社 2013 年版,第 126—127 页。
④ 《红色档案——延安时期文献档案汇编》编委会编纂:《陕甘宁边区政府文件选编》第 9 卷,陕西人民出版社 2013 年版,第 126 页。
⑤ 《红色档案——延安时期文献档案汇编》编委会编纂:《陕甘宁边区政府文件选编》第 9 卷,陕西人民出版社 2013 年版,第 127 页。

人们尊重司法程序和自觉服从司法裁决的原因,不仅仅是司法的强制性和威慑力,更重要的是司法程序的正当性。① 强化司法的人权保障为路径构建正规化的司法程序,是建立合法、有序的革命秩序的关键。

第四节　边区司法与规范的实践关系的认同

司法的独立化、专业化和规范化是相互贯通的。司法的独立化是确保专业化的前提。司法的独立化、专业化是促进司法规范化的基本保证。司法的独立化、专业化的出发点是为了保证司法的规范化。司法的规范化的落脚点是实现司法的正规化。本书采用"概念式交叉联系"的法律融贯论的方法②,以证成边区司法与规范的实践关系的认同。

一、独立化司法的认同

司法的正规化要求司法必须处于中立地位。民主集中制司法体制下的审判独立不能脱离政权组织体系,只能实现审判业务独立。要确保审判业务独立,党委、政府、个人不能干预司法。当然,审判业务独立和民主监督司法并不矛盾。只有健全民主监督体系,才能确保司法公正。

司法的中立地位要求司法权力必须独立行使。司法的独立应是司法业务上的独立。世界上没有完全的绝对的司法独立,任何国家也无法实现绝对的司法独立。那种认为"法官的绝对独立是获得人民信任的前提"③的观点,只能是一种理想或者追求。边区司法不能脱离政权组织闹独立性,但是确保司法业务上的独立是司法规律的基本要求。在一元化领导体制

---

① Tom R.Tyler,*Why People Obey the Law*,Princeton and London:Princeton University Press,2006, p.273.

② 瑞典的亚历山大·佩策尼克提出了法律融贯理论的标准和原则。他认为,结构各部分的概念式交叉联系构成融贯的另一标准。这一融贯标准和原则表现如下:"1)在其他条件不变的情况下,给定理论 T1 与另一理论 T2 具有共性的概念越多,这些理论彼此就越融贯。2)当使用某理论证成一个陈述时,人们应确保用尽可能多的属于其他理论的概念去表达该理论。3)在其他条件不变的情况下,给定理论 T1 包含运用于另一理论 T2 中的相似概念越多,这些理论彼此就越融贯。4)当使用某理论证成一个陈述时,人们应确保用尽可能多的与其他理论概念类似的概念去表达该理论。"参见〔瑞典〕亚历山大·佩策尼克:《论法律与理性》,陈曦译,中国政法大学出版社 2015 年版,第 160 页。

③ Lord Denning,*What Next in the Law*,Butterworths,1982,p.310.

下,边区司法实现司法业务的独立的路径为,加强党对司法的原则性、政策性的领导,防止党委干预甚或包办司法;明晰行政与司法的职责权限,防止行政干预或者命令司法;优化民主监督司法机制,努力实现依法司法。

中国共产党将司法机关作为政权系统的重要组成部分。坚持党领导司法,应是坚持党对司法的思想上、组织上、政治上的领导,要求各级党组织对司法工作应该是原则的、政策的、大政方针的领导。中国共产党认真汲取了"肃反"和"审干运动"中出现的党委包办甚或代替司法的极端错误的教训。司法当中正确处理党的政策以及党的决议与法律的关系。党的政策以及党的决议只能作为指导司法的思想、方法,不能作为司法的直接依据,而司法的依据只能是法律或者具有法律性质的规范性文件。

边区提倡审判独立是为了保证依法审判,并非要"闹"独立性。王子宜代院长指出:"关系问题。司法审判应该是独立的,但同志们不要以为一切就可采取独断独行,这样就成了闹独立性,就搞不好。我们这次回去,仍要像过去一样,和各方面关系取得融洽,假如和其他方面关系上发生矛盾时,司法机关首先应该检讨自己,责备自己。这是一个方面。另外,我们也同样要求地方党政军各机关对于司法机关和司法人员,今后应加重视之和协助之。当着司法机关和司法人员有缺点或错误时,应径行告诉或向高等法院告诉,以便改正。"①边区的司法工作是要和党政军取得融洽关系,并接受其监督,以体现党政领导下的特色司法制度的优越性。②而在党政的政治领导体制下,只有最大限度地降低行政干预,坚持依法审判原则,才能保证司法公正。

司法实践中不能将群众对司法的意见和评价误认为是干涉。群众对司法有意见证明群众关心司法,群众对司法有更高的期待和要求。如果采取关门主义、闭门造车,司法的结果肯定会脱离群众的生活实际,难以取得群众的满意和认同。这就是说,审判独立并不是彻底与外界隔离,并不是不考虑有利于促进判决更加合理的意见和建议,但不能违背依法审判的基本原则。

---

① 《王子宜院长在边区推事、审判员联席会议上的总结报告》,陕西档案馆档案,全宗 15—70。
② 潘怀平:《陕甘宁边区的司法理念与实践》,《人民法院报》2011 年 7 月 22 日。

要革除司法行政化的弊端,不仅仅停留在理念层面,而应从制度入手。抗战胜利之后,随着国内革命形势和阶级矛盾的变化,边区进入人民民主政权时期。中国共产党要实现从局部执政走向全国执政,必须适时调整施政纲领,拟定适合于新中国政权建设的宪法原则。1946 年《陕甘宁边区宪法原则》和《陕甘宁边区自治宪法草案》(修正稿)相继确立的"司法机关独立行使职权"和"法官独立审判"的原则,将边区政府领导法院的体制在宪法层面得到进一步的优化。据此,边区的审判机关独立于行政机关的理念和要求逐步加强。

二、专业化司法的认同

司法队伍的专业化是确保规范化司法的基本保证。边区不可能建立"知识型"的专业化司法队伍。边区走出了一条"实践型"的司法专业化捷径。面对司法队伍青黄不接的历史现实,1942 年 4 月 15 日谢觉哉在边区参议会常驻会上的报告中指出:"拿裁判的好例子做教育裁判员的教材,我们应走捷径,从实践经验中学习,而不可能像法律专门学校一样学得东西。"①边区的司法专业化是通过长期司法实践培养的专业化,并非正规法学专业教育所能提供和达到的。1949 年 1 月,谢觉哉在司法训练班上指出:"有的同志说:'没学过法律,是外行'。这是受了资产阶级学者的毒。法律是需要学习的,过去学法律的 4 年毕业,而我们的不少同志,做司法工作好几个 4 年了,学的东西也应该比人家的多吧。"②但是,随着现实问题的复杂化和知识不断更新的需要,彭真已经意识到政法干部老经验不够用以及以前的内行变为现在的外行。③ 要解决经验滞后就必须在新的司法实践中创造、总结新的经验。要解决本领恐慌问题就要系统学习法学基本理论。

从司法正规化的长远目标来看,从事司法职业的人员还是要经过止

---

① 《谢觉哉文集》,人民出版社 1989 年版,第 537 页。

② 《谢觉哉文集》,人民出版社 1989 年版,第 644 页。

③ 1953 年 9 月 16 日,彭真在《关于政治法律工作的报告》中指出:"目前我们政法各部门的干部,在实行普选的人民代表大会的具体工作中,在健全人民民主法制的具体工作中,特别是在保障经济建设顺利进行的具体工作中,已经遇到了许多新的十分生疏的问题,我们过去所积累的经验已经十分不够用了,已经日益暴露出我们在许多方面并不是什么内行而是外行了。"参见彭真:《论新中国的政法工作》,中央文献出版社 1992 年版,第 91 页。

规化的专门法学教育学习。当然,边区也非常重视司法人员的专业训练,在延安大学设立了司法系,举办了多期司法训练班,提高司法干部的专业理论素质。如"从 1937 年 12 月至 1940 年 4 月,开办了三期专门的司法干部训练班,累计培训近 50 人,每期学完后进行毕业考试,成绩张榜公布,并当场发给毕业证书。通过培训,司法干部的业务素质大大提高,司法干部队伍的力量得到了加强"①。边区的这种司法训练班是一种在职期间的学习,即就是脱产几个月的专业学习,也无法代替正规化的法学院教育。1949 年 8 月,谢觉哉在为华北人民政府司法部起草的报告中提出:"办法律训练班、办法律学校成为我们教育方面一新的课题";"政法大学开办的消息传出后,南京、上海、武汉、太原等地的法律学校说:我们把学生送来政法大学,教员送来新法学研究院,各地曾从事律师及司法工作人员纷纷申请入学,他们知道不学就吃不开"。② 正规化的法学教育成为司法干部专业化的必经之路。这就是谢觉哉在司法工作的报告中所讲的:"人才的训练,只要学校开办,即可推及于各处"③。当然,开办法学院校只是问题的一个方面。要走专业化的司法道路,必须实施"知识型"与"实践型"相统一的司法人才培养机制。

司法的专业化必须依靠职业化作为保障。因为司法职业化需要长期的实践训练。这就要确保司法干部能够稳定地从事司法职业,不能随意被抽调或者被调离。董必武曾经在边区县委书记联席会议上指出:"一个人刚刚把工作头绪摸清又被调动了,这对他个人是损失,对工作尤其是损失。"④针对合水县、固临县等县普遍存在司法人员被抽调从事行政动员工作的现象,为了使司法人员能够专职从事司法工作,1942 年 11 月 8 日边区政府作出了"不应随便抽调司法干部"的命令,要求"各该县凡担任司法工作之干部,如非万不得已时,不应随便调做其他行政工作,致使诉讼事件无人专门负责,以至引起当事人不满"⑤。为了稳定司法队伍,边区高等法院

---

① 潘怀平:《边区的司法:艺术与技术的博弈》,《人民法院报》2010 年 10 月 29 日第 7 版。

② 《谢觉哉文集》,人民出版社 1989 年版,第 655 页。

③ 《谢觉哉文集》,人民出版社 1989 年版,第 661 页。

④ 《董必武政治法律文集》,法律出版社 1986 年版,第 5 页。

⑤ 《红色档案——延安时期文献档案汇编》编委会编纂:《陕甘宁边区政府文件选编》第 6 卷,陕西人民出版社 2013 年版,第 394 页。

要求不能随意调动司法干部。1945 年 12 月 29 日,边区高等法院代院长王子宜在推事审判员联席会议上指出:"司法工作既属专门技术工作,司法干部就不能轻于调动。过去好些地方审判员被工作调动了,给高等法院连打个招呼都没有,隔过好多日子,才知道这个干部已经调动。这种现象是不妥当的。今后司法干部有必要调动时,须先征得高等法院之同意。"①

　　边区时期中国共产党培养的一批长期从事司法工作的干部队伍,成为新中国司法制度的重要奠基者。我们可以整理部分长期从事边区审判工作的司法人员,以见证中国共产党的司法职业化的建设历史。详细情况见表6-2。

表6-2　边区部分司法人员职业统计简表

人员	期间	任职部门	职务
谢觉哉	1937 年初—1937.4	中华苏维埃共和国最高人民法院	代院长
	1937.7.12—1937.7.17	边区高等法院	院长
	1959.4—1965.1	最高人民法院	院长
董必武	1932.2.3—1934.2.17	中华苏维埃共和国临时最高法庭	主席
	1934.2.17—1934.9	中华苏维埃共和国最高人民法院	院长
	1937.7.17—1937.10	边区高等法院	代院长
	1954.9—1959.4	最高人民法院	院长
雷经天	1937.7.12—1942.1	边区高等法院	法庭庭长
	1937.10.11—1939.2.6	边区高等法院	代院长
	1939.2.6—1942.6.9	边区高等法院	院长
	1944.1.1—1945.3.25	边区高等法院	院长
马锡五	1943.4.16—1946.5	陇东高等分庭	庭长(兼)
	1946.3.3—1950.1.19	边区高等法院、边区人民法院	院长
	1950—1952.8	最高人民法院西北分院	院长
	1954.9—1959.4	最高人民法院	副院长
	1959.4—1962.4	最高人民法院	审委会委员
奥海清	1941.1—1949.9	志丹县政府裁判部(司法处)	裁(审)判员

① 《王子宜院长在边区推事、审判员联席会议上的总结报告》,陕西档案馆档案,全宗15—70。

人员	期间	任职部门	职务
乔松山	1943—1943.4.1	绥德地方法院	院长
	1943.4.1—1943.10.28	绥德高等分庭	庭长
	1943.10.28—1946.5.5	边区高等法院	庭长
	1946.5.5—1950.1.19	边区高等法院、边区人民法院	副院长
	1950—1954	最高人民法院西北分院	副院长
	1957—1965	陕西省人民法院	副院长
王怀安	1942—1946	边区高等法院	推事(曾任代庭长)
	1947—1949	哈尔滨市人民法院	副院长、院长
	1949.10—1958.10	最高人民法院、司法部	最高人民法院委员,司法部办公室主任、办公厅主任、普通法院司司长、部长助理
	1979—1980.6	最高人民法院	庭长
	1980.6—1984	最高人民法院	副院长
石静山	1937.10—1939.3	盐池县司法处	承审员
	1939.3—1942.9	曲子县、庆阳县司法处	裁判(审)员
	1942.9—1943.4	庆阳分区地方法院	院长
	1948.4—1949.2	陇东高等分庭	副庭长
	1949.2—1950.1	边区高等法院	庭长
	1950.1—1951	最高人民法院西北分院	庭长
任扶中	1938.5—1941.12	边区高等法院	推事
	1941.12.24—1943.4	边区高等法院	法庭庭长
	1945.10—1946.5	边区高等法院	推事
	1948.8.4—1949.5	边区高等法院	法庭庭长
	1949.5—1960.10	西安市中级人民法院	院长
	1961.1—1963.12	陕西省高级人民法院	副院长
	1963.12—1967.12	陕西省高级人民法院	院长

续表

人员	期间	任职部门	职务
周玉洁	1937.1—1937.7	志丹县苏维埃政府裁判部	部长（兼）
	1937.9—1938.4	志丹县政府裁判部（司法处）	承审员
	?—1941.12	延安市地方法庭	庭长
	1941.12—1948.7	延安市地方法院	院长
	1947.1—1948.6	延属分区高等分庭	副庭长
	1948.8—1949.3	黄龙高等分庭	副庭长
	1949.3—1949.8	大荔高等分庭	副庭长
	1949.9—1952	青海人民法院	院长

从上述司法干部的履历表可以看出，司法专业化是历史发展的趋势。庭长、院长应从具有丰富司法经验和很强司法能力的干部中选拔，而不是从行政人员中产生，这是中国共产党的一条基本的历史经验。[①]

三、城乡结合司法的认同

司法的正规化必须适应农村与城市并存的经济社会发展要求。在农村革命根据地时代，中国共产党努力将乡土化的司法模式普遍推广。在新中国建设面向现代化的征程中，中国共产党努力将乡土司法的优秀传统予以弘扬，同时力图将城市司法的正规理念不断向农村输送。

从方法论层面来看，"马锡五审判方式"是一种实用的符合边区实际的审判方式。司法的正规化必须与社会实际相符，超越社会实际的正规化只能是一种幻想。司法的正规化不是纯技术的专业化，脱离社会实际、脱离当事人诉讼能力的司法不但难以实现实体正义，而且也难以实现程序正义。"马锡五审判方式"是从根据地的经济社会发展实际出发，建立起来的适合特殊历史时期需要的革命司法体制，体现了马克思的"法律

---

① 1942年2月27日，陕甘宁边区政府关于新正县地方法院院长一职令从裁判员中选派的批答中指出："新正县成立地方法院，所有院长一职，应从各县裁判员当中选择资深而办事有能力的人委派。委定后，望即呈报本府备查。"参见《红色档案——延安时期文献档案汇编》编委会编纂：《陕甘宁边区政府文件选编》第5卷，陕西人民出版社2013年版，第286页。

应该以社会为基础"①的唯物主义法律思想和司法规律要求。

司法的正规化是司法现代化的题中应有之义。新中国政权经历了从城市到农村、从农村再到城市的历史过程。形成于西北农村的边区司法传统要适应司法现代化的要求,必须实现农村司法与城市司法的时空转换。乡土化的司法传统,应当逐步向现代城市司法的专业化要求发展。1949 年 8 月,《群众日报》社论中指出:"由于分散的近乎古代的农村环境和频繁分割的战争形势,曾不能不使我们的工作力求适应农民的觉悟程度,适应于农村的条件,适应战争的需要,使我们工作易于养成缺乏精确计划缺乏时间性,习惯于散漫、疲塌、简单化,缺乏严密组织,缺乏细密分工的科学合理的工作制度。"②对于司法工作而言,那种粗放式、游击式的乡村司法模式已不适应城市司法的需要了。1949 年 8 月,谢觉哉在为华北人民政府起草的《司法工作报告》中指出:"我们有农村司法经验——但不够;我们尚少城市司法经验——而城市现是主要的。我们没理由可以前的经验自满。城市不止案件多,如 14 县调查,平均每县每月收案 43 件,城市比农村复杂得多。比如土地、债务、租佃等处理,在乡村并不太难,在城市则牵扯各个方面,一不慎就出乱子。新民主主义的经济关系,如城乡关系、劳资关系、公营企业与私营企业的关系,这种在城市的案子,只在农村工作过的同志,必然感到自己的知识太少。还有,监狱,我们是搞得最有成绩的,似乎很少犯人感化不了,一到城市,因为社会失业问题还存在,如北平第一监狱押××人,盗窃××,天津监狱,……狱有人满之患,感化也并不如在农村那样顺利。"③因此,在城市司法必须养成正规化司法的习惯。

四、规范化司法的认同

司法的正规化不等于程序复杂化或者繁琐化。判决型司法不等于正

---

① 马克思指出:"社会不是以法律为基础的。那是法学家们的幻想。相反地,法律应该以社会为基础。法律应该是社会共同的、由一定物质生产方式所产生的利益和需要的表现,而不是单个的个人恣意横行。"参见《马克思恩格斯全集》第 6 卷,人民出版社 1961 年版,第 291—292 页。

② 《红色档案——延安时期文献档案汇编》编委会编纂:《陕甘宁边区政府文件选编》第 14 卷,陕西人民出版社 2013 年版,第 423 页。

③ 《谢觉哉文集》,人民出版社 1989 年版,第 657 页。

规化司法。程序简便化或者不拘形式不等于非正规化。调解型司法不等于非正规化司法。"马锡五审判方式"与司法的正规化发展并不矛盾。边区时期以调解为中心的"马锡五审判方式"是边区司法的正规化发展的典型代表。

从发展的眼光来看,边区的调解制度处于不断正规化的发展趋势,"马锡五审判方式"同样处于不断正规化的发展过程。"马锡五审判方式"产生于农村司法的历史实践之中,从调查研究、群众路线的方法论层面不局限于农村,依然可以在城市司法中适用。"作为一个法律实践者,马锡五反对司法的形式化和官僚化以及实践中的坐堂问案"①。但是,司法的规范化发展规律要求,不论是采取"坐堂问案"的正式开庭审理方式,还是采取"法官下乡"的非正式审理方式,都必须遵守程序权利保障要求和程序规则。1945 年 12 月 29 日,边区高等法院代院长王子宜在推事审判员联席会议上指出:"审判原则:全面调查,虚心研究,重视证据;保证被告人有充分辩论之机会;迅速处理,照顾生产;实行陪审制度,发扬马锡五审判方式的群众观点。"②边区审判原则中关于"重视证据"和"保证被告人有充分辩论机会"的程序要求,是走向正规化的表现。

虽然"马锡五审判方式"没有按照严格规范化的审理程序进行,但是它并未要求以审判为主或者以调解为主,而是因地制宜、因案制宜。如果认为毛泽东时代的法庭几乎全部是调解型的审判活动,那就根本不了解真实审判实践,纯属以偏概全的学术偏见。③ 边区将"马锡五审判方式"总结为"调解与审判结合"的审理模式,其意义在于调解是审判的重要组成部分,不能将调解与审判机械地割裂。调解与审判的关系包括两个层面,首先是调解与整体上的审判程序的关系,其次是调解审理程序与判决审理程序的关系。只有从这两个方面认识,才能全面理解边区的"调解与审判的关系",才能系统认识"马锡五审判方式"的内在关系。"马锡五

---

① Xiaoping Cong, "*Ma Xiwu's Way of Judging*": *Villages, the Masses and Legal Construction in Revolutionary China in the 1940s*, China Journal, Vol.72, No.1, 2014, pp.29-54.

② 《王子宜院长在边区推事、审判员联席会议上的总结报告》,陕西档案馆档案,全宗 15—70。

③ Philip C. C. Huang, *Court Mediation in China, Past and Present*, Modern China, Vol. 32, No. 3, 2006, pp.275-314.

审判方式"主张"审判与调解结合",将调解融入审判的全过程,能调则调,能判则判,不拘形式,就地解决。这种审判方式是符合审判规律的。不论"调解"还是"判决"均是审判的重要组成部分,其一不能有所偏向,应根据案件审理需要均衡发展;其二均应遵守程序规范化的原则要求。对于"马锡五审判方式"中的调解传统,应该融入法治理念,实现法治与调解的兼容,建构程序规范的现代调解制度。① 对于司法调解的正规化发展,在程序层面,应实现"妥协让步"向"权利导向"转变;在结果方面,以法律规则作为决定调解标准的主要依据。②

　　司法的正规化不仅仅是司法程序层面的规范化,而且包括司法作风的正规化。司法的正规化不能脱离群众,必须接受群众的批评和监督。"法教义学如果将理论掌握群众的批判武器取消掉,使法恣意地突破社会事实底线,这比忽略任何政治本身还危险"③。边区司法的正规化发展需要剔除旧正规化中的官僚主义、主观主义、教条主义和闹独立性问题,这是一个长期的过程。边区时期将反对官僚主义作为一项持久战。1944年1月7日,边区政府副主席李鼎铭指出:"凡是首长负责与群众结合,丢掉了官僚主义的地方,就有生气、有办法,有创造,一切都日新月异。凡是首长不负责制,与群众脱节,舍不得丢掉官僚主义的地方,就无生气、无办法、无创造,一切都毫无成就。……但是,官僚主义的残余还显然存在,官僚主义的灰尘,正如毛主席说的,还继续向我们扑来。因此,首长负责,与群众结合,反对官僚主义,仍然是我们的战斗口号,并且永远是我们的战斗口号。"④"马锡五审判方式"就是反对官僚主义,坚持群众路线,走新型正规化道路的光辉典范。中国司法正规化进程中的司法作风建设永远在路上。要将"弘扬马锡五审判方式,改进司法作风"作为一项永久的主题。在"司法为民"理念的指导之下,"'马锡五审判方式'必将会在新的历史条件下焕发出新的生命力。因此,就精神实质而非具体外在形式而

---

　　① 张波:《论调解与法治的排斥与兼容》,《法学》2012 年第 12 期。

　　② Stanley B.Lubman,*Dispute Resolution in China after Deng XiaoPing*:*"Mao and Mediation" Revisited*,Columbia Journal of Asian Law,Vol.11,No.2,1997,pp.229-391.

　　③ 周尚君:《法教义学的话语反思与批判》,《国家检察官学院学报》2015 年第 5 期。

　　④ 《红色档案——延安时期文献档案汇编》编委会编纂:《陕甘宁边区政府文件选编》第 8 卷,陕西人民出版社 2013 年版,第 31 页。

言,中国现代化司法体制的建构毋宁是行走在'马锡五审判方式'所构建的优秀司法传统的延长线上"①。边区司法传统实践和发展了中国传统调解制度,从而将党的司法为民理念落实到群众路线的司法方法之中,从而创造了"马锡五审判方式"。"马锡五审判方式"的精神将贯穿于中国特色社会主义司法制度实践的始终,将永远不会过时。

　　本章从司法的规范化方面论述了边区司法的正规化的实践理性,发掘了司法与规范的关系,聚焦了司法的法律属性的制度认同。边区司法的正规化,必须从本国国情出发。边区司法是革命中的司法,必须顺应革命形势的历史需要,必须符合革命政权的现实要求。中国司法制度的建构必须选择好历史参照系。不能以西方三权分立体制来分析边区司法制度。三权分立体制并非全世界必须参照的体制。从近代中国引进西方三权分立体制的失败的教训来看,三权分立并不适合中国。边区建立的政府领导司法的组织体制,是民主集中制政权建立过程的必经历史形式。政府领导法院只是历史的过渡形式,并非司法体制的最终形态。经典马克思主义者虽然反对三权分立政权体制,但是仍然赞同权力分工和制约的重要性。法院和政府的分离是历史的发展趋势和司法的规律要求。

　　以正规化为视角发掘边区司法传统中的实践理性和经验,一方面揭示边区司法所体现的现代司法的普适性理念;另一方面旨在探索边区司法所体现的特殊历史时期的创造性经验。在坚持司法体制与政治体制一致的原则下,从实际出发,构建乡土化司法与城市化司法有机结合的司法模式。强化规则意识和程序意识,防止司法领域的"法律虚无主义"。边区的审判独立、专业化、规范化、城乡结合司法的传统,应该获得现代认同。

---

① 魏治勋:《司法现代化视野中的"马锡五审判方式"》,《新视野》2010 年第 2 期。

第 七 章

边区司法传统认同的方法论意蕴

呈现历史,并非简单的回归或者复制过去,而是要理性地展望未来;总结历史,并非一味地"迁就"或者"批判",而是要正确地"认识自我"、更好地"发展自我"。如梅特兰所说,"今天我们研究前天,为的是昨天,也许不会使今天无所作为,以及今天又不会使明天无所作为"①。探寻传统,就是要搞清楚:需要什么? 坚持什么? 选择什么样的道路? 构建什么样的理论? 确立什么样的制度? 发展什么样的文化? 本书以"中国本土问题为中心"②,以中西法学思维为共同的理论支撑。中国司法走向现代化,应坚持"中学为体,西学为用"的方针,既要保持中国性或中国特色,又要形成能够得到普遍认同的司法理论。司法传统的价值在于能够转换为当代司法的精神和方法。"在《德意志意识形态》中,科学性分析与价值性判断已经作为马克思主义方法论的本质特征确立下来,并因此成为马克思主义的一条哲学原则"③。边区司法实践中的历史经验具有重要的方法论意义。当然,"作为历史经验,我在这里也记上一笔,这只能代表边区司法工作的一斑,不能代表边区司法工作的全貌。但从一斑看全貌,在一些领导思想和具体做法中,是可以看出边区司法工作的基本

---

① Benjamin Cardozo, *The Nature of Judicial Process*, USA: Feather Trail Press, 2009, pp.20—21.

② 陈瑞华:《论法学研究方法》,北京大学出版社 2009 年版,第 204 页。

③ 赵义良、王萌苏:《马克思方法论本质特征的历史演进与理论内涵》,《中共中央党校学报》2015 年第 4 期。

趋向的"①。边区司法实践中的历史经验蕴含了马克思主义法哲学的立场和方法。

要增强边区司法的现代认同,更重要的是将边区司法传统中的经验提升为实践理性,然后再上升为理论理性。中国的法律实践远远超过了理论总结,诸多创新性的经验有待于中国自身的理论概括。② 1953 年 9 月 16 日,彭真在《关于政治法律工作的报告》中提出,"要系统地总结我们自己的经验,把我们丰富的经验条理化"③。1956 年 6 月,谢觉哉认为,司法工作者应将司法工作当作一门学问来做,不能单纯地、形式化地工作,不能将司法工作孤立起来,要将各个方面的问题进行研究,这样司法工作才会有进步、有成绩。④ 1982 年 7 月 23 日,彭真在全国经济法制工作经验交流会上的讲话中指出:"理论是从实际来的。对马列主义的法学理论,要学习,还要发展。把工作经验系统化,从中找出规律性的东西,就是理论。"⑤从实践理性向理论理性是一个质的飞跃。"只要我们运用科学的治学方法,完全可以提出新的概念和理论,总结中国的法制经验,概括中国的法制教训,使之上升到概念化的高度,从而产生中国自身的法学理论。"⑥将边区司法传统中的合理因素转换为中国特色社会主义司法理论体系中的重要组成部分,这是一个价值衡量和理论认同的过程,这也是建构中国化的马克思主义司法哲学的过程。

司法方法论属于司法哲学的范畴。卡多佐将司法的过程视为司法哲学方法运用的过程。卡多佐认为,类推的规则或者哲学的方法是按逻辑的路线发挥指导力量,这种力量可以沿着历史发展的路线、社区习惯的路线以及正义、道德、社会福利和当时社会风气的路线分别发挥作用,这些

---

① 西北五省区编纂领导小组、中央档案馆:《陕甘宁边区抗日民主根据地(回忆录卷)》,中共党史资料出版社 1990 年版,第 34 页。

② Philip C.C. Huang, Yuan Gao, *Should Social Science and Jurisprudence Imitate Natural Science*, Modern China, Vol.41, No.2, 2015, pp.131-167.

③ 彭真:《论新中国的政法工作》,中央文献出版社 1992 年版,第 92 页。

④ 《谢觉哉文集》,人民出版社 1989 年版,第 1008—1009 页。

⑤ 彭真:《论新中国的政法工作》,中央文献出版社 1992 年版,第 299 页。

⑥ 陈瑞华:《从经验到理论的法学方法》,《法学研究》2011 年第 6 期。

路线可分别称为进化的方法、传统的方法和社会学的方法。① 从司法哲学的思维来看待和分析司法传统问题应该是值得肯定的一种研究路径。有学者认为，"当下中国法律史的研究方法需注意以下几点：抛弃'辉格论'，关注'语境论'；谨慎'教义法学'，注重'社科法学'；淡化'史学化'，倡导'法学化'"②。对边区司法体制、功能以及规范的整体把握，有助于提升对新中国司法制度的整体认知和认同。从方法论的视角评判边区司法传统就能增强现代认同感。如何处理司法和政治的关系、司法和政党的关系、司法和社会的关系、司法和群众的关系，这一系列关系问题的处理就属于方法论的范畴。虽然历史法学派在 20 世纪走向衰落，但作为方法论的历史法学仍具有强大的生命力。③ 哲学的视角或者方法有助于推动法律创造性发展。④ 边区司法传统所体现的社科法学弥补了法教义学的缺陷。但是边区司法的正规化发展一定程度上反映了法教义学的规范要求。边区司法传统中的经验或者教训给当代中司法体制改革提供了方法论的历史借鉴。边区司法实现了特定历史条件下的"政治统治、社会控制和公平正义"⑤。边区司法传统中蕴含的政治统治、社会控制与公平正义的工具理性与价值理性，集中体现了司法的政治理性、社会理性与规范理性的精神传统与实践传统。

第一节　政治认同

政治化的理论不应成为历史研究的绝对性障碍。在充满政治话语特征的历史语境中，不能运用政治化的视阈研究历史，就根本难以廓清历史

---

① Benjamin Cardozo，*The Nature of Judicial Process*，USA：Feather Trail Press，2009，p.11.

② 方潇：《当下中国法律史研究方法刍议》，《江苏社会科学》2016 年第 2 期。

③ 王振东：《历史法学四题》，《成人高教学刊》2009 年第 2 期。

④ Roscoe Pound，*Law and Morals*，University of North Carolina Press，1924，p.92.

⑤ 李玉明认为："任何国家司法制度都来源于传统、取决于国情，与政治制度、经济基础、社会愿望和文化传统密切相关。在不同的司法国情和制度条件下，司法制度呈现出明显差异和个体特征，并因经济社会变革和政治条件的变化，适应其赖以产生和发展的经济基础和社会条件，实现特定条件下的政治统治、社会控制和公平正义。"参见李玉明：《中国特色社会主义司法制度的构建与完善——以司法传统与司法国情为视角》，《法律适用》2009 年第 1 期。

的真实面貌。不论是形式意义上的法律,还是思想理论层面的法律科学或者法学研究,始终无法摆脱政治的诉求或者立场。法教义学必须为法律留足或者保持应有的政治空间。凯尔森主张的"纯粹法学"试图拒绝政治,只能是一种脱离实际的幻想。因为,"我们要回到法律本身,但又不能不审视法律存在所必定要求的种种社会政治条件"①。法律的形成、实施和完善无不与政治有关。在中国革命的司法建设中强调"政治挂帅"②并非无视法律权威,而是要坚持马克思主义法学的基本立场。

一、聚焦司法的政治属性认同

司法权力既具有国家政治权力的一般属性,又具有法治特征的法律属性。③ 法院不是单纯的社会第三方,法院承载着国家政治统治的力量和精神。政治是司法的灵魂或者本质,而不是司法的载体或者外形。"在本体论上,司法是一项专门的职业,也是一项政治制度。作为职业的司法,具有技术性;作为制度的司法,具有政治性"④。

司法的初始政治化并不是要建构"司法就是政治"的理论。司法不等于政治,司法学不同于政治学。司法的初始政治化的本质是司法机关成为国家政治权力的重要组成。司法的初始政治化完成之后,司法机关专门享有了司法权力,司法回归司法的本来面目——司法就是司法、政治就是政治。司法的初始政治化破解了"司法就是政治的"理论谜题。

司法必须遵守政治原则和贯彻政治方针。司法体制应该根据国家的政治原则和政权形态予以架构。司法体制的建构必须在国家政治体制框

---

①　甘德怀:《法学的纯粹性与政治性——基于法律存在问题对凯尔森法律理论的解读》,《南京大学法律评论》2015 年第 2 期。

②　针对破除资产阶级法权思想问题,雷经天郑重指出:"最重要的一环,必须强调政治挂帅,加强党的绝对领导,加强社会主义和共产主义教育,尊重唯物论,学习辩证法,学习马恩列斯和毛主席的关于共产主义的理论,发扬共产主义风格,提高人们的共产主义觉悟。"参见雷经天:《破除资产阶级法权思想》,载上海社会科学院院史办公室编著:《重拾历史的记忆——走进雷经天》,上海社会科学院出版社 2008 年版,第 211 页。

③　沈德咏、曹士兵、施新州:《国家治理视野下的中国司法权构建》,《中国社会科学》2015 年第 3 期。

④　江国华:《司法规律层次论》,《中国法学》2016 年第 1 期。

架内,并且绝对不能突破国家政治体制。边区的司法机关,究其实质,是贯彻和落实党的纲领路线的重要工具,是实现维护国家、民族利益和民众合法利益的权力保障。这是司法的根本目的和价值所在。要做好这一点,司法必须接受党的领导,接受权力机关的监督,接受人民大众的监督。违背上述政治原则和目的的司法独立,则是有害的。

坚持司法体制的政治原则,强化司法的政治认同。司法权力既要保持国家权力属性,又要确保司法权力区别于和独立于其他国家权力。司法权力既要保持人民赋予权力的本性,又要确保司法独立于任何一方主体,还要保证人民参与司法和监督司法。边区司法体制的政治化建构是符合司法的规律要求的,应获得认同。国家政权稳固之后,司法的初始政治化的各种因素必须固化在司法体制之中,并成为国家政治体制的有机组成部分。司法体制只能不断优化而不能根本性改变,否则国家的政治体制将会改变,这是基本的政治立场和政治原则。

边区司法的运行政治化应属于特定历史条件下的司法体制的延伸。边区司法传统的政治认同的价值在于保持民主集中政权的性质不变。郑晓云认为:"一种政权为了维持其利益或是为了达到这种政权的政治目标,往往要维持一种认同。这种认同的维持可以使政权获得稳定并具有凝聚力。因为一种政权所要维持及倡导的认同与其政治内涵及需要是一致的,因而当人们认同了一种政权所倡导的认同后,那么也就有可能顺从这一政权。"①司法传统的政治认同关乎国家政治体制问题,这与司法的政权属性息息相关。

二、促进司法与政治协调发展

司法优化政治。基于法哲学家们对"正义是人人各司其职"②的认知。政党与政府做到各司其职或者互不包揽、互不推诿,这是正义的体现。司法作为国家政权组织体系的重要组成部分。政党能否执掌司法权、政党如何妥善处理自己与司法之间的关系成为司法领域中的"政

---

① 郑晓云:《文化认同论》,中国社会科学出版社 2008 年版,第 184 页。
② [德]H.科殷:《法哲学》,林荣远译,华夏出版社 2002 年版,第 10 页。

党理性"①所涉及的重要问题。政党的执政权不能代替和包办国家政权机关的职权,这是政党理性理论的核心思想。政党理性理论是合理解决执政党与国家权力机关关系的重要理论。

现代司法要求司法的运行应该和政治保持适当的距离。所以,从某种程度上来讲,边区司法运行的政治化是特殊历史阶段的司法特征,并非司法的常态化运行模式。现代司法发展的趋势和规律是:坚持司法体制的政治体制范畴或者属性,在此基础上淡化司法的政治化运行模式,逐步建构相对独立的司法系统和司法权力运行机制。

司法体制改革一方面要将司法与政治、社会,以及人民群众这些具有外部性的问题处理好;另一方面必须将司法的专业化这一关键的内部性问题解决好。边区司法传统的方法论意义在于,为当代中国司法体制改革中处理内部性和外部性的关系问题积累了经验。从外部性来讲,司法规范和监督政治权力运行,司法纠正党政工作作风,起到了治权的作用。从内部性来讲,司法机关和司法人员自我规范和制约,反对衙门作风,体现了司法为民的价值理性。司法为民作风的形成给边区播下了人民司法为人民的司法文化的种子。这种由先进的马克思主义政党承载的进步的法律文化和法治精神,已经在司法的政治工作中潜移默化,并向边区人民呈现人民司法为人民的司法图景。

讲政治是中国特色社会主义司法的优良传统。中国特色社会主义司法制度的发展与完善,一定要坚持党的领导和司法为民的理念。讲法治与讲政治并不矛盾。从技术层面来讲,司法一定要讲法治思维与法治方式。从政治体制来讲,司法一定要有政治思维与政治策略。所以,在推进法治的进程中,要从讲政治的高度维护司法的意识形态安全,始终坚持民主集中制的政权原则,建构符合中国实际和政治体制要求的司法制度。

---

① 石本惠、史云贵根据韦伯的"工具理性"理论认为,"社会行为主体,如国家、政党、政府等在某种程度上也是作为工具理性存在的,即社会行为主体的理性在许多情况下表现为工具理性,它是一种不完全理性,或有限理性。在当今世界盛行政党政治的情况下,政党理性也是工具理性。资产阶级政党总是千方百计地掩盖其作为阶级专政的工具理性,而无产阶级政党与资产阶级政党的不同之处就在于公开承认自己理性的有限性,并认为自己是也只能是全心全意为人民服务的工具。"参见石本惠、史云贵:《执政党理性、公共理性与我国的政治现代化》,《四川大学学报》(哲学社会科学版) 2006 年第 6 期。

第二节　社会认同

司法的社会性生成使得司法具有天然的社会属性。司法制度的生成是以解决具体纠纷达到规制社会关系的目的。由于"法律制度不可能完成政治革命所赋予的全部使命。如果说政治是用来有效解决冲突和转型社会中的统治武器,那么法律制度的有效性总是在某种维护和发展稳定型社会秩序的治理工具性中体现出来"①。因而我们就必须遵循司法的自身规律和作用。司法的社会认同是一种功能性认同,就是要让司法回归它所具有的解决纠纷和治理社会的基本功能。

一、聚焦司法的社会属性认同

司法产生的目的是解决社会矛盾、重建社会关系。从古到今,具有惩恶扬善价值指向的司法一直担负着社会治理的功能。社会失范或社会失控是一定时期社会的整体或者局部丧失理性的表现。司法治理就是使失范或者失控的社会关系或者社会秩序达到有效控制,从而恢复到社会理性的状态。

司法的治理功能是司法权力运行回归司法本性的重要体现。边区司法运行政治化是司法的非常态化模式。但是边区司法的社会治理功能是司法的常态化运行规律之所在。司法促进人的发展,司法协调人际关系,从而促进社会发展。司法对社会问题的治理表明了个案的处理对社会整体的示范与带动作用。以边区的社会问题为切入点,展现边区的历史社会状况,关注边区的社会冲突,而这些社会冲突是将在战争结束之后和平时期的一段时间内依然存在,所以边区社会问题的司法治理具有历史与现实价值。

"破旧立新"是治理化司法的主题。治理化司法不仅仅是关注对制度的实施,而且更重视人的观念和行为的变化。只有通过社会治理,才能

---

① 程春明:《司法权及其配置:理论语境、中英法式样及国际趋势》,中国法制出版社 2009 年版,第 185 页。

扫清封建主义思想和体制的障碍,才能消除不平等的剥削问题。只有通过社会治理,才能有效凝聚完成"反帝反封建"革命任务并夺取新政权的社会力量。新民主主义革命就是要革除"殖民地、半殖民地、半封建的旧政治、旧经济和那为这种旧政治、旧经济服务的旧文化"[1],建立"中华民族的新政治、新经济和新文化"[2]。边区的司法治理就是要扫清压迫和阻止中国社会向前发展的旧政治、旧经济和旧文化,使得边区社会符合新民主主义社会的发展要求,为"建设一个中华民族的新社会和新国家"[3]服务。在边区新旧社会转型的复杂社会背景下,在不同的区域和时域内边区司法治理的任务分为不同层次。在中国共产党领导已经建立新民主主义社会的区域里,边区司法就是要促进民主法治秩序和社会道德风尚形成,将边区建成真正的模范根据地。在中国共产党夺取"国民党统治区域"和"日本占领的沦陷区"的政权后,在这些区域里,边区司法治理的首要任务是要革除殖民地、半殖民地、半封建的旧政治、旧经济和旧文化的社会关系,其次是促进新民主主义社会的民主法治秩序和社会道德风尚的形成。由于革命时代的边区处于由旧社会向新社会的转型期,难免产生旧思想、旧制度与新思想、新制度的激烈碰撞,因而边区司法承载了改造旧思想、旧制度的社会治理功能。

二、优化司法的社会治理功能

司法的社会治理功能既有价值理性,又有工具理性。价值理性体现在和谐,工具理性体现在控制。如果仅从工具理性考量法律或者司法的社会治理功能,那就认为司法的社会治理功能是一种社会控制。那种认为"清末和民国误将法律制度,尤其是司法制度改革当作了变更社会秩序的工具,可能就是工具选择的失误"[4]的观点,正是以工具理性的角度考量中国近现代司法改革的价值取向。

---

[1]　《毛泽东选集》第二卷,人民出版社 1991 年版,第 665 页。
[2]　《毛泽东选集》第二卷,人民出版社 1991 年版,第 665 页。
[3]　《毛泽东选集》第二卷,人民出版社 1991 年版,第 663 页。
[4]　程春明:《司法权及其配置:理论语境、中英法式样及国际趋势》,中国法制出版社 2009 年版,第 185 页。

作为调解不仅是一种纠纷解决方式,更重要的是一种社会治理的良好策略和方案。边区的司法方式主要是调解,以"调解型司法"为特征体现司法的治理模式从强制转向协商,展现革命治理并非必须采取暴力手段,通过协商依然可以实现文明的革命秩序。社会是司法治理的广阔空间,应合理配置社会治理空间资源,有效发挥社会治理的辐射效应。边区司法治理的空间转移,一方面增大了法律治理的辐射范围;另一方面扩散了国家权力向基层下沉的触角。边区司法治理的空间转移的核心思想是将国家权力向社会转移,提高社会自治能力。司法治理的核心要义是从规则治理。司法参与社会治理实际增强了法律元素介入社会关系的程度。以社会治理的任务来运行司法权,其主要目的是使司法的发展符合社会发展规律的要求。边区为依法治理社会提供了历史借鉴。

司法活动首先关注的是个案当事人的权利义务,但司法者不应限于"就案办案",应分析案件发生的内在和外在的原因,特别是要对案件当事人的人格品质进行社会性的考量,而不能局限于个体性的评价。马锡五就地解决华池县"张柏与封芝琴婚姻案","将群众意见融于法令之中,而非刻板机械的操作法条,其一方面表达了对群众意见的尊重,另一方面又彰显了法令的权威,可谓充分实现了法律效果和社会效果的统一"①。沈德咏认为:"在当今中国,司法活动同样强调法律和社会效果的结合。法律是中国法官在审判中遵守的首要规则,依法裁判是最重要的司法理念。但是,如果法官不顾社会实际,孤立地、机械地办案,忽视社会效果,即使判决于法有据和法官确信审判是公正和公平的,它可能仍然很难被当事人以及公众接受和承认。例如,如果裁判可能导致大量企业破产,造成大规模的失业,甚至会引起地方骚乱,那么法官在作出判决之前就必须考虑可能发生的社会后果,在这种情况下,追求司法正义的理想就不得不屈服于现实的纠纷解决方案。"②

司法不仅是一种合法性的判断,而且是一种伦理性的评判。具有普遍约束力的法律规范通过司法活动适用于个案之中,形式上要形成个案

---

① 张彬:《中国司法传统中的"特色司法"》,《时代法学》2016年第2期。

② Deyong Shen, *Chinese Judicial Culture: From Tradition to Modernity*, BYU J.Pub.L., Vol.25, No.1, 2010, pp.131-141.

正义的结果,实质上是要向整个社会宣示普遍正义的结果,即要实现从形式正义向实质正义的逻辑转化。司法不仅要追求个案正义,而且要实现社会正义。司法对社会整体的公平正义的维护与宣示,即为司法的社会理性。司法既要实现法律效果,又要实现社会效果。因为"那种在根本不考虑一项法律结果所具有的伦理后果和实际后果的情形下就试图证明该项法律结果的必然性的法律教条主义,往往是自拆台脚和靠不住的"①。

　　兴起和发展于美国的批判法学作为一种方法论,能够对现实司法实践进行实证分析,发现司法过程中存在的弊端,其方法和观点有可取之处。批判法学派认为,传统的自由主义法学存在"形式主义"的缺陷,现实司法实践中决定司法裁决的因素不仅仅是法律规则,由于法律之外的社会、政治、道德或宗教等因素仍有很大的影响作用。② 但是,有些比较激进的批判法学派的学者通过个案的实证分析认为,法律之外的因素发挥着主导作用。③ 这种认识只能是对现实个案的剖析,不能作为司法发展的主流方向。个案的特殊解决,只能是当时社会历史语境的产物,不能代表司法的整体规律,但可以作为分析样本进行研究。司法应回归自身的规律要求。形式主义法学注重法律规则,不顾及外在因素,这是不符合司法哲学的方法论要求的。司法应以法律规则为主导,兼顾法律之外的积极因素,进行理性的价值衡量和是非判断。

　　强化司法的社会治理功能的着力点,不在于较低层次的"案结事了",而在于实现高层次的"法律治理"。"法官为追求社会效果而超越法律应当是有限度的"。④ 如果为了实现社会效果,寻找"替代性方案"时,一定要有"正确性宣示",即是非曲直的评价和责任承担标准的设定。罗伯特·阿列克西认为,"法必然提出正确性宣示";法的正确性宣示,"同样伴随着道德价值和义务判断被提起";如果正确性宣示被摈弃,那么,

---

　　① ［美］E.博登海默:《法理学:法律哲学与法律方法》,邓正来译,中国政法大学出版社1998年版,第258—259页。
　　② 秦策、张镭:《司法方法与法学流派》,人民出版社2011年版,第196页。
　　③ 秦策、张镭:《司法方法与法学流派》,人民出版社2011年版,第196页。
　　④ 孙笑侠:《基于规则与事实的司法哲学范畴》,《中国社会科学》2016年第7期。

"为此付出的代价是巨大的".① 但是,在罗伯特·阿列克西的观点里,法的正确性宣示不是单一的法律判断,理性的道德论证或者道德衡量至关重要,商谈的方式也有必要引入。司法中的道德衡量或者商谈方式,能够使司法裁决更易于社会接受和认同。因此,司法的社会治理应该凸显法的正确性宣示功能和社会评价功能。

第三节 制度认同

司法传统不同于司法制度,但是司法传统映射了一定历史时期的司法制度。制度传统既包括法律规则传统,又包括法律精神传统。司法传统的制度认同的价值在于破解"规范认知危机"②。边区司法传统的生命力在于其具有规范性与合理性的因素。边区司法的"新型正规化"属于"社科法学"的立场,但是不绝对排斥"法教义学"的合理因素和法治理念。边区司法正规化发展中所体现的独立化司法、专业化司法、城乡结合司法、规范化司法的实践理性,应获得现代认同。

一、聚焦司法的法律属性认同

一般而言,司法是国家司法机关适用国家法律解决社会纠纷的法律实践活动。法律的规范性使得司法活动必须具有规范性。边区司法的正规化发展就是要体现司法的法律属性特征。司法从不正规走向正规,这是司法走向文明的历史反映。正义是一种未竟的事业。司法不可能形成一个正规化的终极版。但至少,具有正规化发展趋向的司法,必须满足平等、公开、公正的基本要求。司法正规化是司法制度的系统性的规范化发展。边区司法的实践理性将司法的独立化、专业化、规范化的普遍正义精

① [德]罗伯特·阿列克西:《法:作为理性的制度化》,雷磊编译,中国法制出版社 2012 年版,第 2—7 页。

② 黄宗智认为,在中国学术研究中存在"规范认知危机",这种规范认知危机主要是在理论认识上的分歧和冲突,比如,老一辈法史学者认为传统中国根本不存在自由主义的规范主义法制,中国司法体制中没有司法独立和人权保障,但是新一辈法制史学者认为中国传统法制中存在规范性与合理性的因素。参见 Philip C.C.Huang, *The Paradigmatic Crisis in Chinese Studies: Paradoxes in Social and Economic History*, Modern China, 1991, Vol.17, No.3, pp.299—341。

神与政权体制和社会实际相结合,建立了本土化的司法实践模式。

边区多元主体互动的调解型司法发挥了重要的社会治理作用,但是党政干部、群众团体、社会公正人士共同参与的司法机制存在"外部人"对当事人的压制的情节,这在很大程度上违反了自愿原则。从社会心理学理论来讲,外部关系会产生服众的社会效应,有利于调解结果的形成与履行。但是外部关系带来的社会压力取代了法律的权威力量。因此,调解的外部机制的引入必须遵守自愿原则,不能强行楔入,外部的说服劝导不能变为强迫或者集体压制,否则调解型司法就成为个人权威并非法律权威和道德力量。

调解和司法正规化并不矛盾。司法正规化包含了调解的正规化问题。中国的传统调解注重伦理和关注纠纷处理结果,而忽视了程序理性,形成了破坏法治精神的实际现状,因此规范调解成为司法正规化的重要内容。司法正规化的任务,不是摒弃调解,而是增强调解的法治因素,注重提高调解的程序理性,构建符合法治要求的现代调解制度。边区政权建设中不断强调"法治精神和民主作风的养成"[1]。调解的正规化促使调解成为常态化的纠纷解决机制,并非一时热、一时冷的政策化运作模式,而是一种规范化的运作模式。边区的民间调解、政府调解和司法调解同时纳入《陕甘宁边区民刑事件调解条例》之中。法律化的调解制度促进了调解型司法的正规化发展。边区调解的制度化与规范化,体现了边区调解的理念从传统型的人治型调解逐步走向现代的法治型调解。1948年9月1日的《陕甘宁边区高等法院指示信——为指示加强调解,劳役交乡执行,法官下乡就地审判,以发展生产由》中指出:"要遵守政府政策法令,照顾民间善良习惯,就是说:既合人情又合法理,违反政府政策法令或迁就民间落后习惯都是错误的,必须予以耐心的「地」说服和纠正。"[2]侯欣一认为:"至于'善良习惯'与'国家法'之间的关系,陕甘宁边区在实践中也根据不同的主体采取了不同的做法:司法机关在审理案件时,适用法源以国家法为准,只有在国家法欠缺的情况下才可以适当适用善良习惯;

---

① 谢觉哉指出:"必须注意于法治精神和民主作风的养成,要由上而推行到下,要重视大的,也不忽视小的。"参见《谢觉哉文集》,人民出版社1989年版,第555页。

② 艾绍润、高海深编:《陕甘宁边区法律法规汇编》,陕西人民出版社2007年版,第347页。

而民间调解时则从最初的'适合善良习惯,照顾政策法令'入手,逐步过渡到'要遵守政府政策法令,照顾民间善良习惯'。"①边区司法调解逐步实现了"民间善良习惯优先"向"政府政策法令优先"的历史转换,纠正了调解压制诉讼的权力型调解的人治弊端,确立了调解替代诉讼的权利型调解的法治雏形。

边区创建人民法庭,依法推进土地改革。为了克服和纠正土地改革运动中群众的过"左"行动,努力将群众性的土改运动转变为保护和发展边区经济的有益方式,这就必须正确处理阶级斗争和人权保护的关系。而要实现阶级斗争与人权保障的有机结合,必须依靠平和的政治思维和理性的法律手段,而不是依靠"整人"的极端心理或者"打人"的暴力方式。1948 年 6 月 6 日,邓小平指出:"注意建立人民法庭,以便接收审理案件,维持社会秩序,避免乱打人、乱捉人、乱杀人的现象"②;"对于必须处决的首恶分子,应当经过法庭判决予以枪毙,不得采用乱棍打死等非法的丧失社会同情的处死办法"③。1948 年的《陕甘宁边区人民法庭组织条例(初稿)》对人民法庭的组建和工作程序做出了具体规定。该条例的说明特别指出:"人民法庭是保护人民权益及保障土地改革彻底完成的重要的有力的斗争工具,同时又是镇压一切破坏生产战争,违抗土地改革及侵犯人民民主权利罪犯的重要的有力工具,以边区的情况,不仅在土改时需要,即在群众运动或平时也需要。"④因而人民法庭成为满足边区群众需求的常态化且具有不固定性的便民司法组织。人民法庭的常态化与不固定性是有机统一的。人民法庭虽然是边区土改的产物,但又不限于土改运动,表现为常态化的运行模式。人民法庭是不固定的第一审临时

---

① 侯欣一:《从司法为民到人民司法——陕甘宁边区大众化司法制度研究》,中国政法大学出版社 2007 年版,第 307 页。

② 《邓小平文选》第一卷,人民出版社 1994 年版,第 119 页。

③ 《邓小平文选》第一卷,人民出版社 1994 年版,第 122 页。

④ 这是对《陕甘宁边区人民法庭组织条例(初稿)》第一条的说明,第一条的规定为:"本条例依据中国土地法大纲第十三条之规定及边区实际情况以及群众运动中的要求与开展而制定之。"参见艾绍润、高海深编:《陕甘宁边区法律法规汇编》,陕西人民出版社 2007 年版,第 57 页。《中国土地法大纲》第十三条的规定为:"为贯彻土地改革的实施,对于一切违抗或破坏本法的罪犯,应组织人民法庭予以审判及处分。人民法庭由农民大会或农民代表会所选举及由政府所委派的人员组成之。"参见中央档案馆编:《中共中央文件选集》第 13 册,中共中央党校出版社 1987 年版,第 725 页。

司法机构,并非普遍设立,而是根据群众需要灵活设置,也可以在案件发生地临时组织。

人民法庭配合和规范土地改革,改变了"枪杆加土地改革可以解决一切"①的政策和策略方面的极端偏向,为中国共产党运用法律手段解决不同类别的社会矛盾积累了宝贵的历史经验。人民法庭依法受理破坏或违抗土地改革、侵犯人民民主权利或敌伪分子危害人民生命财产有碍战争的刑事、民事案件。凡是土改及反奸运动中经群众检举,并由检查小组调查取证认为有刑事责任者,必须交由人民法庭处理,禁止群众或干部私自处理。人民法庭处理案件必须讲证据,绝对禁止肉刑。人民法庭判处的死刑案件,必须事先经边区政府批准;人民法庭判处的三年以上徒刑案件,必须事先经高等法院批准。人民法庭审理的刑事案件采取审执分离,即判处的劳役人犯交乡政府执行;判处六个月以上徒刑人犯交县司法处执行;判处三年以上徒刑人犯(包括死刑犯)交高等法院执行,死刑在当地执行。人民法庭为第一审司法组织,当事人对判决不服可以向高等法院及其分庭上诉。人民法庭程序的规范性发展,体现了阶级斗争与人权保障的有机统一。

二、理性推进司法正规化发展

程序正义既是司法的普适理念和价值追求,又是司法的内在规律要求。虽然程序正义是由西方学者提出,其背后有历史和国情背景,但是结合中国实际建立中国化以及国际认同的程序正义,是历史发展的趋势。对于国外的先进的司法程序,不能将其妖魔化,应该吸收其合理成分,转化为司法正规化发展的有利因素。童之伟认为:"如果我们老是谈主义,老是变着各种法子、寻找各种借口将国外的司法技术、司法程序妖魔化,恐怕不利于我国司法体制的现状,不利于通过司法实现社会的公平正义。"②其实,我们应注意中国历史中资本主义因素影响中国发展的西方经验。③ 当

---

① 《邓小平文选》第一卷,人民出版社 1994 年版,第 110 页。
② 童之伟:《法理新话题须本改革开放精神阐释》,《法学》2008 年第 12 期。
③ 黄宗智认为:"实际上,中国的历史提醒我们去注意那部分因后来的资本主义发展而使人们忽略了的西方经验。"参见[美]黄宗智:《长江三角洲小农家庭与乡村发展》,中华书局 2000 年版,第 305 页。

然,西方的经验中有适合本土化的成功经验,也有不适合本土化的失败教训,这些都应该予以总结和汲取,对中国的司法制度建设无疑是有益的。

司法的正规化发展要求司法权力规范化、司法队伍职业化,这是技术路径的问题。但是司法走正规化道路,必须正确处理司法的立场、原则和方法的关系问题。如果"政治,而不是法律,成为遴选法官的决定性因素"[1],那么司法职业化、专业化就会受到质疑,司法的权威性同样受到怀疑。因此,法官的政治素质和专业能力要统一起来,建立科学的法官遴选标准和评价机制。

司法人才的培养不仅仅是法律知识的传授,更重要的是马克思主义法律观的培养,即司法哲学观念的养成。中国特色社会主义司法制度经历了从法律欠缺的"无法司法"到立法逐步完善的"有法司法"的历史过程。边区时期援引具体法律条文的裁判文书虽然不是很多,但是裁判文书能够从法律所具有的公平正义的价值来论理和说理,群众对司法的公正性基本满意。边区司法的公信力主要来自为民务实的司法方法。在新旧政权更迭以及"六法全书"废除的历史阶段,新中国司法面临的"旧法废除"而"新法未立"的历史挑战,司法哲学的运用成为解决司法难题的成功钥匙。可以说,革命根据地时期的司法场域,是一所开放式的司法训练大学,它培养了一批具有群众观念的优秀司法人才。那些能够运用"马锡五审判方式"解决中国司法问题的司法干部,应该说是具有马克思主义司法哲学头脑的司法人才。新中国成立前,边区政府批准"私立法专学生及西大法律系部分学生至西北人民革命大学司法班学习"[2]。司法训练班开设的一门课是《马列主义的法律观》。[3] 谢觉哉曾在司法训练班对《马列主义的法律观》进行了实践性解读。谢觉哉指出:"我们的司法工作者,可以不可以同旧社会的司法人员一样,只坐在那里翻本本呢?不行。新的人民的法律,不是一个圈圈,把司法工作者套住,束手束脚,动

---

[1] Stephen Breyer, *Making Our Democracy: A Judge's View*, New York: Alfred A. Knopf, 2011, p.218.

[2] 《红色档案——延安时期文献档案汇编》编委会编纂:《陕甘宁边区政府文件选编》第13卷,陕西人民出版社2013年版,第430页。

[3] 《谢觉哉文集》,人民出版社1989年版,第642页。

弹不得,而是一个标准,要司法工作者遵循这一标准去做"①。

如何正确处理固定的法律条文与动态的法律实践的关系,是马克思主义司法哲学长期面对的问题。因此,司法的正规化路径不仅仅是完善法律文本问题,更重要的是规范和优化法律文本的实施机制。"社科法学需要来自法学之外的知识资源。"②乡土法官熟知地方知识和乡里民情。民众认为乡土法官是和他们站在一面的。由于"法律人常常会站在社会大众的对立面上,他们会与民众在一些基本问题的判断上产生根本性的分歧并且公开化"③。所以,专业化的法官常常受到民众的厌弃。当然,这不是专业化自身的弊端,而是专业化的法官不从实际出发。司法的正规化也必须从社会实际出发。

因为,法律必须是可以获知的通俗易懂的普遍性规则。④边区最需要的是能向人民普及通俗易懂的法律知识的法律专家,而不是"形式主义"或者"教条主义"的法律专家。边区的非专业化的法官之所以受到了群众的普遍欢迎,是因为他们把书本上的法律转化为通俗易懂、容易接受的生活中的法律。1949年1月,谢觉哉在司法训练班上的讲话中指出:"'法律是专家的事',这种说法也要分析。不是说人人能懂的东西,就不要专门家,而是专门家应该把人民的很多具体的实际经验,提高到理论上加以整理,这是专门家的作用。站在人民之外,或站在人民头上的法律专门家,不是专门家,而是外行。我们用不着他。"⑤1949年8月,谢觉哉为华北人民政府起草的《司法工作报告》中指出:"人民法律,要人民能懂、能运用,但不等于不要法律专家。我们不要离开人民与离开实际的所谓'专家',而要深通马克思主义与新民主主义政策的法律专家,要能分析实际经验抽出规律的法律专家,能真诚为人民服务的法律专家。"⑥边区时期,中国共产党培养的工农司法干部虽然没有受过专门的法学教育,但

---

① 《谢觉哉文集》,人民出版社1989年版,第648页。
② 陈柏峰:《社科法学及其功用》,《法商研究》2014年第5期。
③ 方乐:《法官判决的知识基础》,《法律科学·西北政法大学学报》2009年第1期。
④ Tom Bingham, *The Rule of Law*, New York:Penguin Books,2011,p.37.
⑤ 《谢觉哉文集》,人民出版社1989年版,第644页。
⑥ 《谢觉哉文集》,人民出版社1989年版,第658页。

是他们通过丰富的司法实践的锻炼,成为既有理论又有实践的乡土化的法律专家。如同董必武、谢觉哉、雷经天、马锡五等法律专家,他们能够做到"见'法',说'法言',见'民'说'民语'"①。

我国的司法正规化发展道路,必须在坚持民主集中制政权原则下,正确处理传统与现代的关系、自主性与世界性的关系,建构符合司法规律的中国特色社会主义司法制度。司法的正规化要求司法必须走独立化、专业化和规范化的道路,但是独立化、专业化和规范化必须符合经济社会发展和群众的现实需要。中国特色社会主义司法理论根基来自中国的司法传统文化资源。法治中国建设必须建立符合自身特色和时代特征的社会主义司法制度。面对法治转型,在努力实现突破"革命法学、革命法制向治理法学、治理法制转型"②与突破"移植法学、移植法制的框范向特色法学、特色法制转型"③的过程中,应保持革命司法传统资源的连贯性,破解移植域外法律制度造成的不适应难题,从而化解"本土主义"与"移植主义"之间的二元对立困境。

司法传统不是一种简单的法律文化现象,其背后有深层次的政治目标、社会基础和制度渊源。如何正确认识和对待司法传统,如何处理司法与政治、司法与社会、司法与法律的关系问题,研究目标聚焦边区去司法传统的政治认同、社会认同与制度认同,具有重要的方法论意义。司法的独立地位、专业化的职业特征、规范化的程序是司法走向正规化的普遍要求。但是,通向正义的道路不是唯一的。超阶级、超国家的司法正规化是不存在的。社会主义国家与资本主义国家从政权体制层面有着本质的区别,司法的正规化发展的政治要求与司法理念有所不同。边区司法要保持民主集中制的司法体制,必须走不同于国民政府的新型正规化司法发展道路。司法的正规化发展必须符合本国国情和社会实际,坚持自主性的司法发展道路。不论对西方三权分立的司法体制的批判,还是对民主集中制政权司法体制的选择,边区司法的正规化是一个中国化的过程。司法的正规化不能绝对排斥西方的优秀司法文化。中国司法的正规化应

---

① 凌斌:《"法民关系"影响下的法律思维及其完善》,《法商研究》2015年第5期。
② 俞荣根:《法治中国与中国司法传统》,《法治研究》2015年第5期。
③ 俞荣根:《法治中国与中国司法传统》,《法治研究》2015年第5期。

该在坚持本土化的原则下,有选择性地吸收借鉴世界文明司法成果。消除"本土中心主义"与"西方中心主义"的二元对立关系,构建普遍化的司法正义精神和中国特色司法理论,破解边区司法传统的政治认同、社会认同、制度认同方面的危机。

结　　语

　　司法传统是历史与现实的逻辑呼应。边区司法传统的形成与发展有着自身的历史特征和现实要求。边区司法传统是经过历史实践适合中国政治和社会发展的司法理性和司法经验。边区司法传统是中国共产党在局部执政时期,以中国古代司法传统为根基,以苏维埃政权司法传统为纽带,吸收借鉴西方法学理论的普遍正义精神,结合中国革命实践和未来国家建设目标形成的司法传统。革命具有历史阶段性,革命中的司法自然而然具有历史阶段性。革命的理想和目标虽然只能在建设当中得到实现和发展,但是革命当中只有预先宣告和阶段性实施理想和目标,才能赢得革命力量和占据优势。中国新民主主义革命中的政权建设已经绘制了未来中国民主与法制的宏伟蓝图。边区时期的民主与法制实践已经对未来中国的司法权力运行机制进行了伟大尝试。边区的司法制度的创建适应了战时环境和政权建设的历史需要,对建设中国特色社会主义司法制度发挥了承上启下的作用。

　　司法传统不仅仅是一种精神传统,更是一种实践传统。司法传统的生命力在于司法精神以及司法方法。边区司法传统经历了从历史知识、地方经验转变为司法传统的演进过程。司法传统中的经验是一种能够得到推广的普遍化的经验。司法传统中的经验并非拿来即用,必须和当下的司法实际相结合,只有与时俱进,不断丰富发展,才具有现实应用性。边区司法传统中的经验主要是一种司法方法。社会历史条件变化,经验也得更新。从边区司法传统中获知的经验不仅仅是历史的经验,更重要的是获知创造经验、推广经验的方法,特别是要获知将历史的经验提高到理论的层面或者政策的层面的方法。这样就会将司法技术转换为司法方法。司法技术受司法的硬件和软件资源的限制,但司法方法会克服或者突破司法技术的主客观困境。"马锡五审判方式"不仅仅是一种司法技术,更重要的是一种司法方法。传承司法传统并非对固化的司法制度的照搬和复制,而是对司法传统中的实践理性与经验的继承和发展。"马锡五审判方式"之所以能成为司法传统,是因为其所蕴藏的实践理性和凝结的经验,既具有历史特征,又具有时代精神。将司法传统中的实践理性与经验不断总结和提升,发展成为司法原则或者司法方法,适应社会历史环境的变迁和法律制度的变化,无疑是克服单一技术进路导致边区司法传统"过时论"误区的良方。"马锡五审判方式"的传统惯性力持续在当代中国的司法理念、司法制度与司法行为之中。

传统是一种信念,一种本色。一个有传统的国家,才是一个有本民族文化特色的独立自主的国家。一个民族在一定的历史时空中所形成的司法传统,是本民族法律文化信仰的重要标志。中国特色社会主义司法制度,有着深厚的传统法律文化底蕴和丰富的传统法律文化资源。边区司法传统成为中华民族优秀传统法律文化家园中的"奇葩"。中国特色社会主义司法文化的发展是在传承中创新。传承是根基。传承传统就是传承思想。边区司法传统中蕴含的法律思想是中国特色社会主义司法文化的根脉。边区时期,中国共产党在领导并创建新型司法制度的实践与探索中所取得的独创性的司法理论成果和巨大成就,为新时期建设中国特色社会主义司法制度提供了理论基础和宝贵经验。

时代的变迁,并不意味着边区司法传统将尘封于革命历史的长河中,而是要融入中国特色社会主义司法制度的发展逻辑中并使之发扬广大。边区司法传统中的实践理性和宝贵经验,为中国司法制度的发展坚持正确的政治方向和遵循司法规律,提供了不可或缺的历史借鉴。我们可以借用本杰明·卡多佐的一句话作为结尾:"历史在照亮过去的同时也照亮了现在,而在照亮了现在的时候又照亮了未来。"①

---

① 　Benjamin Cardozo, *The Nature of Judicial Process*, USA: Feather Trail Press, 2009, p.51.

参 考 文 献

一、经典著作

[1]《毛泽东选集》(第一——四卷),人民出版社 1991 年版。

[2]《刘少奇选集》上卷,人民出版社 1981 年版。

[3]《邓小平文选》第一卷,人民出版社 1994 年版。

[4]《谢觉哉日记》(上、下卷),人民出版社 1984 年版。

[5]《谢觉哉文集》,人民出版社 1989 年版。

[6]《董必武政治法律文集》,法律出版社 1986 年版。

[7]《习仲勋文集》上卷,中共党史出版社 2013 年版。

[8]李维汉:《回忆与研究》,中共党史出版社 2013 年版。

[9]彭真:《论新中国的政法工作》,中央文献出版社 1992 年版。

二、史 料

[1]中央档案馆编:《中共中央文件选集》(第 1—14 册),中共中央党校出版社 1982—1987 年版。

[2]《红色档案——延安时期文献档案汇编》编委会编纂:《陕甘宁边区政府文件选编》(第 1—14 卷),陕西人民出版社 2013 年版。

[3]韩延龙、常兆儒编:《革命根据地法制文献选编》(上、中、下卷),中国社会科学出版社 2013 年版。

[4]张希坡:《革命根据地法律文献选辑》(第 1—2 辑),中国人民大学出版社 2017 年版。

[5]西北五省区编纂领导小组、中央档案馆:《陕甘宁边区抗日民主根据地(文献

卷)》(上、下)，中共党史资料出版社 1990 年版。

　　[6]西北五省区编纂领导小组、中央档案馆:《陕甘宁边区抗日民主根据地(回忆录卷)》,中共党史资料出版社 1990 年版。

　　[7]中国社会科学院近代史研究所、《近代史资料》编译室主编:《陕甘宁边区参议会文献汇辑》,知识产权出版社 2013 年版。

　　[8]史志诚主编:《陕甘宁边区禁毒史料》,陕西人民出版社 2008 年版。

　　[9]艾绍润、高海深编:《陕甘宁边区法律法规汇编》,陕西人民出版社 2007 年版。

　　[10]陕西省档案局:《陕甘宁边区法律法规汇编》,三秦出版社 2010 年版。

　　[11]张世斌主编:《陕甘宁边区高等法院史迹》,陕西人民出版社 2004 年版。

　　[12]延安市中级人民法院审判志编委会:《延安地区审判志》,陕西人民出版社 2002 年版。

　　[13]榆林地区中级人民法院:《榆林地区审判志》,陕西人民出版社 1999 年版。

　　[14]赵崑坡、俞建平:《中国革命根据地案例选》,山西人民出版社 1984 年版。

　　[15]艾绍润、高海深编:《陕甘宁边区判例案例选》,陕西人民出版社 2007 年版。

三、中文著作

　　[1]李光灿、吕世伦主编:《马克思、恩格斯法律思想史》,法律出版社 2001 年版。

　　[2]王建国:《列宁司法思想研究》,法律出版社 2009 年版。

　　[3]祝天智:《战争·党争与"宪争":抗战时期宪政运动研究》,中国社会科学出版社 2011 年版。

　　[4]何俊志:《从苏维埃到人民代表大会制——中国共产党关于现代代议制的构想与实践》,复旦大学出版社 2011 年版。

　　[5]张玉龙、何友良:《中央苏区政权形态与苏区社会变迁》,中国社会科学出版社 2009 年版。

　　[6]王寅城编写:《陕甘宁边区》,新华出版社 1990 年版。

　　[7]梁星亮、杨洪、姚文琦主编:《陕甘宁边区史纲》,陕西人民出版社 2012 年版。

　　[8]宋金寿、李忠全主编:《陕甘宁边区政权建设史》,陕西人民出版社 1990 年版。

　　[9]杨东:《乡村的民意:陕甘宁边区的基层参议员研究》,山西人民出版社、山西经济出版社 2013 年版。

　　[10]汪小宁:《陕甘宁边区社会建设研究》,中国社会科学出版社 2015 年版。

　　[11]岳谦厚:《边区的革命(1937—1949):华北及陕甘宁根据地社会史论》,社会科学文献出版社 2014 年版。

　　[12]孙景珊:《抗战时期陕甘宁边区政治发展研究》,辽宁人民出版社 2014 年版。

　　[13]杨东:《陕甘宁边区的县政与县长研究》,中国社会科学出版社 2015 年版。

［14］曾维才主编：《中央苏区审判工作研究》，江西高校出版社 1999 年版。

［15］张希坡、韩延龙主编：《中国革命法制史》，中国社会科学出版社 2007 年版。

［16］张希坡：《马锡五审判方式》，法律出版社 1983 年版。

［17］张希坡：《马锡五与马锡五审判方式》，法律出版社 2013 年版。

［18］张希坡：《革命根据地法制史研究与"史源学"举隅》，中国人民大学出版社 2011 年版。

［19］杨永华：《陕甘宁边区法制史稿（宪法、政权组织法篇）》，陕西人民出版社 1992 年版。

［20］杨永华、方克勤：《陕甘宁边区法制史稿（诉讼狱政篇）》，法律出版社 1987 年版。

［21］韩伟、马成主编：《陕甘宁边区法制史稿（民法篇）》，法律出版社 2018 年版。

［22］侯欣一：《从司法为民到人民司法——陕甘宁边区大众化司法制度研究》，中国政法大学出版社 2007 年版。

［23］汪世荣等：《新中国司法制度的基石——陕甘宁边区高等法院（1937—1949）》，商务印书馆 2011 年版。

［24］高海深、艾绍润编著：《陕甘宁边区审判史》，陕西人民出版社 2007 年版。

［25］欧阳华：《抗战时期陕甘宁边区锄奸反特法制研究》，中国政法大学出版社 2013 年版。

［26］李喜莲：《陕甘宁边区司法便民理念与民事诉讼制度研究》，湘潭大学出版社 2012 年版。

［27］张炜达：《历史与现实的选择——陕甘宁边区法制创新研究》，中国民主法制出版社 2011 年版。

［28］胡永恒：《陕甘宁边区的民事法源》，社会科学文献出版社 2012 年版。

［29］齐霁：《中国共产党禁毒史》，中共党史出版社 2013 年版。

［30］李在全：《法治与党治：国民党政权的司法党化（1923—1948）》，社会科学文献出版社 2012 年版。

［31］张晋藩：《中国法律的传统与近代转型》，法律出版社 1997 年版。

［32］梁凤荣等：《中国法律文化传统传承研究》，郑州大学出版社 2015 年版。

［33］郑辉：《延安时期中国共产党法律文化建设研究》，人民出版社 2018 年版。

［34］陈金全、汪世荣主编：《中国传统司法与司法传统》，陕西师范大学出版社 2009 年版。

［35］方立新：《传统与超越——中国司法变革源流》，法律出版社 2006 年版。

［36］夏锦文主编：《传承与创新：中国传统法律文化的现代价值》，中国人民大学出版社 2011 年版。

［37］沈国琴：《中国传统司法的现代转型》，中国政法大学出版社 2007 年版。

［38］李春雷：《中国近代刑事诉讼制度变革研究（1895—1928）》，北京大学出版社

2004 年版。

[39]韩秀桃:《司法独立与近代中国》,清华大学出版社 2003 年版。

[40]何志辉:《外来法与近代中国诉讼法制转型》,中国法制出版社 2013 年版。

[41]何永军:《政法传统与司法理性》,中国政法大学出版社 2014 年版。

[42]谢鸿飞:《法律与历史:体系化法史学与法律历史社会学》,北京大学出版社 2012 年版。

[43][美]黄宗智、尤陈俊主编:《历史社会法学:中国的实践法史与法理》,法律出版社 2014 年版。

[44]夏锦文:《社会变迁与法律发展》,南京师范大学出版社 1997 年版。

[45]熊先觉:《司法学》,法律出版社 2008 年版。

[46]陈光中等:《中国司法制度的基础理论问题研究》,经济科学出版社 2010 年版。

[47]沈德咏主编:《中国特色社会主义司法制度论纲》,人民法院出版社 2009 年版。

[48]武建敏:《传统司法行为及其合理性》,中国传媒大学出版社 2006 年版。

[49]孙万胜:《司法权的法理之维》,法律出版社 2002 年版。

[50]武建敏:《司法理论与司法模式》,华夏出版社 2006 年版。

[51]王申:《法官的实践理性论》,中国政法大学出版社 2013 年版。

[52]高志刚:《司法实践理性论:一个制度哲学的进路》,上海人民出版社 2011 年版。

[53]喻中:《乡土中国的司法图景》,中国法制出版社 2007 年版。

[54]张泽涛:《司法权专业化研究》,法律出版社 2009 年版。

[55]张泽涛:《"议行合一"与司法权》,中国政法大学出版社 2005 年版。

[56]邹川宁:《司法理念是具体的》,人民法院出版社 2012 年版。

[57]程竹汝:《司法改革与政治发展——当代中国司法结构及其社会政治功能研究》,中国社会科学出版社 2001 年版。

[58]宋英辉主编:《中国司法现代化研究》,知识产权出版社 2011 年版。

[59]黄永维主编:《群众路线是人民司法工作的生命线》,人民法院出版社 2014 年版。

[60]陈柏峰:《乡村司法》,陕西人民出版社 2012 年版。

[61]黄文艺:《中国法律发展的法哲学反思》,法律出版社 2010 年版。

[62]强世功:《法制与治理——国家转型中的法律》,中国政法大学出版社 2003 年版。

[63]俞江:《近代中国的法律与学术》,北京大学出版社 2008 年版。

四、中文论文

[1]郑永流:《"中国问题"及其法学辨析》,《清华法学》2016 年第 2 期。

［2］叶险明:《中国学术话语体系超越"西方中心主义"的逻辑和方法》,《中共中央党校学报》2015 年第 4 期。

［3］马小红:《中国法史及法史学研究反思——兼论学术研究的规律》,《中国法学》2015 年第 2 期。

［4］谢鸿飞:《历史法学的思想内核及其中国复兴》,《中国法律评论》2015 年第 2 期。

［5］林明:《日本对中国法制史研究的现状与特色》,《烟台大学学报》(哲学社会科学版)1998 年第 4 期。

［6］王利明、常鹏翱:《从学科分立到知识融合——我国法学学科 30 年之回顾与展望》,《法学》2008 年第 12 期。

［7］[美]黄宗智:《悖论社会与现代传统》,《读书》2005 年第 2 期。

［8］[美]黄宗智:《建立"历史社会法学"新学科的初步设想》,《文史博览(理论)》2012 年第 8 期。

［9］舒国滢:《从方法论看抽象法学理论的发展》,《浙江社会科学》2004 年第 5 期。

［10］方乐:《法律实践如何面对"家庭"?》,《法制与社会发展》2011 年第 4 期。

［11］张龑:《何为我们看重的生活意义——家作为法学的一个基本范畴》,《清华法学》2016 年第 1 期。

［12］凌斌:《当代中国法治实践中的"法民关系"》,《中国社会科学》2013 年第 1 期。

［13］凌斌:《"法民关系"影响下的法律思维及其完善》,《法商研究》2015 年第 5 期。

［14］方乐:《法官判决的知识基础》,《法律科学:西北政法大学学报》2009 年第 1 期。

［15］江国华:《司法规律层次论》,《中国法学》2016 年第 1 期。

［16］孙杰、孙竞昊:《作为方法论的区域史研究》,《浙江大学学报》(人文社会科学版)2015 年第 6 期。

［17］童之伟:《法理新话题须本改革开放精神阐释》,《法学》2008 年第 12 期。

［18］俞荣根:《法治中国与中国司法传统》,《法治研究》2015 年第 5 期。

［19］张彬:《中国司法传统中的"特色司法"》,《时代法学》2016 年第 2 期。

［20］曾益康:《从政治与司法双重视角看"马锡五审判方式"》,《西南政法大学学报》2009 年第 4 期。

［21］张波:《论调解与法治的排斥与兼容》,《法学》2012 年第 12 期。

［22］范愉:《诉讼调解:审判经验与法学原理》,《中国法学》2009 年第 6 期。

［23］陈柏峰:《调解、实践与经验研究——对调解研究的一个述评》,《清华法律评论》2007 年第 1 期。

［24］陈柏峰:《社科法学及其功用》,《法商研究》2014 年第 5 期。

［25］侯猛:《社科法学的传统与挑战》,《法商研究》2014 年第 5 期。

［26］刘涛:《法教义学危机? ——系统理论的解读》,《法学家》2016 年第 5 期。

［27］雷磊:《法教义学的基本立场》,《中外法学》2015 年第 1 期。

［28］宋旭光:《面对社科法学挑战的法教义学——西方经验与中国问题》,《环球法

律评论》2105 年第 6 期。

[29]武建敏:《传统与现代性法治的纠结与整合——兼及法治思维的实践转向》,《浙江大学学报》(人文社会科学版)2015 年第 4 期。

[30]顾培东:《当代中国司法生态及其改善》,《法学研究》2016 年第 2 期。

[31]唐丰鹤:《政治性的司法?——批判法学司法思想研究》,《中南大学学报》(社会科学版)2015 年第 2 期。

[32]夏锦文:《社会变迁与中国司法变革:从传统走向现代化》,《法学评论》2003 年第 1 期。

[33]沈德咏、曹士兵、施新州:《国家治理视野下的中国司法权构建》,《中国社会科学》2015 年第 3 期。

[34]郑智航:《乡村司法与国家治理——以乡村微观权力的整合为线索》,《法学研究》2016 年第 1 期。

[35]陆益龙:《乡村社会治理创新:现实基础、主要问题与实现路径》,《中共中央党校学报》2015 年第 5 期。

[36]李婧、田克勤:《马克思主义法律思想中国化的历史进程及其经验启示——基于中国特色法律体系构建的视角》,《马克思主义研究》2009 年第 9 期。

[37]刘风景:《马克思恩格斯的良法理论及其中国实践》,《马克思主义与现实》2015 年第 2 期。

[38]胡玉鸿:《马克思恩格斯论司法独立》,《法学研究》2002 年第 1 期。

[39]俞良早:《关于列宁苏维埃建设思想的几个问题——为纪念十月革命 80 周年而作》,《政治学研究》1997 年第 3 期。

[40]王建国:《列宁社会主义司法独立思想的形成与演进》,《河南省政法管理干部学院学报》2010 年第 2 期。

[41]王建国:《列宁司法思想演进的历史逻辑》,《金陵法律评论》2009 年第 1 期。

[42]王建国:《列宁的司法权思想及其对当代中国的影响》,《河北法学》2011 年第 7 期。

[43]马京平:《延安时期马克思主义法学理论中国化初探》,《西北大学学报》(哲学社会科学版)2015 年第 4 期。

[44]王志强:《辛亥革命后基层审判的转型与承续——以民国元年上海地区为例》,《中国社会科学》2012 年第 5 期。

[45]韩大元:《论 1954 年宪法上的审判独立原则》,《中国法学》2016 年第 5 期。

[46]夏锦文:《现代性语境中的司法合理性谱系》,《法学》2005 年第 11 期。

[47]吴英姿:《司法的公共理性:超越政治理性与技艺理性》,《中国法学》2013 年第 3 期。

[48]王申:《科层行政化管理下的司法独立》,《法学》2012 年第 11 期。

[49]周赟:《政治化:司法的一个面向——从 2012"涉日抗议示威"的相关案件说

起》,《法学》2013 年第 3 期。

[50]高新华:《论司法观念的转型:从工具型到目的型》,《西北民族大学学报》(哲学社会科学版)2005 年第 5 期。

[51]王宗礼:《试论人民民主的理论和实践》,《政治学研究》2008 年第 4 期。

[52]李恩侠:《中国共产党处理党政关系的历史考察与现实思考》,《实事求是》2011年第 1 期。

[53]王海军:《中国共产党党政关系的历史发展与现实思考》,《中国特色社会主义研究》2006 年第 6 期。

[54]马丽:《权力配置和权力约束:建国前中国共产党的制度探索》,《理论学刊》2013 年第 11 期。

[55]石本惠、史云贵:《执政党理性、公共理性与我国的政治现代化》,《四川大学学报》(哲学社会科学版)2006 年第 6 期。

[56]占善钦:《略论抗日战争时期党对领导制度的探索》,《党史研究与教学》2007年第 2 期。

[57]封丽霞:《政党与司法:关联与距离——对美国司法独立的另一种解读》,《中外法学》2005 年第 4 期。

[58]龚育之:《中国共产党崇尚科学反对迷信的历史传统》,《中共党史研究》1999年第 5 期。

[59]汤水清:《从社会解放到自我解放:60 年来中国妇女解放的历程》,《江西社会科学》2009 年第 10 期。

[60]刘晓红:《20 世纪初中国农村包办择偶存在的原因》,《广西社会科学》2006 年第 5 期。

[61]李忠全:《陕甘宁边区的历史地位和作用》,《人文杂志》1987 年第 6 期。

[62]贾孔会、杨春华:《论中国共产党在抗日根据地的人权建设》,《兰州学刊》2006年第 2 期。

[63]黄正林:《论抗战时期陕甘宁边区的社会变迁》,《抗日战争研究》2001 年第 3 期。

[64]胡国胜:《论抗日战争时期陕甘宁边区政府的社会环境治理》,《延安大学学报》(社会科学版)2012 年第 2 期。

[65]齐霁:《抗日根据地禁毒立法问题研究》,《抗日战争研究》2005 年第 1 期。

[66]朱蓉蓉:《论陕甘宁边区的二流子改造运动》,《社会科学战线》2008 年第 12 期。

[67]黄正林:《抗战时期陕甘宁边区乡村社会风气的变革》,《陇东学院学报》(社会科学版)2003 年第 1 期。

[68]黄正林、文月琴:《抗战时期陕甘宁边区对乡村社会问题的治理》,《河北大学学报》(哲学社会科学版)2005 年第 3 期。

[69]周海燕:《乡村改造中的游民规训与社会治理策略考察——以"改造二流子"运

动为例》,《江海学刊》2012 年第 5 期。

[70]李春耕:《陕甘宁边区的社会问题与党的社会工作》,《中共中央党校学报》2012年第 2 期。

[71]马锡五:《新民主主义革命阶段中陕甘宁边的人民司法工作》,《法学研究》1955 年第 1 期。

[72]马锡五:《关于当前审判工作中的几个问题》,《法学研究》1956 年第 1 期。

[73]马锡五:《关于审判制度与群众路线问题的发言》,《山东省人民政府公报》1950年第 12 期。

[74]杨永华、方克勤:《抗日战争时期陕甘宁边区司法工作中贯彻统一战线政策的几个问题》,《法律科学:西北政法学院学报》1984 年第 4 期。

[75]杨永华、方克勤:《陕甘宁边区调解原则的形成》,《法律科学:西北政法学院学报》1984 年第 1 期。

[76]杨永华:《延安时代的法制理论与实践》,《法律科学:西北政法学院学报》1986年第 3 期。

[77]杨永华、段秋关:《统一战线中的法律问题——边区法制史料的新发现》,《中国法学》1989 年第 5 期。

[78]霍存福:《"合情合理,即是好法"——谢觉哉"情理法"观研究》,《社会科学战线》2008 年第 11 期。

[79]贾宇:《陕甘宁边区巡回法庭制度的运行及其启示》,《法商研究》2015 年第6 期。

[80]贾宇:《陕甘宁边区刑事和解制度研究》,《法律科学:西北政法大学学报》2014年第 6 期。

[81]侯欣一:《陕甘宁边区人民调解制度研究》,《中国法学》2007 年第 4 期。

[82]侯欣一:《对陕甘宁边区人民调解制度的几点共识——来自抗战时期陕甘宁边区的实践》,《法学杂志》2011 年第 1 期。

[83]侯欣一:《陕甘宁边区高等法院司法制度改革研究》,《法学研究》2004 年第5 期。

[84]侯欣一:《谢觉哉司法思想新论》,《北方法学》2009 年第 1 期。

[85]侯欣一:《陕甘宁边区司法制度的大众化特点》,《法学研究》2007 年第 4 期。

[86]强世功:《权力的组织网络与法律的治理化——马锡五审判方式与中国法律的新传统》,《北大法律评论》2000 年第 2 期。

[87]肖周录:《论抗日战争时期边区人权保障的历史发展》,《人文杂志》1995 年第6 期。

[88]肖周录、马京平:《陕甘宁边区民事立法及其特征》,《政法论坛》2010 年第 1 期。

[89]肖周录、马京平:《马锡五审判方式新探》,《法学家》2012 年第 6 期。

[90]汪世荣:《陕甘宁边区高等法院的成就》,《西南政法大学学报》2010 年第 6 期。

[91]汪世荣:《陕甘宁边区高等法院推行婚姻自由原则的实践与经验》,《中国法学》2007年第2期。

[92]汪世荣、刘全娥:《陕甘宁边区高等法院编制判例的实践与经验》,《法律科学:西北政法学院学报》2007年第4期。

[93]汪世荣、刘全娥:《黄克功杀人案与陕甘宁边区的司法公正》,《政法论坛》2007年第3期。

[94]刘全娥、李娟:《陕甘宁边区高等法院档案及其学术价值》,《法律科学:西北政法学院学报》2006年第1期。

[95]刘全娥:《雷经天新民主主义司法思想论》,《法学研究》2011年第3期。

[96]王吉德、刘金娥:《陕甘宁边区高等法院机构设置及其职能的演变》,《陕西档案》2007年第2期。

[97]喻中:《吴经熊与马锡五:现代中国两种法律传统的象征》,《法商研究》2007年第1期。

[98]胡永恒:《马锡五审判方式:被"发明"的传统》,《湖北大学学报》(哲学社会科学版)2014年第1期。

[99]胡永恒:《陕甘宁边区民事审判中对六法全书的援用——基于边区高等法院档案的考察》,《近代史研究》2012年第1期。

[100]胡永恒:《1943年陕甘宁边区停止援用六法全书之考察——整风、审干运动对边区司法的影响》,《抗日战争研究》2010年第4期。

[101]孙琦:《王怀安先生访谈录》,《环球法律评论》2003年第2期。

[102]梁洪明:《马锡五审判与中国革命》,《政法论坛》2013年第6期。

[103]李娟:《革命传统与西方现代司法理念的交锋及其深远影响——陕甘宁边区1943年的司法大检讨》,《法制与社会发展》2009年第4期。

[104]李娟:《马锡五审判方式产生的背景分析》,《法律科学:西北政法学院学报》2008年第2期。

[105]律璞:《陕甘宁边区法官队伍建设》,《宁夏社会科学》2006年第3期。

[106]公丕祥:《董必武司法思想述要》,《法制与社会发展》2006年第1期。

[107]赵金康:《试论雷经天的司法思想》,《史学月刊》2008年第10期。

[108]欧阳湘:《中国共产党领导的抗日根据地援用国民政府法律问题论析》,《抗日战争研究》2009年第3期。

[109]张娜:《陕甘宁边区预防犯罪之启示——以刑罚目的的实现为视角》,《宁夏社会科学》2012年第5期。

[110]潘怀平:《陕甘宁边区民事调解制度的群众化》,《中国延安干部学院学报》2010年第4期。

[111]潘怀平:《陕甘宁边区民事审判模式之选择》,《中国延安干部学院学报》2009年第3期。

[112]潘怀平:《比较法视野下陕甘宁边区罪刑协商制度研究》,《理论学刊》2013 年第 3 期。

[113]潘怀平:《陕甘宁边区时期刑事调解制度研究》,《中共中央党校学报》2011 年第 6 期。

[114]潘怀平:《陕甘宁边区审判体制的建构经验与现实价值》,《中共中央党校学报》2015 年第 6 期。

[115]潘怀平:《城市化与乡土化:基层司法权力运行机制实证研究》,《法学》2013 年第 9 期。

[116]潘怀平:《乡土法官司法传统的传承与发展》,《中共中央党校学报》2012 年第 6 期。

五、外文译著

[1][德]H.科殷:《法哲学》,林荣远译,华夏出版社 2002 年版。

[2][德]何意志:《法治的东方经验——中国法律文化导论》,李中华译,北京大学出版社 2010 年版。

[3][德]马克斯·韦伯:《经济与社会》下卷,林荣远译,商务印书馆 1997 年版。

[4][德]卡尔·施米特:《合法性与正当性》,冯克利、李秋零、朱雁冰译,上海人民出版社 2015 年版。

[5][德]威廉·冯·洪堡:《论国家的作用》,林荣远、冯兴元译,中国社会科学出版社 2009 年版。

[6][法]耶夫·西蒙:《权威的性质与功能》,吴彦译,商务印书馆 2015 年版。

[7][法]罗伯斯比尔:《革命法制和审判》,赵涵舆译,商务印书馆 1965 年版。

[8][意]切萨雷·贝卡里亚:《论犯罪与刑罚》,黄风译,中国法制出版社 2005 年版。

[9][意]杜里奥·帕多瓦尼:《意大利刑法学原理》,陈忠林译,法律出版社 1998 年版。

[10][英]麦考密克、[澳]魏因贝格尔:《制度法论》,周叶谦译,中国政法大学出版社 1994 年版。

[11][英]吉米·边沁:《立法理论》,李贵芳等译,中国人民公安大学出版社 2004 年版。

[12][美]爱德华·希尔斯:《论传统》,傅铿、吕乐译,上海人民出版社 2009 年版。

[13][美]E.博登海默:《法理学:法律哲学与法律方法》,邓正来译,中国政法大学出版社 1998 年版。

[14][美]庞德:《庞德法学文述》,张文伯、雷宾南译,中国政法大学出版社 2005 年版。

［15］［美］约翰·N.卓贝克编:《规范与法律》,杨晓楠、涂永前译,北京大学出版社2012年版。

［16］［美］罗纳德·德沃金:《原则问题》,张国清译,江苏人民出版社2012年版。

［17］［美］李侃如:《治理中国:从革命到改革》,胡国成、赵梅译,中国社会科学出版社2010年版。

［18］［英］罗杰·科特瑞尔:《法理学的政治分析:法律哲学批判导论》,张笑宇译,北京大学出版社2013年版。

［19］［美］哈罗德·J.伯尔曼:《法律与革命——西方法律传统的形成》,贺卫方等译,中国大百科全书出版社1993年版。

［20］［日］高见泽磨:《现代中国的纠纷与法》,何勤华、李秀清、曲阳译,法律出版社2003年版。

［21］［苏］Д.С.卡列夫:《苏维埃法院和检察机关》,徐立根译,法律出版社1955年版。

六、外文著作

［1］Roscoe Pound, *Social Control Through Law*, New Brunsck and London: Transaction Publishers, 1997.

［2］Benjamin Cardozo, *The Nature of Judicial Process*, USA: Feather Trail Press, 2009.

［3］Alan Hunt, *Explorations in Law and Society*, New York: Routledge, 1993.

［4］Lord Denning, *The Due Process of Law*, Oxford: Oxford University Press, Reprinted, 2008.

［5］Lon L.Fuller, *The Morality of Law*, Rev. ed., New Haven and London: Yale University Press, 1969.

［6］Mirjan R.Damaska, *The Faces of Justice and State Authority: A Comparative Approach to the Legal Process*, New Haven and London: Yale University Press, 1986.

［7］Amartya Sen, *The Idea of Justice*, USA and Canada: Penguin Group, 2010.

［8］Ronald M.Dworkin, *A Matter of Principle*, Oxford: Oxford University Press, 1985.

［9］Richard A. Posner, *The Economics of Justice*, Cambridge and London: Harvard University Press, 1983.

［10］Stephen Breyer, *Making Our Democracy: A Judge's View*, New York: Alfred A. Knopf, 2011.

［11］Tom Bingham, *The Rule of Law*, New York: Penguin Books, 2011.

［12］Richard A.Posner, *How Judges Think*, Cambridge, Massachusetts, and London, England: Harvard University Press, 2008.

［13］Jiwei Ci, *The Two Faces of Justice*, Cambridge and London: Harvard University

Press, 2006.

［14］Stephen Holmes and Cass R.Sunstein, *The Cost of Rights*: *Why Liberty Depends on Taxes*, New York and London: Norton & Company, 2000.

［15］Tom R.Tyler, *Why People Obey the Law*, Princeton and London: Princeton University Press, 2006.

七、外文论文

［1］Stanley B.Lubman, *Mao and Mediation*: *Politics and Dispute Resolution in Communist China*, California Law Review, Vol.55, No.2, 1967.

［2］Robert F.Utter, *Disputer Resolution in China*, Washington Law Review, Vol.62, No. 3, 1987.

［3］Xiaoping Cong, "*Ma Xiwu's Way of Judging*": *Villages, the Masses and Legal Construction in Revolutionary China in the 1940s*, China Journal, Vol.72, No.1, 2014.

［4］Chunlan Qiu, Keke Liu, *Japanese Invasion Baffled Radically the Modernization of China's Judicial System*, Asian Social Science, Vol.4, No.4, 2009.

［5］Xiaoqun Xu, *The Rule of Law without Due Process Punishing Robbers and Bandits in Early-Twentieth Century*, Modern China, Vol.33, No.2, 2007.

［6］Deyong Shen, *Chinese Judicial Culture*: *From Tradition to Modernity*, BYU J.Pub.L., Vol.25, No.1, 2010.

［7］Allan C.Hutchinson, Patrick J.Monahan, *Law, Politics, and the Critical Legal Scholars*: *The Unfolding Drama of American Legal Thought*, Stanford Law Review, Vol.36, No.1/2, 1984.

［8］Yu Fan, *A Brief Analysis of the Ma Xiwu Trial Mode*, Chinese Sociology and Anthropology, Vol.41, No.2, 2008.

［9］Roderick O'Brien, *The Survival of Traditional Chinese Law in the People's Republic of China*, Hong Kong Law Journal, Vol.40, 2010.

［10］Michael Bohlander, *Language, Culture, Legal Traditions and International Criminal Justice*, Journal of International Criminal Justice, Vol.12, No.3, 2014.

［11］Philip C.C.Huang, *Our Sense of Problem*: *Rethinking China Studies in the United States*, Modern China, Vol.42, No.2, 2016.

［12］Jerome Alan Cohen, *Mediation on the Eve of Modernization*, California Law Review, Vol.54, No.3, 1966.

［13］Xueshan Wu, Hui Xiao, *Forging Marriage*, Inter-Asia Cultural Studies, Vol.7, No. 3, 2006.

［14］Philip C.C.Huang, *The Past and Present of the Chinese Civil and Criminal Justice*

Systems：The Sinitic Legal Tradition from a Global Perspective，Modern China，Vol. 42，No. 3，2016.

[15]Yang Xiao，*The Reform of the Judicial System in China is Confronted with a Crucial Period of Strategic Opportunities*，Frontiers of Law in China，Vol.10，No.1，2015.

[16]Stanley B.Lubman，*Dispute Resolution in China after Deng XiaoPing："Mao and Mediation"Revisited*，Columbia Journal of Asian Law，Vol.11，No.2，1997.

[17]Philip C.C.Huang，*Court Mediation in China，Past and Present*，Modern China，Vol. 32，No.3，2006.

[18]Philip C.C.Huang，*Morality and Law in China，Past and Present*，Modern China，Vol. 41，No.1，2015.

[19]Philip C.C.Huang，*Between Informal Mediation and Formal Adjudication：The Third Realm of Qing Civil Justice*，Modern China，Vol.19，No.3，1993.

[20] Philip C. C. Huang，Yuan Gao，*Should Social Science and Jurisprudence Imitate Natural Science*，Modern China，Vol.41，No.2，2015.

[21]Roscoe Pound，*Comparative Law and History as Bases for Chinese Law*，Harvard Law Review，Vol.61，No.5，1948.

[22]Philip C.C.Huang，*Civil Adjudication in China，Past and Present*，Modern China，Vol. 32，No.2，2006.

[23]Philip C.C.Huang，*Divorce Law Practices and the Origins，Myths，and Realities of Judicial"Mediation"in China*，Modern China，Vol.31，No.2，2005.

后　记

　　我对于陕甘宁边区司法传统的系统研究是从 2007 年开始的。2007年春天,陕西省委党校哲学教研部的高海深教授前来找我,说她准备以"和谐视野下陕甘宁边区审判制度研究"为选题申报陕西省社会科学基金项目,问我对"陕甘宁边区审判制度"是否感兴趣。高老师给我带来了她和榆林市中级人民法院的艾绍润法官编写的《陕甘宁边区审判史》《马锡五审判方式》《陕甘宁边区判例案例选》《陕甘宁边区法律法规汇编》四本书。我深受启发。正好我曾经在基层人民法院工作 6 年多,熟知基层人民法院派出人民法庭的司法模式。我调入陕西省委党校法学教研部任教,主要从事本科生、研究生的诉讼法和司法实务方面的课程。我满口答应了。同年秋天,高海深教授主持的"和谐视野下陕甘宁边区审判制度研究"课题中标了。我也因为这个巧合,从此与陕甘宁边区司法制度的研究结下不解之缘。

　　在承担"和谐视野下陕甘宁边区审判制度研究"课题过程中,我于 2009年、2010 年先后在《中国延安干部学院学报》上发表了《陕甘宁边区民事审判模式之选择》《陕甘宁边区民事调解制度的群众化》。《陕甘宁边区民事审判模式之选择》应该是我在陕甘宁边区司法传统领域研究的处女作。感谢《中国延安干部学院学报》的刘滢老师对我研究的支持和帮助。从此,对于陕甘宁边区司法传统研究的成果相继发表。《陕甘宁边区时期刑法的"三元结构模式"》《陕甘宁边区"有主动性的"为民司法模式》《边区的司法:艺术与技术的博弈》先后发表在《检察日报》《人民法院报》上。感谢

《检察日报》的刘卉老师,《人民法院报》的高领、李文广老师。

我是一位幸运者。2011 年 7 月,获得国家社会科学基金项目《陕甘宁边区司法传统中的理性与经验研究》的同时,又获得了在职攻读西安交通大学法学院法律治理学专业博士学位的机会。在博士生导师胡德胜教授的悉心指导下,我将承担的国家课题与博士学位论文相结合展开研究。其间,《陕甘宁边区的司法理念与实践》《太行区民事诉讼调解的理性与经验》《陕甘宁边区的司法理性》《陕甘宁边区刑事调解的司法效应》《陕甘宁边区时期刑事调解制度研究》《比较法视野下陕甘宁边区罪刑协商制度研究》《陕甘宁边区审判体制的建构经验与现实价值》《陕甘宁边区依法治理社会问题的历史经验》先后发表在《人民法院报》《中共中央党校学报》《理论学刊》《光明日报》等刊物上。衷心感谢这些刊物的大力支持。特别感谢《中共中央党校学报》的于朝霞老师的帮助。

本书以博士学位论文的题目《陕甘宁边区司法传统的认同研究》为书名。本书是在国家社会科学基金项目结项成果和博士学位论文的基础上经过 2 年多的修改而成。本次修改参考了国家社会科学基金项目(结项)评审专家和博士学位论文的五位盲审专家的建议,特别是汲取了博士学位论文答辩中老师们提出的宝贵意见。拙著的出版是对 10 多年来关注边区司法传统的一次系统总结,也是对国家课题研究与博士学位论文成果的一个汇报和呈现。

感谢西安交通大学给我求学和上进的机会。我的导师胡德胜教授,是一位认真的学者和前辈。他治学严谨、指导有方。导师的一言一行、一点一滴,培养了我爱好学术、敬畏学术、维护学术的责任和意识。他注重"授人以渔",让我掌握和明晰了学术研究的方法和路径。基于胡老师的教诲,特别是对其主编的《法学研究方法论》(法律出版社 2017 年版)一书的学习,对于博士学位论文的写作,我将它理解为一个凝练学术问题、探讨学术问题的思维训练过程,它要求创新研究方法,进而推出创新成果,从而提升学术素养和认知。感谢胡老师对我在论文写作过程中的精心指导。从选题、结构安排、论证到学术问题的凝练和创新点的总结,每个环节都凝结着导师的循循善诱和谆谆教导。感谢尊敬的单文华院长、汪劲教授、黄锡生教授、马治国教授、李景平教授、肖周录教授、王保民教授、李万强教授、刘丹冰教授、王蓓教授、马民虎教授对我的论文的指导、批评和建议。非常荣幸聆听各位教授的悉心教诲；他们提供的缜密思路和独到见解，使我豁然开朗。这对于我的博士学位论文的完善乃至以后的研究至关重要。感谢张晓飞、刘志仁、王涛、许胜晴、欧俊、朱艳丽等同学，与他们的沟通和交流，使我的思维和视野更加开阔。

感谢工作过的洛南县人民法院给予了我"见证基层司法、感触基层司法、记忆基层司法"的机会。感谢一起在基层派出人民法庭一线辛勤努力工作的领导同志们。感谢工作过的陕西省委党校给予了我干事创业、追求进步的机会。感谢陕西省委党校领导给予的大力支持。感谢陕西省委党校的卢飞鹰教授、王彦军教授、毕远佞教授、侯建会教授、苗光新教授、闫朦教授、吴永教授，以及陕西师范大学的王晓荣教授。他们的指导和关怀，使我的研究思路更加开阔，使我的学习毅力更加坚强。尤其是感谢卢飞鹰教授对我的点拨和引导，他使我不断成长和坚定自信。感谢西北大学给我在高校探究法律科学、实现学术梦想的机会。感谢西北大学延安精神与党的建设研究院梁星亮教授等前辈的指导和鼓励。感谢西北大学法学院领导们的大力支持和帮助。

感恩我的父母。他们用辛苦和爱心抚养我长大成人，培养了我吃苦耐劳和知恩图报的品格。感谢妻子刘莉为我的工作和学习所辛苦努力的一切，感谢犬子正非，让我更加明确肩上的责任。感谢我的亲朋好友对我的关心和支持。

学习无止境、研究无止境。书稿中还有许多不足之处，需要我进一步的深入研究。我愿意耐心听取读者的一切批评，我将积极汲取宝贵意见和建议，予以完善。

本书的出版得到了西北大学社科处马朝琦处长和人民出版社的吴继平老师的大力支持，在此表示真诚的感谢。

潘怀平

2020 年 10 月于西安

责任编辑:吴继平

封面设计:徐　晖

图书在版编目(CIP)数据

陕甘宁边区司法传统的认同研究/潘怀平 著. —北京:人民出版社,2021.5

ISBN 978－7－01－022583－8

Ⅰ.①陕…　Ⅱ.①潘…　Ⅲ.①陕甘宁抗日根据地-司法制度-研究

Ⅳ.①D929.6

中国版本图书馆 CIP 数据核字(2020)第 209486 号

陕甘宁边区司法传统的认同研究

SHANGANNING BIANQU SIFA CHUANTONG DE RENTONG YANJIU

潘怀平　著

人民出版社 出版发行

(100706　北京市东城区隆福寺街 99 号)

环球东方(北京)印务有限公司印刷　新华书店经销

2021 年 5 月第 1 版　2021 年 5 月北京第 1 次印刷

开本:710 毫米×1000 毫米 1/16　印张:16.25

字数:240 千字

ISBN 978－7－01－022583－8　定价:48.00 元

邮购地址 100706　北京市东城区隆福寺街 99 号

人民东方图书销售中心　电话 (010)65250042　65289539